지하철 1호선 서울시청 앞 공사현장서 작업을 지시하는 朴대통령.

납치 5일 만인 1973년 8월 13일, 서울 동교동 자택으로 돌아온 金大中씨가 그간의 경위를 설명하고 있다.

金大中 납치 사건 당시 CIA 한국 지부장이었던 도널드 그레그 前 駐韓 미국대사.

1974년 5월 24일 준공된 아산-남양 방조제를 돌아보는 朴대통령.

전북 이리공업단지 조성 현장 브리핑. 黃寅性 전북지사가 보고하고 있다.

1972년 8월 태완선 경제기획원 장관이 사채동결 긴급재정명령(8 · 3 조치)에 관한 기자회견을 하고 있다.

1970년대 초 朴正熙 대통령 가족.

『두 분이 손을 잡고 바닷가를 거니시는데 저는 뒤를 따라갔습니다. 그날따라 달빛이 환하게 비추는 거예요.
두 분이 팔짱을 끼고 걸어가고 나는 뒤에서 따라가는데 각하께서 「황성옛터」를 부르시더군요. 영부인도 따라 부르시는데 가사를 잘 모르시니 각하께서 리드하시고…』
(李相烈 수행과장)

피격 前과 後의 단상. 사진 아래는 아내의 신발을 줍는 朴대통령.

청중의 발에 걸려 넘어지면서 마지막 총격을 가한 뒤에 체포되기 직전의 文世光.〈뉴욕타임스紙 폴 B.로저스 사진〉

진해 벚꽃길에서 朴대통령이  찍은 아내의 뒷모습.

재판받는 陸英修 여사 살해범 文世光.

육영수 여사의 운구 행렬이 광화문 네거리를 지나고 있다. 연도엔 수많은 시민들이 모여 陸여사를 애도했다.

1974년 8월 22일 신민당 전당대회에서 총재로 선출된 金泳三(당시 47세).

1974년 9월 19일 청와대를 방문하여 朴대통령에게 문세광 사건에 대해 사과하는 日本 자민당 부총재 시이나 특사.

1976년 4월 5일 식목일 행사 후 국립묘지 영부인 묘소를 찾은 朴대통령 가족이 성묘객들로부터 인사를 받고 있다.

1977년 6월 23일 중부전선 승진기지서 열린 보병대대 화기 위력시범을 참관한 朴대통령이 M16소총을 직접 조준하고 있다.

1978년 3월 16일 朴대통령이 「팀스피리트」 훈련을 참관 후 랜스 미사일 등 신예장비를 돌아보고 있다.

朴正熙 11

# 魔彈의 射手

머리글

# 부끄럼 타는 한 소박한 超人의 생애

'인간이란 실로 더러운 강물일 뿐이다. 인간이 스스로 더럽히지 않고
이 강물을 삼켜 버리려면 모름지기 바다가 되지 않으면 안 된다.'

박정희를 쓰면서 나는 두 단어를 생각했다. 素朴(소박)과 自主(자주). 소박은 그의 인간됨이고 자주는 그의 정치사상이다. 박정희는 소박했기 때문에 自主魂(자주혼)을 지켜 갈 수 있었다. 1963년 박정희는 《국가와 혁명과 나》의 마지막 쪽에서 유언 같은 다짐을 했다.

〈소박하고 근면하고 정직하고 성실한 서민 사회가 바탕이 된, 자주독립된 한국의 창건, 그것이 본인의 소망의 전부다. 본인은 한마디로 말해서 서민 속에서 나고, 자라고, 일하고, 그리하여 그 서민의 인정 속에서 생이 끝나기를 염원한다〉

1979년 11월 3일 國葬(국장). 崔圭夏 대통령 권한대행이 故박정희의 靈前(영전)에 건국훈장을 바칠 때 국립교향악단은 교향시 〈차라투스트라는 이렇게 말했다〉를 연주했다. 독일의 리하르트 슈트라우스가 작곡한 이 장엄한 교향시는 니체가 쓴 同名(동명)의 책 서문을 표현한 것이다. 니체는 이 서문에서 '인간이란 실로 더러운 강물일 뿐이다' 고 썼다.

그는 '그러한 인간이 스스로를 더럽히지 않고 이 강물을 삼켜 버리려면 모름지기 바다가 되지 않으면 안 된다'고 덧붙였다. 박정희는 지옥의 문턱을 넘나든 질풍노도의 세월로도, 장기집권으로도 오염되지 않았던 혼을 자신이 죽을 때까지 유지했다. 가슴을 관통한 총탄으로 등판에서는 피가 샘솟듯 하고 있을 때도 그는 옆자리에서 시중들던 두 여인에게 "난 괜찮으니 너희들은 피해"란 말을 하려고 했다. 병원에서 그의 屍身을 만진 의사는 "시계는 허름한 세이코이고 넥타이 핀은 도금이 벗겨지고 혁대는 해져 있어 꿈에도 대통령이라고는 생각하지 못했다"고 한다.

소박한 정신의 소유자는 잡념과 위선의 포로가 되지 않으니 사물을 있는 그대로, 실용적으로, 정직하게 본다. 그는 주자학, 민주주의, 시장경제 같은 외래의 先進思潮(선진사조)도 국가의 이익과 민중의 복지를 기준으로 하여 비판적으로 소화하려고 했다. 박정희 주체성의 핵심은 사실에 근거하여 현실을 직시하고 是非(시비)를 국가 이익에 기준하여 가리려는 자세였다. 이것이 바로 實事求是(실사구시)의 정치철학이다. 필자가 박정희를 우리 민족사의 실용-자주 노선을 잇는 인물로 파악하려는 것도 이 때문이다.

金庾信(김유신)의 對唐(대당) 결전의지, 세종대왕의 한글 창제, 광해군의 國益 위주의 외교정책, 실학자들의 實事求是, 李承晩(이승만)의 反共(반공) 건국노선을 잇는 박정희의 조국 근대화 철학은 그의 소박한 인간됨에 뿌리를 두고 있다.

박정희는 파란만장의 시대를 헤쳐 가면서 榮辱(영욕)과 淸濁(청탁)을 함께 들이마셨던 사람이다. 더러운 강물 같은 한 시대를 삼켜 바다와 같은 다른 시대를 빚어낸 사람이다. 그러면서도 자신의 정신을 맑게 유지

했던 超人(초인)이었다. 그는 알렉산더 대왕과 같은 호쾌한 영웅도 아니고 나폴레옹과 같은 電光石火(전광석화)의 천재도 아니었다. 부끄럼 타는 영웅이고 눈물이 많은 超人, 그리고 한 소박한 서민이었다. 그는 한국인의 애환을 느낄 줄 알고 그들의 숨결을 읽을 줄 안 土種(토종) 한국인이었다. 민족의 恨(한)을 자신의 에너지로 승화시켜 근대화로써 그 한을 푼 혁명가였다.

自主人(자주인) 박정희는 실용-자주의 정치 철학을 '한국적 민주주의'라는 그릇에 담으려고 했다. '한국적 민주주의'란, 당시 나이가 30세도 안 되는 어린 한국의 민주주의를 한국의 역사 발전 단계에 맞추려는 시도였다. 국민의 기본권 가운데 정치적인 자유를 제한하는 대신 물질적 자유의 확보를 위해서 國力을 집중적으로 투입한다는 限時的(한시적) 전략이기도 했다.

박정희는 인권 탄압자가 아니라 우리나라 역사상 가장 획기적으로 인권신장에 기여한 사람이다. 인권개념 가운데 적어도 50%는 빈곤으로부터의 해방일 것이고, 박정희는 이 '먹고 사는' 문제를 해결함으로써 다음 단계인 정신적 인권 신장으로 갈 수 있는 길을 열었다. '먹고 사는' 문제를 해결하는 것이 정치의 主題라고 생각했고 이를 성취했다는 점이 그를 역사적 인물로 만든 것이다. 위대한 정치가는 상식을 실천하는 이다.

당대의 대다수 지식인들이 하느님처럼 모시려고 했던 서구식 민주주의를 감히 한국식으로 변형시키려고 했던 점에 박정희의 위대성과 이단성이 있다. 주자학을 받아들여 朱子教(주자교)로 교조화했던 한국 지식인의 사대성은 미국식 민주주의를 民主教(민주교)로 만들었고 이를 주체적으로 수정하려는 박정희를 이단으로 몰아붙였다. 물론 미국은 美製

(미제) 이념을 위해서 충성을 다짐하는 기특한 지식인들에게 강력한 지원을 아끼지 않았다. 그러면서도 미국은 냉철하게 박정희에 대해선 외경심 어린 평가를, 민주화 세력에 대해선 경멸적인 평가를 내리고 있었음을, 그의 死後 글라이스틴 대사의 보고 電文에서 확인할 수 있다.

박정희는 1급 사상가였다. 그는 말을 쉽고 적게 하고 행동을 크게 하는 사상가였다. 그는 한국의 자칭 지식인들이 갖지 못한 것들을 두루 갖춘 이였다. 자주적 정신, 실용적 사고방식, 시스템 운영의 鬼才, 정확한 언어감각 등. 1392년 조선조 개국 이후 약 600년간 이 땅의 지식인들은 사대주의를 추종하면서 자주국방 의지를 잃었고, 그러다 보니 전쟁의 의미를 직시하고 군대의 중요성을 계산할 수 있는 능력을 거세당하고 말았다. 제대로 된 나라의 지도층은 文武兼全(문무겸전)일 수밖에 없는데 우리의 지도층은 문약한 반쪽 지식인들이었다. 그런 2, 3류 지식인들이 취할 길은 위선적 명분론과 무조건적인 평화론뿐이었다. 그들은 자신들과는 차원을 달리하는 선각자가 나타나면 이단이라 몰았고 적어도 그런 모함의 기술에서는 1류였다.

박정희는 日帝의 군사 교육과 한국전쟁의 체험을 통해서 전쟁과 군대의 본질을 체험한 바탕에서 600년 만에 처음으로 우리 사회에 尙武정신과 자주정신과 실용정치의 불씨를 되살렸던 것이다. 全斗煥 대통령이 퇴임한 1988년에 군사정권 시대는 끝났고 그 뒤에 우리 사회는 다시 尙武·자주·실용정신의 불씨를 꺼버리고 조선조의 파당성·문약성·명분론으로 회귀하려는 움직임을 보이고 있다. 이 복고풍이 견제되지 않으면 우리는 자유통일과 일류국가의 꿈을 접어야 할 것이다. 한국은 이승만, 박정희, 전두환, 노태우 네 대통령의 영도 하에서 국민들의 평균 수

준보다는 훨씬 앞서서 一流 국가의 문턱까지 갔으나 3代에 걸친 소위 文民 대통령의 등장으로 성장의 動力과 국가의 기강이 약화되어 제자리 걸음을 하고 있다.

1997년 IMF 관리 체제를 가져온 外換위기는 1988년부터 시작된 민주화 과정의 비싼 代價였다. 1988년에 순채권국 상태, 무역 흑자 세계 제4위, 경제 성장률 세계 제1위의 튼튼한 대한민국을 물려준 歷代 군사정권에 대해서 오늘날 국가 위기의 책임을 묻는다는 것은 세종대왕에게 한글 전용의 폐해 책임을 묻는 것만큼이나 사리에 맞지 않다.

1987년 이후 한국의 민주화는 지역 이익, 개인 이익, 당파 이익을 민주, 자유, 평등, 인권이란 명분으로 위장하여 이것들을 끝없이 추구함으로써 國益과 효율성, 그리고 국가엘리트층을 해체하고 파괴해 간 과정이기도 했다. 박정희의 근대화는 國益 우선의 부국강병책이었다. 한국의 민주화는 사회의 좌경화·저질화를 허용함으로써 박정희의 꿈이었던 강건·실질·소박한 국가건설은 어려워졌다. 한국의 민주화는 조선조적 守舊性을 되살리고 사이비 좌익에 농락됨으로써 국가위기를 불렀다. 싱가포르의 李光耀는 한국의 민주화 속도가 너무 빨라 法治의 기반을 다지지 못했다고 비판했다.

박정희는 자신의 '한국적 민주주의'를 '한국식 민주주의', 더 나아가서 '한국형 민주주의'로 국산화하는 데는 실패했다. 서구 민주주의를 우리 것으로 토착화시켜 우리의 역사적·문화적 생리에 맞는 한국형 제도로 발전시켜 가는 것은 이제 미래 세대의 임무가 되었다. 서구에서 유래한 민주주의와 시장 경제를 우리 것으로 소화하여 한국형 민주주의와 한국식 시장경제로 재창조할 수 있는가, 아니면 民主의 껍데기만 받아

들여 우상 숭배의 대상으로 삼으면서 선동가의 놀음판을 만들 것인가, 이것이 박정희가 오늘날의 우리에게 던지는 질문일 것이다.

조선일보와 月刊朝鮮에서 9년간 이어졌던 이 傳記 연재는 月刊朝鮮 전 기자 李東昱 씨의 주야 불문의 충실한 취재 지원이 없었더라면 불가능했을 것이다. 아울러 많은 자료를 보내 주시고 提報를 해주신 여러분들께 감사드린다. 이 책은 박정희와 함께 위대한 시대를 만든 분들의 공동작품이다. 필자에게 한 가지 소망이 있다면, 박정희가 소년기에 나폴레옹 傳記를 읽고서 군인의 길을 갈 결심을 했던 것처럼 누군가가 이 박정희 傳記를 읽고서 지도자의 길을 가기로 결심하는 것이다. 그리하여 그가 21세기형 박정희가 되어 이 나라를 '소박하고 근면한, 자주독립·통일된 선진국'으로 밀어 올리는 날을 기대해 보는 것이다.

2007년 3월

趙甲濟

# 11 魔彈의 射手

차례

## 제39장 아내 잃고 詩人이 된 대통령

## 제40장 3面의 敵



## 제41장 越南 패망과 긴급조치 9호 시대 개막

## 제42장 核개발 좌절

# 제37장

# 石油위기와 中東 진출

## JP-다나카 총리 담판

1973년 10월 말 朴正熙 대통령은, 金溶植 외무부 장관으로부터 '金大中 납치 사건을 둘러싼 외교적 마찰을 해소하기 위한 韓日 양국의 협상이 마무리 단계에 들어갔다'는 보고를 받고 金鍾泌 총리를 일종의 진사사절로 일본에 보내기로 했다.

金鍾泌 총리가 부름을 받고 청와대로 들어갔더니 朴 대통령과 李厚洛 중앙정보부장이 앉아 있는데, 李 부장은 꾸중을 들은 듯 얼굴이 벌게져 있었다고 한다.

朴 대통령이 입을 열었다.

"아무래도 金大中 건으로 총리가 일본에 한번 갔다 와야겠어. 외무부 쪽에서 그렇게 이야기해."

"제가 가야 한다면 가겠습니다. 그런데 사과를 하려고 해도 진상은 알고 가야지요."

李厚洛 부장은 아무 말이 없었다.

청와대를 나온 金鍾泌 총리는 李 부장을 총리공관으로 불러서 따졌다고 한다. 李 부장은 '납치의 진상은 모른다'고 뻔한 거짓말을 했다. 정보부의 소행이라는 것을 朴 대통령으로부터 들어 알고 있었던 金 총리는 "지금까지는 선배 대접을 했는데 이제부터는 생각을 달리 하겠다"고 해놓고 자리에서 벌떡 일어나 험한 말을 하면서 때리려는 자세를 취했다고 한다.

李 부장은 그런 수모를 당하고도 끝까지 납치는 자신이 시켜서 한 일이란 자백을 하지 않았다. 그때 金 총리는 친한 일본기자로부터 "한국의

책임 있는 고관이 '金大中 납치는 대통령의 허가下에 이뤄진 것' 이란 말을 하더라"는 이야기를 듣고 있었다. 이 고관이 李 부장이란 판단을 한 金 총리는 더욱 화가 났다.

이것을 따지니 李 부장은 말을 더듬으면서 극구 부인했다.

"그, 그, 그런 이야기 절대로 안 했습니다."

"아니, 일은 당신네들이 저질러 놓고 내가 사과하러 가야 하는데 진상을 알아야 할 것이 아닙니까. 하도 화가 나서 그랬는데 여하튼 가긴 가겠습니다. 그만 가보세요"

金 前 총리는 지금도 金大中 납치는 朴 대통령의 총애를 잃은 李 부장이 시키지도 않은 일을 해놓고 몰래 대통령에게 자신이 한 것이라고 귀띔하여 대통령의 약점을 잡아 놓으려는 물귀신 작전이었다고 생각한다. 그렇게 해두면 朴 대통령이 자신을 해임하지 못할 것이라고 李 부장은 계산했을 것이다.

1973년 11월 1일 金溶植 외무장관은 金大中 납치사건으로 시작된 韓日 양국의 갈등이 그동안의 외교 교섭에 의해서 종결되게 되었다고 발표했다. 金 장관은 일본 측이 범행 가담자로 지목한 金東雲 서기관(정보부 소속의 駐日 대사관 근무자)을 면직했으며, "金大中 씨가 귀국 전 일본에서 한 언동에 관해서는 反국가적 언동을 再犯(재범)하지 않는다면 그 책임을 묻지 않을 것이다"고 말했다. 그는 또 다음날 金鍾泌 총리가 일본을 방문하여 다나카 가쿠에이(田中角榮) 총리에게 유감을 표명할 것이라고 밝혔다.

11월 2일 오전 김포공항을 출발한 대한항공 여객기 안에서 金 총리는 고민에 빠졌다.

'무슨 말로써 유감을 표명할 것인가, 국가체면을 구기지 않으면서 당당하게 사과하는 방법은 무엇일까.'

한편으로는 李厚洛이 저지른 일을 자신이 처리해야 한다고 생각하니 화도 났다. 여객기가 도쿄 하네다 공항에 내렸을 때 여승무원이 다가오더니 "총리님, 오늘 제가 재떨이를 세 번이나 비웠습니다"라고 말했다.

金 총리는 비행기 사다리를 걸어서 내려오면서도 생각에 잠겨 발을 헛디뎌 쓰러질 뻔했다. 마중 나왔던 오히라 외상이 붙들어 주었다. 그 11년 전 金鍾泌 당시 정보부장은 오히라 외상과 요담하여 對日청구권자금에 대해서 합의한 적이 있었다. 오히라 외상(나중에 총리)은 이즈음엔 다나카 총리와 일종의 공동정권을 꾸려 가고 있었다. '金-오히라 메모'의 두 주인공은 총리공관으로 직행했다.

접견실에서 있었던 회담에 일본 측에서는 다나카 총리, 오히라 외상, 외무성 아시아 국장이 참석했다. 한국 측에선 金鍾泌 총리와 李澔(이호) 駐日대사 및 수행원들이 참석했다.

金鍾泌 총리는 朴 대통령의 친서를 다나카 총리에게 전한 뒤 본론에 들어갔다. 그는 이 자리에서의 대화를 최근 이렇게 회고했다.

〈"대한민국 국적을 가진 金大中이란 사람이 지금 서울에 와 있다. 그 경위에 대해서는 우리 정부가 수사를 하고 있다. 어쨌든 이번 일로 일본 국민들과 총리에게 걱정을 끼친 점 유감으로 생각한다. 金大中 씨는 대한민국에 돌아와 있으므로 대한민국 법에 따라서 정부가 그 경위를 수사하고 있으며, 일본 정부가 수사한 자료가 있으면 제공해 주기 바란다. 우리가 수사한 자료도 일본 측에 알려 주겠다. 우리 정부는 금후 다시는 이런 일이 일어나지 않도록 최선을 다하겠다."

다나카 총리는 이렇게 받았다.

"대한민국 총리가 직접 이렇게 와서 유감을 표명해 주신 것을 높게 평가한다. 이제 金大中 건으로 야기된 외교적 접촉은 이것으로써 일단 종료된 것으로 이해한다."

이때 오히라 외상이 말했다.

"아니, 국회에 나가서 답변하고 설명해야 할 사람은 난데, 이런 식으로 끝내면 곤란하지 않는가."

다나카 총리는 "그것은 당신이 알아서 할 일이야. 이제 다 끝났어"라고 못을 박았다.

金 총리는 '金大中 씨가 납치되었다'는 표현을 쓰지 않으려고 애썼다. 수사가 진행 중이므로 진상은 알 수 없다는 입장을 견지했다. 다나카 총리로부터 만족할 만한 대답을 듣고 나서 金 총리는 한마디를 덧붙였다.

"일본 정부가 金大中 씨에 대해서 여권 목적과 위배되는 정치활동을 하도록 방치한 것이 이런 결과를 빚은 한 원인이다. 金 씨는 병 치료 목적으로 출국했으며, 미국에 갔다가 일본으로 再입국할 때 정치활동을 못 하도록 하고 허가를 해주었는데, 일본 정부가 그의 정치활동을 제지하지 않았다는 것은 유감이다. 물론 우리 정부도 金 씨에 대한 조치를 취해 달라고 요청하지 않은 잘못이 있다.

만약 중국 사람이 東京에서 정치활동을 했다면 일본 정부는 그런 사람을 北京(북경)으로 추방했을 것 아닌가. 한국 사람이기 때문에 그렇게 내버려 두었다면 일본 정부도 책임이 있다. 앞으로 이런 일이 없도록 각별히 주의해 주었으면 한다."

다나카 총리는 옆자리에 있던 오히라 외상에게 "어떻게 된 일인가"라고 물었다.

오히라 외상은 "가나야마 前 駐韓 일본대사가 알선을 해서 再입국을 시켜 주었다"고 말했다.

다나카는 "金大中 씨를 별건 체포하느냐"고 물었다.

"그 문제는 사법부에서 할 일이지만 그런 일은 없을 것이다."

다나카 총리는 농담 비슷하게 "金大中 씨가 다시는 일본에 오지 않도록 해주었으면 한다"고 말했다.

공식 회담이 끝나자 다나카 총리는 金 총리에게 저녁식사를 같이 하자고 했다. 金 총리는 "오늘은 그럴 기분이 아니다. 우리 대사관 직원들과 저녁을 함께 하기로 했다"고 말했다. 金鍾泌이 공화당 의장 시절 다나카는 사토 총리 밑에서 자민당의 간사장으로 일하고 있었기 때문에 상호 교류가 있었다. 日帝 시대 당시 대전에서 토건업을 한 적이 있는 다나카는 金 총리와는 가까웠고 金永善(김영선·민주당 시절 재무장관, 후에 駐日 대사) 씨와는 日帝 시절부터 친면이 있었다.

이날도 다나카 총리는 단순명쾌하게 결론을 내려 주었다. 오히라 외상이 다나카의 결단에 이견을 제시하는 시늉을 한 것은 배석한 외무성 간부의 기록을 의식한 행동으로 보였다.

金鍾泌 총리는 다음날(11월 3일) 귀국하여 청와대로 직행, 朴 대통령에게 보고한 뒤 5일 국회 본회의에서 일본 측과의 합의 내용을 공개했다. 金 총리는 "일본 정부가 金大中 씨에게 여권 목적 이외의 정치활동을 허용했고, 우리도 이에 대해 일본 정부로 하여금 제지하거나 국외에 나가도록 해달라고 요청했어야 옳았는데, 이 점 소홀했음을 인정한다"

고 말했다〉

## 李厚洛의 비밀출국과 귀국 작전

1973년 12월 朴 대통령이 改閣(개각)을 하면서 李厚洛 정보부장을 해임하고 후임에 申稙秀 법무장관을 임명한 것은, 金大中 납치사건으로 인한 韓日 갈등이 金鍾泌 총리의 訪日 유감표명으로 해소되었기 때문이다.

朴 대통령은 이때 金溶植 외무장관을 金東祚 駐美 한국대사로, 李澔 駐日 한국대사를 金永善 씨로 교체했다.

이때 李厚洛 부장은 이미 權府(권부) 내에서 힘을 잃은 상태였다. 金鍾泌 총리, 朴鐘圭 경호실장뿐 아니라 陸英修 여사도 그를 싫어했다. 朴 대통령에게 일상적으로 영향을 끼칠 수 있는 자리에 있는 이들이 모두 李 부장을 성토하는 분위기였다.

특히 陸 여사는 한 사건 때문에 화가 나 있었다. 이 무렵 陸 여사 앞으로 한 장의 진정서가 도착했다. 요지는 정보부 직원이 민간인인 진정인의 채권채무 문제에 개입하여 진정인을 연행, 고문하여 허리뼈를 다치게 했다는 것이었다.

陸 여사는 이 편지를 청와대 민정수석실에 넘겨 조사해 달라고 부탁했다. 민정실에서 진정인이 입원해 있던 병원으로 사람을 보내 조사를 해보았더니 그 주장이 사실인 듯했다. 이 보고를 받은 陸 여사는 朴 대통령에게 알렸다. 朴 대통령은 李厚洛 부장을 불러 따졌다. 李 부장은 며칠 후 그 진정 내용은 모함이란 보고를 올렸다.

朴 대통령은 청와대 사정특보로 있던 洪鍾哲과 그 아래 崔大賢 검사를 불러 특별조사를 지시하고는 수시로 진행상황을 확인했다. 崔 검사가 정보부를 상대로 조사해보니 진정인의 주장이 사실로 밝혀졌다. 朴 대통령은 대단히 화가 났다. 그 며칠 후 李 부장은 해임되었다.

李厚洛은 해임된 직후 몰래 출국했다. 申稙秀 후임 부장에게도 알리지 않았다. 당시 駐英 한국대사는 육군참모총장 출신 崔慶祿이었고, 정보부에서 파견 나온 공사는 金東根이었다.

金 씨는 李厚洛 정보부장 밑에서 보안차장보로 근무하면서 10월 유신을 준비하는 데 관여한 이였다. 1973년 12월 초순 金 공사에게 정보부 李哲熙 차장보가 전화를 걸어왔다.

"李厚洛 부장이 출국한 뒤 행방이 확인되지 않는데 영국으로 간 것이 틀림없는 것 같다. 소재를 파악하여 보고하라."

金東根 공사는 부하직원인 李鍾贊(前 국정원장)과 함께 백방으로 알아보았으나 확인이 되질 않았다. 金 공사는 영국 사람 중에 Lee라는 성을 가진 사람이 그렇게 많다는 것을 그때 처음 알았다. 金 공사는 "李 부장은 영국에 오지 않았다"고 보고했다. 그가 나중에야 안 사실은 李 부장이 영국 런던에 도착한 뒤 시내로 들어오지 않고 히드로 공항 옆 홀리데이 인 호텔에서 하룻밤을 자고 중남미로 떠난 것이었다.

하비브 駐韓 미국대사가 李厚洛 건으로 朴 대통령에게 보고하는 자리에 金鍾泌 총리도 있었다고 한다. 미국 CIA는 李厚洛이 출국한 뒤 그의 행적을 추적하고 있었던 것으로 보인다. 하비브 대사는 "지금 李厚洛 씨가 바하마에 가 있는데 망명신청을 할지도 모른다는 첩보가 있다"고 말했다. 朴 대통령의 표정이 굳어졌다. 아무 말 없이 담배만 피우고 있다가 하비브가 나간 뒤 金 총리에게 "그놈, 당장 잡아와야겠어"라고 내뱉듯이 말했다.

몇 사람의 밀사가 李厚洛을 만나러 갔다. 李 씨는 金炯旭 前 정보부장이 유신 직후 미국으로 달아나버린 사건을 잘 알고 있었을 것이다. 10년 이상 朴 대통령의 최측근으로서 권력과 금력을 마음껏 누렸던 李厚洛이었다. 후임 정보부장이 자신을 뒷조사하여 벌거벗겨 놓기란 식은 죽 먹기보다 쉬운 일이란 것은 적지 않은 惡役(악역)의 담당자였던 그가 너무나 잘 알고 있었다.

이런 그를 안심시키는 공작이 진행된 직후였다. 런던의 金東根 공사에게 국제전화가 걸려왔다. 李厚洛이었다. 그는 "몸이 아파서 치료를 받고 이제 돌아가려고 한다. 본부에 보고해 주었으면 좋겠다. 런던을 거쳐서 가겠다"고 했다. 런던에 온 李厚洛은 崔 대사와 한 끼 식사만 한 뒤 홍콩으로 갔다.

홍콩에 도착한 李厚洛은 金鍾泌 총리에게 전화를 걸었다. 그는 더듬는 말투로 "비, 비, 비행장에서 체포 안 합니까"라고 물었다.

"체포는 무슨 체폽니까. 정보부장 지내신 분이 외국을 돌아다니니까 모양이 안 좋습니다. 빨리 들어오세요. 들어와서 각하께 사죄하고 하회를 기다립시오."

"정말 비행장에서 체포 안 합니까?"

"잠시 기다려요. 여기 옆에 申稙秀 정보부장이 와 있으니까 두 분이 이야기해 보세요."

전화기를 받아든 申 부장은 "부장님, 체포 안 합니다. 빨리 들어오세요"라고 했다.

朴 대통령 면담日誌를 보면 李厚洛의 귀국(2월 17일) 직후인 1974년 3월 6일 오후 5시 16분~6시 15분 사이 朴 대통령이 李 씨를 집무실로 '招致(조치)' 한 것으로 적혀 있다. 이 자리에서 李 씨는 용서를 얻고 근신하라는 충고를 받았다. 李厚洛은 충무市의 해안에 있는 호텔에 장기 투숙한다.

1974년 4월 3일, 북한 노동당 對南공작부서인 연락부 제1부부장 이완기가 남포연락소 공작조장 金用珪를 불렀다. 이완기는 다음과 같이 지시했다.

"지금 李厚洛이 해외에 나갔다가 귀국하여 충무호텔 2층 특실에서 휴양 중이란 정보가 들어왔다. 당중앙(김정일)에 보고했더니 납치해 오라는 지시가 떨어졌다."

남포연락소는 30명으로 납치조를 편성하여 훈련에 들어갔다. 李 씨의 주치의와 경호원까지 납치하기로 했다. 金用珪 팀은 남포시 와우도 휴양소를 가상 표적으로 설정하고 마취실습과 모의훈련에 들어갔다. 사회안전부 부부장 이명선을 실험대상으로 하고, 그 옆방에 경호원들을 배치했다. 공작조의 납치실험은 매번 성공적이었다.

10여 일 뒤 납치요원들은 두 척의 공작선을 타고 남쪽으로 향했다. 중국 측 해안에 붙어 남하하던 중 배가 上海(상해) 부근에 이르렀을 때 공작을 중지한다는 연락이 왔다. 납치대상인 李厚洛이 충무를 떠났다는 것이었다. 서울 출신인 金 씨는 2년 뒤 거제도로 남파되었다가 동료 간첩 두 명을 사살하고 귀순했다.

金正日은 1978년엔 이완기를 시켜 崔銀姬·申相玉 부부를 납치해 온다. 외국인·한국인·요인납치는 金正日의 전공과목이 된다.

## 石油 무기화

1973년 10월 6일 이집트와 시리아의 이스라엘에 대한 기습공격으로 시작된 제4차 中東전쟁은 제1차 오일 쇼크(석유파동)를 격발시켰다. 세계인의 삶에 크나큰 영향을 끼치고 여러 나라의 國運(국운)을 바꾼 석유파동은 특히 한국인과 朴 정권에 큰 危機(위기)를 가져왔다.

석유를 거의 全量 중동에서 수입하고 있었던 한국은 당시 主油從炭(주유종탄) 정책으로 전환하여 에너지 多소비산업인 중화학공업 건설에 매달려 있었고 수출에 목을 매고 있었다. 넉 달 만에 네 배로 뛴 석유값 인상으로 치명타를 맞기에 안성맞춤인 나라였다.

그러나 朴 정권은 놀라운 순발력과 조직력으로써 이 석유위기를 轉禍爲福(전화위복)의 好機(호기)로 이용한다. 다른 나라들이 휘청거리고 있을 때 한국만이 중동건설 시장을 개척하면서 고도성장과 수출 드라이브 및 중화학 집중투자를 계속한다.

1977년에 가면 중동건설 시장에서 번 돈으로 중동에서 원유를 수입할 수 있을 정도가 된다. 석유위기는 한국을 비슷한 수준의 나라들로부터 떼어내 한 차원 격상시켰다. 이런 위기극복이 朴 대통령의 유신체제가 아니었더라면 과연 가능했을까 하는 것이 흥미로운 쟁점이다.

중화학공업과 방위산업 담당 吳源哲 경제2수석 비서관은 업무상 제4차 중동전쟁을 예의주시하고 있었다. 이집트가 초전에 주도권을 잡고 소련제 미사일과 로켓으로 이스라엘의 공군과 戰車(전차)들을 격파해가는 것을 보고 그는 '한반도에서 다시 전쟁이 나면 소련제 新무기에 의해 막심한 피해를 보겠구나' 하는 걱정으로 마음이 무거웠다.

미국의 닉슨 행정부는 10월 10일 "소련이 이집트와 시리아에 대규모 군수물자를 공수하기 시작했다"고 경고하더니 10월 15일 이스라엘에 대한 무기 지원을 결정했다.

이에 자극을 받은 아랍 6개 산유국 회의는 10월 16일 쿠웨이트에서 긴급회동했다. 이 회의는 원유값을 종전의 배럴당 3.12달러에서 3.65달러로 인상한다고 발표했다. 17일엔 석유수출국기구(OPEC) 대표들이 쿠웨이트에서 회동하여 이스라엘의 아랍점령지 철수를 요구하면서 9월로 소급하여 매월 5%의 원유 減産(감산)조치를 취하기로 의결했다. 18일엔 아부다비, 이어서 사우디 아라비아가 對美 斷油(단유)를 선언했다.

11월 4일엔 OPEC는 원유생산량의 25%를 감산키로 결정했다. 이 산유국 대표들은 석유소비국을 우호국과 非우호국으로 분류하고 우호국에 대해서는 9월 수준으로 원유를 공급하겠다고 발표했다. 이때 비로소 한국은 親美·親이스라엘 때문에 非우호국으로 분류되어 석유공급이 줄어들게 되었다는 것을 알게 되었다.

11월 6일 대한석유공사의 운영자이자 원유공급자인 걸프는 11월 이후 원유를 30% 줄여서 공급하겠다고 통보해 왔다. 칼텍스는 호남정유에 10% 감량을, 유니온 오일은 경인에너지에 20% 감량 계획을 알려왔다.

11월 8일 정부는 에너지 절약 1단계 조치를 발표했다. 난방유류 5% 절감, 걷기운동, 대낮 소등 생활화, 광고 네온사인 규제, 목욕탕 신규허가 억제, 관광 레저 여행 규제 등의 대책이었다.

## 값싼 석유시대의 최대 受惠者

1960년대 초 국제 원유 값은 배럴당 2달러 전후였다. 1배럴은 159ℓ. 1964년 울산정유공장이 가동되기 시작한 시기 한국의 물가와 대비하면 원유 1배럴은 대략 쌀 한 말 또는 쇠고기 세 근, 고무신 다섯 켤레, 담배 열다섯 갑, 달걀 백 개, 무 열 貫(관) 가격과 맞먹었다.

1950~1960년대 리비아, 나이지리아, 북해, 알래스카 등지에서 거대 유전이 잇따라 발견됐다. 원유가 공급 과잉에 빠지면서 20년간 기름 값이 안정됐다. 한국으로선 다행인 것이 이 시기에 석유를 주된 동력원으로 하는 근대화를 시작함으로써 값싼 기름의 덕을 크게 보았다는 점이다. 우리가 근대화를 10년 늦게 했으면 막차를 놓쳐 영원히 선진국 진입이 불가능한 나라가 되었을 것이다.

1970년대에 불어닥친 두 차례의 오일 쇼크. 1973년의 제1차 오일 쇼크는 오일 머니가 몰려든 中東(중동) 건설시장에 진출함으로써 정면 돌파에 성공했다. 1979년 이란 혁명에 이은 제2의 오일 쇼크는 중화학공업에 과잉 투자한 박정희 정부의 경제 기틀을 흔들면서 물가고와 민주화 요구가 결합되는 경제·정치 위기로 발전했고, 그 회오리바람 속에서 10·26 사건이 발생했던 것이다. 고도의 정치적인 물질인 석유와 박정희의 운명은 평행하거나 교차하는 궤적을 그렸다.

값싼 석유는 인류의 생활양식에 혁명적인 변화를 몰고 왔다. 각종 석유제품이 쏟아져 나와 의식주를 윤택하게 했다. 값싼 기름 값은 다른 물건 값을 끌어내리거나 생산을 촉진하는 연쇄 반응을 일으켰다.

예컨대 석유화학에 기초한 합성섬유가 대량으로 소비되기 시작하자

면화 및 양모를 재료로 하는 천연섬유의 소비량이 줄었다. 면화 값이 폭락하자 농부들은 면화 대신 콩이나 밀을 경작하기 시작하면서 식량 공급이 늘어났다. 양모 값이 떨어지자 양 대신 소를 키우는 농민들이 늘어났다. 그 여파로 쇠고기와 버터가 공급 과잉에 빠지고 값이 떨어지게 됐다. 육류 소비의 증가로 많은 인류의 건강이 향상됐다.

석유화학에 기초한 비료와 농약이 값싸게 공급되면서 단위당 곡물 수확고가 늘어났다. 석탄 대신 값싼 重油(중유)를 쓰는 석유발전소가 생기면서 전력요금도 떨어졌다. 값싼 전력과 전기기기가 널리 보급되자 제련과정에서 전력을 많이 쓰는 알루미늄의 공급이 늘어났다. 알루미늄이 우리 생활 속에서 확산되기 시작했다. 창틀, 건축 자재, 통조림 깡통, 송전선으로 알루미늄이 많이 쓰이면서 구리와 주석이 밀려나기 시작했다.

1950~1960년대에 근대화를 시작한 나라들은 이 값싼 기름의 덕을 보았다. 고도 성장에도 불구하고 값싼 기름이 다른 상품 값을 연쇄적으로 끌어내렸기 때문에 물가고를 피할 수 있었던 것이다. 이 시대는 또한 중동 산유국과 같은 자원 국가들이 공업국을 위해 희생된 연대이기도 했다. 일본은 풍부한 인력과 값싼 자원을 결합시킨 가공산업을 육성함으로써 이 연대의 가장 큰 수혜자가 됐다. 한국도 값싼 자원을 수입하여 넘치는 고급 인력을 투입함으로써 부가가치가 높은 수출품을 만들어내는 전략을 채택하여 시대의 흐름을 타게 되었던 것이다.

고도의 전략 물자인 기름의 중요성을 실감 있게 체득한 사람이 박정희 대통령이었다. 만주군관학교 시절 그는 일본이 미국의 석유禁輸(금수) 조치에 목이 졸리자 석유 자원이 많은 인도네시아를 확보하기 위해 開戰(개전)을 결심하는 과정을 목격했다.

'기름 한 방울은 피 한 방울!'

박정희는 1950년대에 이승만 대통령이 말을 잘 듣지 않자 미국이 한국에 대한 석유 공급을 전면 중단하는 사태도 지켜볼 수 있었다. 그는 정권을 잡자마자 정유공장을 지어 석유의 독립을 확보하는 일에 정책의 최우선을 두었다.

1963년 7월 23일 박정희 의장은 해운대로 향하는 기동차 안에서 기자들과 방담하고 있었다. 전년도의 흉작에 기인한 식량난, 야당의 공세 등 유쾌하지 못한 화제가 계속되는 가운데 대구역에 도착하자 수행원이 대구에서 나온 지방지를 사서 박 의장에게 건네주었다. 1면은 4대 의혹사건 등 온통 우울한 기사뿐이었다.

사회면을 펴든 박 의장은 이렇게 독백하는 것이었다.

"영일만에 油徵(유징)이 있다는데 그곳에서 기름이라도 콸콸 쏟아져 나왔으면…."

그는 독백조로 중얼거리더니 신문을 옆으로 내밀었다. 사회면 머리에는 '영일군에 석유 풀' 이란 제목의 기사가 실려 있었다. 박정희의 포항 석유에 대한 기억은 이렇게 시작됐다. 이 첫인상 때문인지 박 대통령은 그 뒤 포항에 석유가 있느냐 없느냐로 민간인과 정부 기관이 논쟁을 계속할 때 대체로 민간인들에게 호의적인 태도를 보였다.

포항 석유 매장설이 한 시대의 쟁점으로 떠오르도록 한 것은 한 아마추어의 집념과 언론의 흥분된 보도였다. 10년도 넘게 걸린 이 논쟁에서 민간인·언론·정치 권력은 대체로 석유가 '있다' 는 편에 섰고, 과학자와 기술 관료들은 '없다' 는 편이었다.

한국의 공업화는 값싼 석유가 문제없이 공급될 것이란 전제하에서 진행됐다. 1960년대 후반 우리는 과감하게 主油從炭(주유종탄)정책을 펴 석탄 대신 석유를 가정용으로까지 확산시키기도 했다. 1971년의 한국 석유소비량은 5·16 혁명이 난 10년 전에 비해 약 14배에 달했다. 1973년 전체 에너지源(원)에서 석유의 비중은 53.3%에 달했다. 한국의 경제·사회·군사 구조는 깊숙이 석유에 몸을 담가놓고 있었다.

1973년 11월 초 김정렴 비서실장은 吳源哲 중화학공업 담당 수석을 불렀다. 실장실에 들어가니 金 실장은 아무 설명도 없이 "서재(대통령 집무실)로 같이 갑시다"라고 했다. 영문도 모르고 대통령 집무실에 들어가니 朴 대통령은 책상에 앉아 깊은 생각에 잠겨 있었다.

金 실장은 이렇게 보고하는 것이었다.

"각하, 석유 구하러 오원철이를 보내야겠습니다. 정유공장을 건설할 때 맨 처음부터 관여하여 석유 3사의 최고위층과 친분이 많습니다."

吳 수석은 목숨이 경각에 달려 있는 응급환자에게 특효약을 당장 구해오라는 식의 이 말에 깜짝 놀랐다. 자신도 모르게 한 발자국 물러나면서 말했다고 한다.

"제가 간들 석유 구하는 것은 불가능합니다."

金 실장은 물러나는 오 수석의 팔을 잡아끌고는 박 대통령 앞으로 나아갔다.

朴 대통령은 吳源哲의 당황하는 모습을 물끄러미 바라보다가 "다녀와! 내일 떠나도록 해"라고 한마디만 했다. 吳 수석의 입에선 "예, 다녀오겠습니다"란 말이 자동적으로 튀어나왔다.

吳 수석은 11월 9일 金光模(김광모) 비서관만을 데리고 걸프, 칼텍스, 유니온의 본사가 있는 미국으로 떠났다. 박 대통령이 석유 3社의 회장

앞으로 쓴 친서 석 장이 유일한 무기였다.

너무나 큰 임무에 짓눌린 吳源哲은 비행기 안에서도 머리가 아프고 잠이 오지 않았다. 피츠버그의 걸프 본사를 맨 먼저 방문했다. 현관에 태극기를 걸어두고 있었다.

吳源哲은 가슴 위에 손을 얹고 국기에 대한 경례를 하면서 이 자리에서 승부를 내겠다는 결의를 다졌다. 석유 확보 여부는 경제전선에서의 승패를 좌우하는 결전이다. 경제전선에서의 패배는 남북 대치상황에서 군사적 패배로 연결될 수도 있다. 태극기를 대한 吳源哲은 자신이 외롭지 않다는 생각이 들었다고 한다.

걸프의 밥 도시 회장과는 울산정유공장 건설이 인연이 돼 친면이 있었다. 오 수석은 도시 회장에게 박 대통령의 친서를 전달했다. 회장이 친서를 다 읽기를 기다린 후 설명을 하기 시작했다. 吳 수석이 말한 한국의 석유 사정은 절박한 것이었다.

〈유류 공급이 20% 이상 감축되면 배급제를 실시할 수밖에 없다. 그러나 현재의 사회·경제적 여건으로 보아 배급제를 실시해서도 안 되고 할 수도 없다. 우리나라는 기름을 100% 외국에서 수입하고 국내 에너지원이 거의 없다. 그것도 석유 수입량의 100%를 미국계 세 석유회사로부터 공급받고 있다.

우리나라의 석유 소비는 산업용 중유가 대부분이다. 자동차를 더 타겠다든가, 난방용으로 쓰겠다는 것이 아니다. 휘발유는 전체 유류 소비량 가운데 7%밖에 안 된다. 기름 공급이 줄어들면 산업이 큰 타격을 받는다. 60만 대군을 유지하는 데 있어서 필요한 기름은 절대로 줄일 수 없다. 주한 미국대사도 미군에 대한 기름 공급을 줄이지 말라는 통보를 해왔다(注-주한 미군용 기름은 한국 석유회사에서 해주고 있었다). 기름 감축은 주로 저임금 노무자의 직장을 빼앗는 결과를 부를 것이다〉

이런 요지의 보고를 마친 뒤 吳源哲은 배석한 대한석유공사의 미국인 부사장에게 따지고 들었다.

"당신은 원유 공급 담당이 아닌가. 걸프는 원유 공급에 전적인 책임을 진다는 조건하에 독점적 공급 계약을 맺은 것이다. 그런데 세계 원유시장이 어떻게 돌아가는지 모르고 있으면서 비축도 제대로 하지 않았다. 그러다가 느닷없이 30% 감축 통보를 해온 것은 직무 태만이 아닌가."

吳源哲은 미국인들과의 교섭 경험에서 정면 돌파가 가장 효과가 있다는 것을 체득한 바 있어 공격적으로 나갔다고 한다.

도시 회장은 원유 담당 사장인 굿맨에게 한국에 대한 원유 공급 계획을 재조정하라고 지시했다. 굿맨은 울산정유공장을 지을 때 걸프가 투자하도록 본사를 설득했던 실무책임자로서 오원철과도 친했다. 오원철은 결정적인 장면에서 친구를 만난 셈이었다. 굿맨은 1973년 4/4분기의 對韓(대한) 석유공급량을, 통보된 일당 12만 8,000배럴에서 일당 16만 5,000배럴로 회복시켜주는 계획서를 만들어 도시 회장에게 가져왔다.

도시 회장은 오원철에게 이 서류를 건네주면서 엄숙한 말투로 설명했다.

"우리로서는 최선을 다한 것입니다. 덧붙여 나는 사랑하는 대한민국과 존경하는 박 대통령에게 선물로 30만 톤의 원유수송선 한 척분을 추가로 배정하는 바입니다. 이 뜻을 대통령 각하께 전해주시오."

"예스, 아이 두(Yes, I do)"란 말이 오원철의 입에서 저절로 나왔다. 오원철은 지금도 "우리는 한국의 운명이 기로에 서 있을 때 걸프가 우리를 도와준 것을 기억해야 한다. 그 뒤 정치헌금 스캔들로 도시 회장이 미국에서 곤경에 처하고 걸프와 우리가 별로 유쾌하지 않은 모습으로 헤어진 데는 우리 쪽의 잘못도 크다"고 말했다.

걸프로부터 대폭적인 양보를 얻어낸 것을 무기로 삼은 오원철은 칼텍스와 유니온으로부터도 비슷한 수준의 원유 공급의 상향 조정 약속을 받아냈다.

오원철 수석은 원유 공급 교섭 출장보고서를 만들어 11월 17일 박 대통령에게 보고했다. 보고서 표지에 서명한 박 대통령은 "놓고 가"라고 했다. 오원철은 대통령의 서명을 보고 놀랐다고 한다.

청와대 근무자들은 박 대통령의 사인 형태를 보고 그의 만족도를 짐작하곤 했었다. 上(상)에 속하는 보고서에 서명할 때는 꼭 만년필을 꺼내 펜촉이 부러질 듯이 눌러 쓰는데 年月日(연월일)을 기입한다. 이 서류는 영구 보존하라는 뜻이다. 오원철의 보고서에 한 서명은 서명란이 넘치도록 크게 되어 있었다. 날짜 밑에는 줄을 그었다. 처음 보는 서명 방식이었다. 박 대통령은 일생일대의 위기를 벗어난 기쁨을 그런 식으로 표현한 것이리라.

朴 대통령은 12월에 들어가선 외무장관 출신인 崔圭夏 외교특보를 특사로 삼아 중동 산유국에 사절단을 보냈다. 이들 나라에 한국을 非우호국이 아닌 우호국으로 대해 줄 것을 요청하기 위해서였다. 崔 특보는 吳 수석을 여러 번 불러 석유 공부를 하고 갔다. 특사 일행은 崔 특보 이외에 金正泰 외무부 경제차관보, 崔鐘明 상공부 차관보, 全民濟 全인터내셔날 사장이었다.

崔 특사는 12월 15일 사우디에 도착하자마자 이스라엘의 점령지 철수

등 親아랍정책을 발표했다. 그러자 사우디 정부는 파이잘 국왕과의 면담일정을 잡아 주었다. 꼼꼼한 崔圭夏 특사는 저녁에 수행원 전원을 모아 놓고 파이잘 국왕에게 설명할 내용을 새벽 2시까지 되풀이 연습했다.

다음날 파이잘 국왕에게 崔 특사는 연습한 그대로 자세히 긴 설명을 했다. 왕은 참을성 있게 다 들어 주었다. 崔 특사가 공산주의와 대결하고 있는 한국의 상황을 설명한 데 대해서 파이잘 왕은 "공산주의보다 더 나쁜 것이 시오니즘이다. 이 악마 같은 시오니즘을 몰아내야 한다"고 힘주어 말했다. 그 뒤 사우디 정부는 한국을 우호국으로 분류하여 원유공급 제한 조치를 해제해 주었다.

이어서 쿠웨이트 국왕을 방문한 崔 특사는 한국에 대한 원유 특별배정을 호소했다. 왕이 "어떤 나라나 공평하게 다룬다"고 답해도 崔 특사는 세 번이나 "그래도 남은 원유가 있지 않겠는가"라고 매달렸다. 왕은 영어로 "내 말을 못 알아듣소?"라고 힐난조로 말했다.

崔 특사는 쿠웨이트 정부가 한국을 중립국으로 대우한다는 약속을 받아냈다.

## 崔鍾賢과 사우디 실력자

1973년 12월 崔圭夏 특사의 중동방문 사절단에 민간인 全民濟 씨가 참여한 배경은 이렇다. SK의 전신인 '鮮京(선경)'의 설립자 崔鍾建 · 崔鍾賢 형제는 1972년에 日産(일산) 15만 배럴 규모의 제4정유공장 인가를 받아놓고 원유공급線(선)을 사우디 아라비아에서 구하기 위하여 뛰고 있었다.

정유공장 사업에 공동으로 참여키로 한 일본의 종합상사 이토추(伊藤忠)의 전설적 인물인 세지마 류조 부사장이 對사우디 공작을 지휘했다.

선경이 한국 측 실무책임자로 초빙한 사람은 정유산업의 생리에 밝은 全民濟(全엔지니어링) 대표였다. 그를 보좌하면서 중동 출장을 많이 다닌 젊은 대리가 金昌浩(뒤에 SK 유통사장)였다. 석유파동이 일어나기 전인 1973년 8월 선경의 崔鍾賢 사장과 崔鍾明 상공부 차관보를 중심으로 한 民官(민관) 사절단이 사우디를 방문했다. 이때 선경과 이토추가 잡은 인맥이 대단했다.

중동 관련 정보망이 좋았던 이토추는 파이잘 국왕의 오른팔이자 정보기관장인 K씨를 겨냥했다. K씨는 왕비의 친동생이기도 했다. K씨는 협상에 나오지 않고 베드라위라는 조카를 내세웠다. 30代 미남인 그는 제다에 불포화 폴리에스테르 樹脂(수지)공장을 건립하려고 했다.

선경·이토추·데이진이 함께 株主(주주)로 참여하고 全엔지니어링도 공장건설을 맡고 株主가 되기로 했다. 民官 사절단은 사우디의 국영석유회사인 페트로민을 방문하여 원유공급에 대한 긍정적인 답변을 듣고 귀국했다.

그 두 달 뒤 석유위기가 닥쳤다. 崔圭夏 특사가 사우디로 갈 때 崔鍾明, 全民濟, 金昌浩 팀도 따라갔다. 崔 특사는 파이잘 국왕을 만난 뒤 먼저 돌아가고 全民濟-金昌浩 팀은 베드라위를 통해서 마무리를 해야 했다. 베드라위는 사우디 실력자들의 견해를 이렇게 전했다.

"한국이 우호국이 되어 斷油 조치(엠바고)를 풀려면 먼저 이스라엘과 단교하고 親아랍 선언을 해야 한다. 이를 크게 보도되도록 해주었으면 한다."

金昌浩는 이 메시지를 가지고 귀국하여 崔鍾賢 사장에게 보고했다. 崔 사장은 형(崔鍾建)이 별세하여 장례식을 마친 지 며칠 되지 않았다. 崔 사장은 정부 측과 교섭하여 사우디 측의 뜻을 이행하도록 했다. 이것이 사우디의 對한국 엠바고 해제를 가져왔다는 것이 金昌浩 씨의 주장이다. 석유위기가 닥치자 이토추는 제4정유공장 건설에서 발을 뺐다.

선경의 崔鍾賢 회장은 정유공장 건설의 꿈은 일단 접었으나 K씨의 대리인 베드라위에게 약속했던 수지공장 건설에 대한 투자는 약속대로 지켰다. 이 義理(의리)로 해서 사우디와 K씨의 崔鍾賢에 대한 신뢰는 不動의 것으로 된다.

사우디 측은 1979년 제2차 석유파동이 왔을 때 드디어 崔 회장에게 정유공장의 꿈(油公 인수)을 이루게 하는 하루 5만 배럴의 원유공급권을 선물한다.

지금 30여 년 전의 석유파동 시대를 뒤돌아보면 석유수출기구(OPEC)라는 이름이 유엔과 쌍벽을 이루는 세계정부였던 느낌이 든다. 이 기구의 상징적 인물인 사우디의 야마니 석유장관은 그의 말 한마디가 세계 언론의 1면 머리기사였다.

이 시기에 대한 기억이 이미지로 남는 것은 거의 매일이다시피 사람들을 놀라게 만들던 신문의 머리기사 제목이다. 제목대는 시커먼 바탕에 '引上' 이란 낱말로 뒤덮였다. 인상률도 보통 40~50%였고 세 자리 수도 많았다. 1973년 겨울의 거리는 어두워졌고, 어두워지니 빼소니 사고가 늘었다. 세상이 바뀌고 있었다. 값싼 석유로 쓰인 대량생산·대량소비 시대 역사의 한 章이 넘어가고 있었다. '큰 것은 좋은 것이다' 는 시대정신은 '작은 것이 아름답다' 로 변하고 있었다.

석유파동 시대의 한 실무책임자였던 吳源哲 경제2수석의 표현을 빌리면 "1973년 크리스마스 전날 아침 배달된 신문을 보고 국민들은 제3차 세계대전이 일어난 것이 아닌가 하고 놀랐다"고 한다.

석유수출기구가 10월 16일에 배럴당 5.119달러로 약 70% 올렸던 원유값을 1974년 1월 1일을 기하여 배럴당 11.651달러로 다시 약 100% 인상한다고 발표했기 때문이다. 1973년 1월 1일 원유값이 배럴당 2.591달러였으니 1년 사이 네 배로 뛴 것이다.

이에 따라 한국의 연간 원유수입액은 1973년의 3억 519만 달러에서 1974년엔 11억 78만 달러로 3.5배 늘었다. 세계가 원유값의 급등으로 몸살을 앓는데 모든 분야에서 석유파동에 가장 취약하게 노출되었던 한국은 急死(급사)할 지경이었다. 원유값의 폭등은 기름과 기름에서 나온 수많은 석유제품을 쓰는 산업뿐 아니라 농산물·설탕·조미료·대중 목욕비 등 간접부문을 포함하여 全사회의 모든 분야에 원가 상승 압력을 가했다.

그 결과로 1974년의 도매물가는 전년도 대비 44.6%가 늘었다. 이는 6·25 전쟁 후 최대치였다. 수입물품값도 한 해 동안 31.2%가 올랐다.

그러나 결과적으로 한국엔 1차 오일쇼크가 없었다! 통계가 이를 입증한다. 1973년 한국의 국민총생산 증가율, 즉 경제성장률은 13.2%였다. 석유파동을 정면으로 받은 1974년의 성장률은 마이너스가 아니라 8.1%였다. 1973년의 광공업 성장률은 27.7%였다. 원유값 폭등에 가장 예민한 광공업의 부가가치는 1974년에도 15.3%나 증가했다. 수출은 1973년에 전년 대비 98.6%가 늘었다. 1974년에도 수출은 38.3% 늘었다. 모두가 세계적인 기록이다. 수치상으로는 석유파동이 없었던 것이다. 吳源

哲 경제수석은 그 비결을 이렇게 요약했다.

〈우리나라에 에너지 위기가 닥쳐왔다. 자칫 잘못됐다면 우리나라는 돌이킬 수 없는 경제파탄에 빠져서 다시는 헤어나지 못했을 것이다. 그러나 우리나라는 정부와 국민이 합심해서 이 시련을 극복하고 기적적인 발전을 했다〉

시련은 석유를 쓰는 세계 각국에 똑같이 주어졌다. 한국만이 이 시련을 이겨내니 상대적으로 훨씬 앞서가게 된 것이다. 석유파동은 그때까지 비슷하던 태국·말레이시아 등 동남아국가를 한국이 결정적으로 추월하게 된 계기였다.

1974년의 국민총생산(GDP) 실질증가율을 보면 일본은 -2%, 미국은 -0.6%, 영국 -1.8%, 프랑스 3%였는데 한국만은 7.1%였다. 1975년에도 한국의 성장률이 주요 산업국들 중에선 최고였다.

정부와 국민을 합심시켜 석유파동을 극복하여 轉禍爲福으로 만든 朴正熙 정부의 리더십은 그래서 영원한 연구대상이다.

金鍾泌 당시 총리에 따르면 朴 대통령은 '석유자원이 몇십 년치밖에 남지 않았다'는 식의 비관론을 믿지 않았으며, 석유위기도 일시적일 것이라고 확신하고는 중화학공업 건설 전략을 수정하지 않고 밀고 나갔다는 것이다.

1973년 10월부터 시작된 석유파동은 한국에 석유부족, 물가폭등, 국제수지 악화라는 3重苦(중고)를 동시에 몰고 왔다. 석유 부족은 1974년에 들어서면 석유수출기구가 원유 增産(증산)을 결의하여 해소되었다.

정부는 전반기엔 석유 사용 10% 절감, 국내 석유값 30% 인상, 긴급조치 3호로 대응했다. 후반기엔 국내 석유값 82% 인상, 두 달 뒤 다시

22.3% 인상, 그리고 환율 21% 인상(이는 모든 수입품값이 그만큼 인상된다는 뜻이다), 국내 석유값 31.3% 인상으로 대처했다.

석유 사용 10% 절감책은 '국영기업체와 관공서의 電球(전구) 중 3분의 1 빼기', '다방·음식점·목욕탕의 영업시간 단축', '공휴일 자가용 운행 규제', '텔레비전 방영시간 하루 4시간 단축' 식이었다. 여러 부문에서 조금씩 노력하면 이 절약분이 쌓여서 10% 절감을 가능케 한다는 것이 입증되었다. 절약할 게 생활 속에 의외로 많다는 것을 깨우쳐 준 것이 석유파동이었다.

석유값이 오르니 석탄과 연탄의 가격경쟁력이 살아났다. 석탄 소비량이 급증하자 사양길에 들어섰던 탄광이 다시 활기를 띠었다. 저질탄도 써야 했으니 부산에선 주부들이 자주 꺼지는 연탄을 내던지면서 시위를 했다.

## 경제긴급조치

1973년 12월 5일 太完善 경제기획원 장관, 南悳祐 재무장관, 鄭韶永 농수산 장관, 張禮準 상공장관은 합동기자회견을 갖고 석유류(30%), 전기값(7%), 비료(30%), 나일론絲(32.6%), 설탕(16.7%), 배합사료(25.5%), 전분(42%), 판유리(25.5%), 목장우유(15%), 분유(10.8%)의 인상률을 발표했다.

소비자들은 이에 대해 생필품 사재기로 대응했다. 언론은 부자들이 화장지 등의 사재기에 앞장선다고 비판했다. 그때 비로소 한국에선 화장지가 양변기와 함께 널리 쓰이기 시작할 때였다. 일본인들조차 한국에 관광 온 김에 화장지를 사 가지고 갔다.

朴 대통령은 유신 선포 직후인 1972년 11월 30일 1980년대를 향한 비전을 수치로 요약하여 발표했었다. 1981년에 가면 국민소득이 1인당 1,000달러, 수출이 100억 달러가 될 것이라고 약속했다. 1969년 朴 대통령은 金鍾泌을 청와대로 불러 대통령 3選 개헌案에 지지해 줄 것을 설득하면서 이렇게 말했다.

"임자도 잘 알다시피 우리는 한강을 건너올 때 이미 조국 근대화에 목숨을 걸지 않았나. 1960년대에 겨우 먹는 문제를 해결했는데, 1970년대엔 공업화를 해야 돼. 함께 죽자고 혁명을 해놓고 이제 와서 혼자 살겠다는 거야?"

이처럼 朴 대통령의 전략은 간명했다. 1960년대는 식량문제 해결, 1970년대는 중화학공업 건설. 朴 대통령은 중화학공업 건설을 선언한 1973년의 연두기자회견 직후 "올해 물가 인상은 3% 이내로 억제하라"고 지시했었다. 석유파동은 한국을 경공업 국가에서 탈피시켜 세계적인 공업대국으로 만들겠다는 朴 대통령의 신념과 집념에 대한 도전이었다.

1973년 11월 중순 朴 대통령은 보유외환이 바닥나고 있다는 보고를 접하자 太完善 경제기획원 장관에게 종합 대책을 마련하여 보고하도록 지시했다. 12월 중순 그 보고회가 열렸다.

朴 대통령은 실망한 표정을 지었다.

"太 부총리, 수고했습니다. 워낙 중요한 사안이니 청와대에서 다시 검토하여 결론을 내도록 합시다."

朴 대통령은 집무실로 돌아와서 金龍煥 경제1수석 비서관을 불렀다.

"경제기획원에 한 달 동안이나 시간을 주어서 대책을 마련하라고 했는데, 도대체 무슨 소리인지 모르겠어. 그렇게 미지근하게 대응해 가지고는 이 난국을 극복하기 어려울 것 같아. 임자가 한 번 다시 만들어 봐."

金龍煥 수석은 새해 1월 10일을 목표로 정하고 비밀돌관작업에 들어갔다. 그 1년 전 8·3 私債 동결조치案을 비밀리에 만들었던 金 수석은 그때 팀(심형섭 씨 등 4명)을 다시 모았다. 여기에다가 高炳祐(뒤에 건설부 장관), 河東善, 宋炳循(은행감독원장 역임), 李相熙 씨를 합류시키고 북악파크 호텔에서 실무작업에 들어갔다.

金 수석은 1974년 1월 10일에 완성된 계획서를 12일에 朴 대통령에게 보고하여 재가받았다. 문서 제목은 '대통령 긴급조치 제3호와 이의 관련사항에 관한 보고' 였다.

金 수석은 긴급조치의 목적을 이렇게 설정했다.

〈석유파동으로 야기된 악성 인플레이션을 완화하기 위하여 정부·기업·소비자의 공동노력을 조직화하고 低소득층의 부담경감과 국민생활의 안정을 도모하는 한편, 강력한 소비절약을 유도하여 석유파동의 충격을 극복하려는 것이다〉

1월 14일 청와대에서 朴 대통령은 국무회의를 주재하여 긴급조치안을 의결했다. 긴급조치 선포에 따른 대통령 담화문을 金 수석이 낭독하여 통과시키려는 순간 閔寬植 문교장관이 소리를 질렀다.

"각하, 틀린 글자가 하나 있습니다. '心氣一轉' 이 아니라 '心機一轉' 입니다."

誤字, 脫字가 없도록 수십 번 원고를 확인했던 金龍煥은 가슴이 철렁했다. 朴 대통령은 웃으면서 이렇게 넘어갔다.

"통상 우리가 쓰는 한자는 '心機一轉'이 맞는데, 氣자로 쓴 '心氣一轉'도 좋지 않습니까. 마음과 기분을 한 번 가다듬자는 뜻인데 더 좋은 것 같습니다."

원안대로 통과되었다. 金 수석은 밤낮없이 고생한 실무진의 사기를 꺾지 않으려고 배려해 준 朴 대통령이 그렇게 고마울 수 없었다. '저분을 위해서는 더욱 분골쇄신해야겠다'는 생각이 절로 나왔다. 그 뒤 官報에도 '心氣一轉'으로 나갔다.

온 세계와 나라가 석유파동에 휩쓸려 들어가 미래에 대한 전망이 어두워질 때 朴正熙 대통령은 근대화 철학의 제자들인 전국 새마을지도자들의 대회에서 연설할 기회를 갖게 되었다.

1973년 11월 22일 광주에서 열렸던 이 대회에서 朴 대통령이 한 유시는 그의 열정과 논리가 녹아든 '역사를 향한 증언'이자 '한국적 민주주의' 선언이었다. 무엇보다도 이 연설문을 읽어 보면 바로 곁에서 근대화 혁명가의 숨결이 들려오고 맥박이 고동치는 것을 느낀다. 권력자의 연설이라고 생각하지 말고 한 戰中(전중)세대의 호소문이라고 생각하면서 읽어 보자.

## 역사를 향한 연설

그는 우선 새마을운동을 '잘살기 운동'이라고 요약했다.

〈새마을운동이란 무엇이냐? 나는 작년 이 자리에서 여러분들에게 간단히 쉽게 말하여 '잘살기 운동이다'라고 정의했습니다. 나 혼자 잘 먹고, 잘 입고, 고대광실 좋은 집에서 사는 것만이 잘사는 것이 아니라, 부지런하고 자존심이 강하고 서로 협동을 하여 서로서로 도와서 땀 흘려 가면서 나도 잘살고, 우리 이웃도 잘살고, 우리 고장도 잘살고, 우리나라도 잘사는 것이다, 이렇게 나는 강조했습니다.

그것만 가지고도 안 되는 것입니다. 우리들 세대뿐만 아니라 우리들 후손들에게 자랑스러운 유산을 물려줄 수 있는 부강한 나라, 살기 좋은 나라를 만들어서 자손들에게 물려주는 것, 이것이 참되게 잘사는 것입니다. 우리는 우리 후손들에게 다시는 가난이라는 유산을 절대 물려주어서는 안 되겠습니다. 이것이 새마을운동의 궁극적인 목표라는 것을 작년에도 강조했고, 오늘 이 자리에서 다시 한 번 여러분들에게 또 우리 온 국민들에게 再강조하는 바입니다.

우리는 다시는 가난한 나라, 가난한 나라의 백성, 못사는 나라의 국민, 못난 백성이라는 소리를 들어서는 안 되겠습니다. 과거 일제 시대 또는 해방 직후 그리고 6·25 전쟁을 전후하여 우리나라 사람들이 해외에 나가면 외국 사람들이 우리를 보고 "당신 어느 나라 사람이오" 이렇게 물을 때에 자주정신과 주체의식이 없는 사람들 가운데는 "나는 한국 사람이오"라고 대답하는 것을 부끄럽고 떳떳하지 못하게 생각하여 말을 못한 사람들이 많이 있었습니다.

"당신 어느 나라 사람이오", "나는 동양 사람이오", "동양에도 여러 나라가 있는데 중국 사람이오, 일본 사람이오", "아니오", "그럼 어디요", "한국이오", "한국이 어디에 있더라" 또 아는 사람은 "아 – 한국전쟁 때 그 피란민들이 몰려 다니던 그 한국말이오" 과거 우리가 외국에 나가면 이런 말을 들은 적이 많이 있었습니다.

앞으로는 어디에 나가서 "당신 어느 나라 사람이오", "나는 대한민국 사람이오"하고 떳떳하게 가슴을 펴고 자랑스럽게 이야기할 수 있는 그런 나라를 만들자, 특히 우리 후손들에게는 어디에 나가서도 조금도 구김살 없이 가슴을 활짝 펴고 떳떳하게 '대한민국 사람' 이란 것을 자랑할 수 있는 그런 사회를 만들어서 물려주자, 이것이 우리가 노리고 있는 새마을운동의 궁극적인 목적인 것입니다〉

그의 열띤 이야기는 계속된다.

〈그렇다면 이처럼 살기 좋은 우리 고장을 만들자면 어떻게 해야겠습니까?

첫째는 부지런해야 합니다. 즉 근면입니다. 옛말에 '일근은 선지장이요, 일태는 악지장' 이란 말이 있습니다. 한문입니다만, '一勤(일근)' 한 일 자 부지런한 근 자, 한 번 부지런한 것은 '善之(선지)', 착한 것의 으뜸 가는 것이다. 부지런한 것이 모든 선의 으뜸가는 것이다. '一怠(일태)는 악지장(惡之長)' 이란 게으르다는 것은 나쁜 것 중에서도 으뜸 가는 것이다. 이런 옛말이 있습니다. 근면하지 못한 사람이 백 마디 말을 해 보았자 그것은 소용이 없는 것입니다.

그 다음에는 자조정신이 강해야 되겠습니다. 서로 협동을 할 줄 알아야 하겠습니다. 근면·자조·협동 이것이 새마을운동의 행동 강령입니다. 따라서 이 운동은 조국 근대화를 위한 일대 약진운동이요, 동시에 汎국민적인 정신혁명운동이라고 나는 확신합니다. 따라서 이 운동은 반드시 행동과 실천이 뒤따라야 합니다. 이론이나 말만 가지고는 될 수 없는 것입니다.

따라서 새마을운동은 하나의 행동철학입니다. 또한 이 운동은 반드시 주민의 소득 증대와 직결되어야 한다는 것을 강조해 둡니다. 소득 증대를 수반하지 않는 운동은 처음에는 모두 열을 올려서 하지만 시간이 흐르면 흐를수록 그 열의가 식어버리고 주민들이 흥미를 느낄 수 없게 되는 것입니다〉

朴 대통령이 도덕성과 정신력을 강조하는 것은 반드시 행동을 유발하기 위한 동기부여의 목적이지 말장난에 머물기 위한 것이 아니다. 그는 또 사명감의 고취만으로는 인간을 지속적으로 움직이게 할 수 없다는 것을 잘 알았다. 소득증대라는 이기심이 더해져야 한다는 뜻이다.

朴 대통령은 利他心(이타심)과 이기심이란 두 심리적 동기를 통합하여 국민들에게 호소했기 때문에 설득력이 강했다.

朴 대통령은 歷史書(역사서)를 많이 읽었다. 그가 역사에서 발견한 과거와 미래에 대한 통찰이 그의 신념체계를 형성했다. 역사에서 그는 자신의 고독한 결단을 합리화할 수 있는 많은 사례들을 발견했고, '너희들은 내 무덤에 침을 뱉어라! 그러나 역사는 나의 편에 설 것이다' 라는 자신감을 정당화할 수 있었다. 대중은 자신을 알아주지 못할지라도 역사는 자신의 편이란 생각이 용기의 샘이었다. 이날도 그는 역사에서 용기와 사명감을 끌어내려고 한다.

〈오늘 이 자리에서도 여러분들에게 1973년도판 성공 사례집 두툼한 책이 한 권씩 배포될 것입니다. 이것은 내년도에 가면 1974년도판, 다음 해에는 1975년도판, 이렇게 앞으로 계속 우리 농촌 근대화 과정에 있어서 하나의 역사로서 편찬하여 후세에까지 남기려고 합니다.

후세에 우리 자손들이 이 책을 읽어서 우리의 조상들이 이처럼 훌륭한 마을을 만들고 나라를 건설하기 위하여 이만큼 피땀을 흘려가면서 노력했구나 하는 그 사실을 우리 후손들이 알게 될 때, 과연 그들이 어떠한 느낌을 가지겠는가? 우리 후손들로 하여금 '우리도 이래 가지고는 안 되겠다, 게을러서는 안 되겠다, 조상들의 뜻을 받들어야 하겠다' 는 감명과 감동을 느끼도록 해야 하는 것입니다. 이것이 바로 민족의 얼인 것입니다.

우리가 옛날 희랍의 역사를 읽어 보면 이러한 이야기가 있습니다. '트로이 전쟁' 에 참전한 아테네 시민들이 그들이 죽을 때 자손들을 불러 놓고 유언을 하기에 "너의 조상이 누구냐고 묻거든, 너는 서슴지 말고 '우리의 조상은 트로이 전쟁에 참전한 용사였다' 고 떳떳이 일러 주라" 이렇게 말했다는 것입니다.

우리도 앞으로 나이가 들어 늙으면 죽을 때가 올 것입니다. 나는 우리 자손들에게 "후세에 너의 조상이 누구냐고 묻는다면, '나의 조상은 1970년대에 새마을운동에 앞장서서 알뜰하게 일한 바로 저 마을의 농민이었다' 고 대답하라"는 유언을 남기는 것이 가장 보람된 것이라고 생각합니다〉

朴正熙 대통령은 민주주의를 부정하지는 않았다. 그 불가피성과 당위성을 인정하면서도 그는 서구의 최신 민주주의가 그 경험이 일천한 한국에서는 그대로 적용될 수 없다고 확신했다. 이런 확신은 한국의 발전단계와 봉건적 잔재, 그리고 한국인의 민족성에 대한 통찰에서 우러나온 하나의 신념이었다.

다수 지식인이 독재화라고 비판했던 10월 유신도 朴 대통령의 사전에는 한국의 역사와 문화적 토양에 알맞은 한국적 민주주의의 실천이었다. 그는 이날 '새마을운동이야말로 한국적 민주주의의 실천도장' 이란 유명한 말을 남긴다.

〈나는 오늘 이 자리에서 결론적으로 몇 가지를 여러분들에게 말하자고 합니다. 첫째로, 새마을운동은 "한국적 민주주의의 실천 도장이다" 나는 이렇게 강조하는 바입니다. 왜냐하면 새마을운동은 한두 사람이 모여서 되는 것이 아닙니다. 온 부락 사람들이 전부 참여해야 하는 것입니다. 우선 부락 사람들이 한 자리에 모여 그 부락에서 가장 신망이 높고 창의적이며 헌신적인 부락 지도자를 전체 의사에 따라 뽑아야 합니다. 그리고 그 부락의 발전을 위하여 모든 사람의 좋은 의견을 들어 종합을 하고 모든 사람의 동의를 얻어서 해야 하는 것입니다. 결코 한두 사람의 의견을 가지고 이것이 추진되는 것은 아닙니다.

모든 사람의 의견을 듣고, 모든 사람의 동의를 얻은 다음에는 그 부락 전체의 이익이 될 수 있는 사업을 선택하고, 그 다음에는 남녀노소가 전부 참여하여 서로 협동하고 땀 흘려 이 일을 추진해야 하는 것입니다.

여기에서 얻어진 성과, 여기에서 얻어진 소득은 부락민들에게 골고루 공평하게 돌아가야 되고, 또 부락민들에게 동의를 얻어 일부 소득을 부락 공동 기금으로 저축해야 합니다. 그 저축한 것이 어느 정도 축적이 되면 또다시 부락 사람들의 전체의 의견을 모아서 부락 공동 이익 사업을 결의하여 이를 추진해 나가야 하는 것입니다. 이것이 새마을운동입니다. 그렇다면 이런 과정이야말로 가장 훌륭한 민주주의적인 방법이며 참다운 민주주의가 아니고 무엇이겠습니까?

나는 우리나라의 민주주의는 새마을운동과 같이 점차적인 훈련과 실천을 통해 하나하나 뿌리를 박아 나갈 때 비로소 정착할 수 있다고 믿습니다. 우리가 민주주의를 앉아서 놀고 먹고, 선거 한 번 치르고 나면 전부 정부에 의지하면 된다는 의존심만 양성하고, 與野 · 아랫동네, 이 마을·저 마을이 전부 분열하여 서로 싸우고 욕하고 하는 것으로 착각해서는 안 되겠습니다. 나는 이런 민주주의가 오래 가면 그 사회는 멸망한다고 생각합니다〉

## 재앙으로 위장한 행운

1974년 1월 14일의 '국민생활의 안정을 위한 긴급조치의 공포시행에 따르는 대통령 특별담화문'에서 朴 대통령은 "우리나라 경제만은 '불황 속의 인플레'에 말려들지 말고 이것을 전화위복의 계기로 삼자"고 했다. 그는 또 "우리가 걸어온 길은 탄탄대로가 아니었고 태산준령을 넘고 거센 풍랑을 헤쳐나가듯 여러 가지 난관을 극복하면서 세계적인 성장과 발전을 기록해 왔다"고 했다. 朴 대통령은 직전에 긴급조치 1, 2호로써 反정부 세력을 엄단하기로 한 것에 대해서는 이렇게 설명했다.

"이같은 국가현실을 이해하지 못하고 일부 인사와 불순분자들이 反유신적인 활동을 자행하여 국가안보에까지 위협을 미치게 되었기 때문에 부득이 정부는 이를 먼저 제거하는 조치를 취해야만 했다."

긴급조치 3호는 저소득층 부담 경감, 영세민 취로사업 확대, 임금체불과 부당해고 엄단, 정부예산 절감, 중소상공업자 지원, 농민보호 대책이 主調(주조)였다. 吳源哲 수석은 이 긴급조치의 효과를 '질서 회복'으로 해석했다.

"석유파동이란 것은 질서가 무너졌다는 뜻입니다. 러시아워 때 서로 먼저 가려고 하다가 자동차가 서로 엉켜버린 것과 같은 현상이 경제에서 일어나고 있었습니다. 교통순경이 등장하여 이 엉킨 차들을 풀어 주어야 하는데 대통령 긴급조치가 그런 역할을 했습니다. 국민들이 대통령 말을 믿고 사재기를 중단하는 등 질서가 회복되니 정부도 물가체계를 재편할 수 있는 여유가 생긴 것입니다."

1974년 2월 1일 정부는 유류값을 평균 82%, 전기값을 30%, 해운요금을 최고 109%, 항공요금을 60% 인상했다. 2월 5일엔 생필품, 건축자재, 신문용지 등의 값을 대폭 인상했다. 정부가 통제하던 물건 및 서비스 요금을 최하 10%, 최고 100% 올린 것은 유사 이래 처음일 것이다. 그럼에도 시장과 국민들은 차분하게 받아들였다. 매점매석, 사재기, 품귀현상이 나타나지 않았다. 吳源哲 수석의 표현을 빌리면 "폭풍 후의 고요함과 같았다. 남은 것은 할퀴고 간 상처뿐"이었다.

이때 석유쇼크를 '재앙으로 위장한 행운'으로 만드는 일들이 일어난다. 행운은 최선을 다한 사람에게 찾아온다는 것이 朴 대통령의 한국에도 적용된다. 中東 진출을 위한 탐색이 시작된 것이다. 한국의 현대사는 터널을 지나 새로운 무대로 진입하는 것이다.

1973년 한국의 경상수지 적자는 3억 880만 달러였는데, 1974년에는 20억 2,270만 달러로 늘었다. 자본거래 통계를 보면 1973년엔 2억 9,000만 달러를 빌리면 됐는데 1974년엔 19억 9,480만 달러를 빌려 와야 했다. 경제총사령관인 金正濂 비서실장은 출근하자마자 부도 직전으로 몰린 회사 사장처럼 여기저기 전화를 걸어야 했다.

"오늘 결제 준비는 되었나."

"어제 홍콩에서 돈을 꾸어 오겠다는 것은 해결됐어."

"걸프에게 주는 원유대금은 며칠만 기다리라고 해."

吳源哲 경제2수석비서관의 회고에 따르면 중동 진출과 관련하여 朴

대통령에게 최초의 보고를 올린 것은 1974년 1월 30일이라고 한다. 마침 사우디 아라비아 나제르 기획상이 訪韓(방한)하게 되어 있어 중동에 대한 한국 기업의 진출 방향을 구상한 것이었다.

吳 수석은 석유위기가 발생하기 전에 유럽에서 돌아오는 비행기 안에서 건설회사 三煥(삼환)의 직원을 만난 적이 있었다. 그때 三煥은 한국 기업체로서는 처음으로 사우디에서 고속도로 건설공사를 따내 일을 하고 있었다. 그때 삼환 직원은 서울 시장이 초청한 제다 市長 부부와 동행하고 있었다. 비행기가 도쿄에 가까워지자 제다 시장 부인이 양장으로 갈아 입었다. 어찌나 아름다운지 클레오파트라를 연상케했다. 吳 수석은 귀국 후 삼환 직원을 불러 사우디의 상황을 이것저것 물어보았다.

吳 수석은 오일달러가 모이는 중동 시장을 겨냥하여 군수품의 판매, 공장건설, 토목, 건축, 기술 인력 수출을 생각했다. 1월 30일 오전 吳 수석으로부터 中東 진출 관련 보고를 받은 朴 대통령은 "국내 업자들을 불러다가 설명회를 개최하고 중동 진출에 적극적으로 나서라는 뜻을 전하라"고 했다. 그날 오후 吳 수석이 다른 건으로 결재를 받으러 갔더니 朴 대통령은 "중동 진출 건에 대해 좀더 자세히 설명해 봐"라고 했다. 吳 수석은 군대식으로 목소리에 힘을 주어 보고했다.

"각하, 우리나라에는 세 가지 장점이 있습니다. 첫째, 우수한 인력을 보유하고 있다는 것입니다. 중동은 작업환경이 가장 나쁜 곳입니다. 고온이고 사막지대입니다. 오락도 없는 곳입니다. 이렇게 나쁜 조건이야말로 우리나라에게는 극히 유리한 조건이 됩니다. 우리나라에는 군인정신으로 무장한 수십만 명의 제대장병들이 있습니다. 월남에서의 경험도 있습니다. 각하, 에너지 위기는 國難(국난)의 일종입니다. 한국 男兒(남아)가 국난을 극복해야 하지 않겠습니까. 지금까지는 어린 여공들이 수출을 해서 우리 경제를 지탱해 왔습니다만 이번에는 남자가 나서야 할 때가 아니겠습니까.

둘째, 우리나라 남자 기능공들의 인건비는 선진국보다는 훨씬 싸고 기술수준은 후진국보다 월등합니다.

셋째, 工期(공기)단축인데 이 부문은 우리 건설업체가 자신 있습니다. 경부고속도로 공사式으로 돌관작업을 하는 데는 소질이 있습니다."

"吳 수석, 소신이 있어 좋구먼."

"각하, 중동에 진출하자면 뒷거래가 필요하다고 합니다. 우리나라는 이 방면에도 소질이 있지 않습니까."

朴 대통령은 소리를 내어 웃었다.

## 金載圭의 손을 들어준 대통령

朴 대통령 시절의 관료들은 일을 발상하여 실천하는 데까지 걸리는 시간이 매우 짧았다. 2월 13일 나제르 사우디 기획상이 訪韓하는 것을 기회로 삼아 2월 16일에는 한국-사우디 경제협력위원회가 창립되었다. 4월 25일엔 張禮準 상공부 장관이 민간기업체장들을 데리고 중동 방문길에 올랐다. 張 장관은 나제르 기획상이 마련한 만찬장에서 軍에서 차출해 간 태권도 유단자 두 사람의 시범을 보여 호평을 받았다. 사우디 왕실의 경호실과 군대에서 태권도 사범들을 초청하게 되었다.

張禮準 장관은 "한국과 사우디 정부는 40억 달러가 들어갈 리야드 도시 건설에 우리 건설업체가 참여하고 고속도로 건설엔 한일개발이 참여

키로 하는 등의 합의를 했다"고 발표했다. 맨 처음 중동에 진출했던 삼환은 제다市의 美化(미화)공사를 수주했다. 삼환은 工期를 단축하기 위해 밤에도 횃불을 피워 놓고 작업을 했다. 이곳을 지나던 파이잘 국왕이 놀랐고 한국 업체에 대한 인상이 좋아졌다고 한다.

1974년 9월 개각 때 朴 대통령은 우직한 金載圭를 건설부 장관에 임명하였다. 朴 대통령은 임명장을 주면서 "오일쇼크로 인한 외환위기는 오일쇼크로 부자가 된 중동에서 처방책을 찾아야 한다"고 강조했다.

金 장관은 간부들을 불러 놓고 "중동이라는 커다란 시장을 먹기 위해선 우리 업체들의 입이 너무 좁다. 입을 넓히는 작업을 하라"고 지시했다.

건설부는 비밀 작업 끝에 중동에 진출하려는 건설회사들을 정부가 책임지고 지원하는 제도를 만들었다. 즉, 해외건설 회사에 대해서는 국내은행이 물적 담보 없이도 신용으로 지급보증을 해주고, 건설수출 소득에 대해서는 법인세를 50% 감면해 주며, 25개 업체의 공동출자로 한국해외건설주식회사(KOCC)를 설립키로 했다.

이 안에 대해서 기획원과 재무부는 반대했다. 위험도가 높은 해외건설에 대해 신용으로 지급보증을 해주었다가 사고가 나면 은행도 함께 망한다는 것이었다.

金正濂 비서실장의 증언에 따르면 1975년 하반기 어느 날 수출진흥확대회의가 끝난 뒤 중앙청 국무위원 식당에서 朴 대통령, 국무총리, 관계장관, 경제4단체장이 점심을 먹는 자리에서 金載圭 장관이 이 문제를 제기했다.

즉, 건설부 장관이 허가한 해외건설업체에 대해서는 은행이 무조건 지불보증을 해주어야 한다고 했고, 金龍煥 재무부 장관은 최대한 협조하겠지만 지불보증은 선별적으로 해야 한다고 맞섰다. 南悳祐 기획원장관 겸 부총리는 재무부 편을 들고 경제단체장들은 건설부 편이었다. 여기서 朴 대통령은 건설부와 기업의 편을 들어 주었다.

朴 대통령은 이렇게 정리했다.

〈재무부의 주장도 일리가 있지만 선별적 지불보증은 은행의 보수성에 비추어 업체의 中東 진출에 지장을 줄 것이다. 은행은 무조건 지불보증을 하되 건설부 장관은 업자를 엄선해서 허가하라〉

金正濂 실장은 청와대로 돌아오자 金載圭 장관에게 전화를 걸었다.

"金 장관, 우리 업자들끼리의 과당경쟁과 부실공사를 막아야 합니다. 그래야 은행의 지불보증에 따른 사고를 막을 수 있습니다. 해외진출 허가는 엄선에 엄선을 기해야 합니다."

"알았습니다. 동감합니다. 업계에서 아무리 아우성을 치더라도 20개 이내로 진출업체를 제한하겠습니다."

그 뒤 1년간 더 재직한 金載圭 장관은 약속을 지켰다. 1978년 총선을 앞두고 지방건설업자들이 공화당을 통해서 中東에 진출할 수 있도록 해줄 것을 요청했다. 金 실장은 반대했으나 건설부는 기회의 균등을 내세워 58개 회사에 허가를 내주었다. 中東 건설시장은 한국업체들끼리의 과잉 출혈경쟁, 기술인력 빼내기 싸움터로 변했고, 1980년으로 넘어가면 해외건설 부실사태를 낳게 된다.

현대건설은 中東 진출을 둘러싸고 鄭周永·鄭仁永 형제가 충돌했다. 鄭 회장은 '우물쭈물하고 있다가는 機先(기선)을 놓치고 시장은 기득권을 가진 회사들에 의해 분할될 것이고 그렇게 되면 부스러기만 주워 먹을 수밖에 없다' 라고 걱정했다.

"어렵고 힘든 일을 안 하고 살면 편하다. 그냥 편하게 주저앉아 쉬운 일만 한다면 회사 발전은 포기해야 하고, 각 기업이 그런 식이면 국가도 희망이 없다. 돈을 잡으려면 돈이 많은 中東으로 가야 한다."

동생 鄭仁永 사장은 이란의 조선소 공사를 수주하여 中東 시장을 개척한 사람이지만 대형공사 수주는 모험이라고 반대했다.

1975년 10월 바레인의 아스리 조선소 건설 공사는 1억 달러짜리였다. 鄭仁永 사장은 이 공사의 수주를 반대했다. 鄭周永 회장은 中東 선발대가 왜 발빠르게 움직이지 않느냐고 화를 내는데, 동생은 中東 공사 계약 관련자를 파면시키겠다고 엄포를 놓고 있었다. 鄭周永 회장은 鄭仁永 사장과 中東 진출 반대론자들을  한꺼번에 내보냈다. 鄭 회장은 李明博을 국내담당 사장, 李春林을 해외담당 사장으로 승진시켰다. 당시 李明博은 30代 중반이었다.

현대가 중동으로 진출하니 공사 규모가 달라졌다. 현대는 1975년 11월엔 1억 9,000만 달러짜리 사우디 해군기지 공사를 따내더니 이듬해 6월엔 9억 4,000만 달러짜리 주베일 산업항 공사를 수주했다.

1973년에 한국업체들은 中東에서 2,400만 달러의 공사를 수주했었다. 中東 진출이 조직적으로 시작된 1974년엔 8,881만 달러, 1975년엔 7억 5,121만 달러, 1976년엔 24억 2,911만 달러, 1977년엔 33억 8,700만 달러, 1978년엔 약 80억 달러, 1979년엔 약 60억 달러, 1980년엔 약 80억 달러, 1981년엔 126억 달러로 수주액이 늘었다.

절정기인 1978년에 中東 진출 한국 건설 노동자와 관련업체 종사자들은 14만 2,000명에 이르렀다. 베트남에 이은 두 번째의 거대한 해외진출 민족체험이었다. 朴正熙 대통령은 石油위기와 정면승부하여 中東 진출로써 한국 경제와 한국인의 새로운 활동공간을 창조한 것이다.

석유파동과 中東 진출, 그리고 중화학공업 건설의 경제 3大 주제를 관리했던 1970년대의 네 인물이 있다. 비서실장으로서 경제정책의 총사령탑 역할을 했던 金正濂, 재무장관과 경제기획원 장관을 역임한 南悳祐, 경제제1수석비서관과 재무부 장관을 지냈던 金龍煥, 중화학공업과 방위산업 담당이었던 경제제2수석비서관 吳源哲.

당시 金 실장과 南 장관은 50代, 吳·金 씨는 40代였다. 이 네 사람은 10여 년 전부터 왕성한 저술과 강연활동을 통해서 朴 대통령의 업적과 지도력을 전파하고 있다. 1970년대의 역사를 이야기할 때 이 네 사람의 증언과 기록은 안심하고 인용할 수 있다. 朴 대통령을 지근 거리에서 모시면서 國政(국정)의 핵심을 다루었기 때문이다.

이들의 증언에서 드러나는 朴 대통령의 국가경영술은 철학·전략·전술·정책·실천이 일관되게 흐르고, 입체적으로 짜인 아름다운 건축물 같다. 朴 대통령의 국가 운영에서 발견되는 일관성과 입체성의 비결은 무엇인가. 그는 골똘한 사색과 독서를 통해서 밑그림을 그리고 거기에다가 치밀한 설계와 신속한 실천, 그리고 철저한 확인으로써 속을 채워 갔다.

겉으로는 엄정하고 경직되어 보이는 그의 국가경영술은 안으로 들어가 보면 의외로 부드러웠다.

그는 역사의 원리와 인간의 본질에 대한 이해가 깊었다. 여기서 우러난 전략과 실천은 단순명쾌했다. 말장난이나 현학적 관념론이 낄 틈이 없는 실용성과 합리성이 거기에 있었다.

## 朴正熙 리더십 12계명

1. 화합형 정책 결정: 朴 대통령은 무엇보다도 듣는 사람이었다. 엉터리 보고라도 끝까지 들어 주었다. 좀처럼 즉석에서 반대하지 않았다. 일단 본인의 의견을 제시한 뒤 주무장관이 다시 한 번 심사숙고할 수 있는 기회를 주었다.

대통령의 지시가 아니라 주무장관이 발안한 정책이 채택되는 방식을 취하도록 했다. 그렇게 해야 정책에 대한 주인의식이 생기고 일을 할 때 신바람이 나는 것이다. 朴 대통령은 자신이 하고 싶은 일을 남을 통해서 하는 방법을 잘 알고 있었다.

2. 민주적 정책 결정: 朴 대통령은 어떤 회의에서도 먼저 발언하지 않았다. 토론을 시켜 문제가 제기되고 찬반의견의 방향이 잡혀 가면 그때 결론을 도출하고 필요한 보충지시를 내렸다. 당시의 정치체제와는 다르게 경제정책의 결정과정은 민주적이었다.

3. 생산적 회의: 朴 대통령은 월간경제동향보고, 수출진흥확대회의(무역진흥회의), 청와대 국무회의, 국가기본운영계획 심사분석회의, 방위산업진흥확대회의를 정례화하였다. 이들 회의는 朴 대통령이 국정을 종합적으로 규칙적으로 파악 점검하고 살아 있는 정보를 얻는 기회였다.

4. 철저한 확인과 일관된 실천: 朴 대통령은 계획수립에 20%, 실천과정의 확인에 80%의 시간을 썼다고 한다. 중앙부처 및 지방 순시 등 현장 시찰을 자주 한 것도 집행의 확인과 사람들의 사기 진작을 위한 것이었다. 그는 원칙을 견지하면서도 계획의 수정이 필요할 때는 토론절차를 거쳐 신속하게 했다.

5. 국민의 각성과 참여: 朴 대통령은 국민들이 自助(자조)정신을 발휘하여 자발적으로 건설에 참여하도록 유도하는 데 신경을 곤두세웠다. 그는 인간과 조직의 정신력에 주목한 사람이다. 그는 민족성처럼 되었던 패배의식과의 싸움에 이긴 사람이다. 그는 경부고속도로 건설 같은 눈에 띄는 구체적 업적을 통해서 국민들의 체념과 자학을 자신감으로 교체해 갔다. 의욕을 불어넣기 위해 '새마을 노래', '나의 조국' 도 작사 작곡했다

6. 정부는 맏형, 기업은 戰士: 朴 대통령은 경제관료와 기업인이 이견을 보이면 대부분의 경우 기업인 편을 들어 주었다. 그는 정부 주도형 경제개발정책을 채택했으나 기업이 엔진이고, 경제전선의 戰士는 기업인이라고 생각했다. 朴 대통령은 기업 엘리트를 존중해 주었고, 기업인들은 '대통령은 우리 편' 이라고 생각했다.

7. 내각에 권한과 책임 위임: 청와대 비서실이 장관 위에 군림하는 것을 금지시켰고, 장관의 인사권을 존중했다.

8. 관료 엘리트 중시, 학자들은 자문역: 실천력을 중시하던 朴 대통령은 집행기관장으로서는 학자를 거의 쓰지 않았다. 학자들은 자문역으로만 부렸다. 거의 유일한 예외는 서강대학교 교수 출신인 南悳祐 부총리였다. 南 부총리도 실무능력의 검증을 거친 다음에 중용되었다.

9. 정치와 군대의 압력 차단: 그는 관료들이 국익과 효율성의 원칙下에서 소신대로 일할 수 있도록 군인들과 정치인들의 경제에 대한 개입을 차단하고 견제했다. 군대의 힘으로써 집권한 사람이 군대의 영향력을 차단한 예는 매우 드물 것이다.

10. 경제발전 우선주의: 朴 대통령은 경제발전이 결국은 안보와 민주

주의 발전으로 연결될 것이라고 생각했다. '先경제발전, 後민주화' 의 소신을 굽히지 않았다. 그에 따른 비난에 대해서는 "내 무덤에 침을 뱉어라"로 대응했다.

11. 시장의 한 멤버로서의 정부: 朴 대통령은 정부가 시장의 규제자가 아니라 한 참여자라고 생각했다. 朴 대통령 시절의 정부는 시장 지배자라기보다는 시장의 일원으로서 시장 기능을 촉진시키는 역할을 했다. 정부는 기업가·은행가·개혁가로서의 역할도 했다. 電力·철강 등 민간기업이 감당하기 어려운 부분은 정부가 公기업을 만들어서 맡아서 하되, 경영은 민간기업 방식으로 운영되도록 했다.

'官治(관치)경제가 아니라 대통령이 CEO로 뛴 주식회사 대한민국이었다.(김용환)'

12. 주요 전략 선택의 적중: 朴 대통령이 채택한 수출주도형 공업화정책, 중점 투자전략, 先성장-後분배 전략, 과감한 외자유치 전략은 모두 성공했다. 朴 대통령은 정책과 전술은 수시로 변경했지만 철학과 전략은 18년 동안 그대로 밀고나갔다.

## 데모 학생 비판

1974년 1월 18일 연두기자회견에서 朴 대통령은 학생들의 시위에 대해서 조목조목 비판하는 말을 했다. 31년이 지난 지금 읽어보아도 그가 제기한 자유와 민주주의의 본질에 관계된 문제의식은 아직도 살아 있는 의미로 다가온다. 朴 대통령은 먼저 당시 북한의 金日成이 이른바 평화협정과 연방제 통일방안이라는 것으로써 對南공세를 펴고 있는 데 대해 이렇게 비유했다.

〈그야말로 羊頭狗肉(양두구육)격이다. '양 머리를 내놓고 뒷전으로는 개고기를 판다' 하는 그런 얘기가 있는데 평화 평화 해놓고 뒷전으로는 음모를 꾸미고 있습니다〉

朴 대통령은 석유위기가 한창인 데도 "올해 7~8%의 성장은 가능하다"고 장담했다. 실제로 이 해 한국 경제는 8%의 성장을 기록했다. 朴 대통령은 '국민소득 1,000달러, 수출 100달러' 식으로 수치화된 목표를 설정하곤 했다. 관념적이고 애매모호한 국정지표를 내세우지 않았다. 그는 수치화된 목표를 항상 초과달성했다.

朴 대통령은 새마을운동의 정작 중요한 점은 농민들 사이에서 정신혁명이 일어나고 있는 점이라고 강조했다.

〈우리나라 사람들은 외국에서 누가 뭘 했다는 것은 굉장히 높게 평가하면서 우리가 한 것은 아주 낮게 평가합니다. 농촌 새마을운동 지도자 중에는 덴마크의 그룬트비 같은 사람들이 얼마든지 있습니다〉

朴 대통령은 시위학생들이 '매판자본이다', '예속경제다' 하는 것을 도저히 이해할 수 없다고 말했다.

〈확실히 알고 하는 소리인지, 덩달아서 떠드는 것인지 나는 잘 모르겠습니다. 우리 경제가 이렇게 성장이 되고 커 나갈수록 한국 경제의 자립도가 높아지고 의존도가 줄어가는 것입니다. 예속이란 것은 있을 수 없습니다〉

朴 대통령은 학생 시위의 動機(동기)를 아주 냉소적으로 보고 있었다.

〈딴 대학이 데모를 하기 때문에 학교의 체면을 위해서 데모를 하는 그런 대학도 있고, 데모를 했는데 이튿날 보니까 신문에 보도가 안 되었

다, 한 번 더 하자 해서 하는 그런 데모도 과거에 있었습니다〉

朴 대통령은 시위를 좋아하는 학생들을 제대로 타이르지 않는 기성세대에 대해서도 포문을 열었다.

〈학생들의 행동은 법을 무시해도 애국적인 행동이다, 이렇게 아부하고 영합하는 것은 위선이요, 자기 기만이라고 나는 지적합니다. 학생들은 내일의 주인공이지 오늘의 주인공은 아닙니다. 우리 기성세대가 오늘의 주인공인데 왜 스스로 문제를 해결하지 않고 학생들을 앞장세워서 문제를 해결하려고 하느냐 이겁니다〉

朴 대통령은 대학생들의 천박한 지식을 맹공한다.

〈학생들은 교과서에서 배운 극히 제한된 일부분을 알고 있는 것이며, 자신은 아직 미완성품이란 것을 인식해야 합니다. 더 깊이 알기 위해서는 공부를 더 열심히 해야 합니다. 국토분단, 민족분열의 準전시하에서 살고 있는 우리의 민족적 고민이 무엇인가 하는 것도 대학생들이 좀 알아야 합니다〉

朴 대통령은 학생들이 외치는 그 자유를 어떻게 지킬 것인가 생각해보자고 했다.

〈우리의 자유를 뺏으려고 외부의 침략자가 왔을 때 데모만 해가지고 막을 수 있습니까. 국력이 커져야 자유를 지켜냅니다〉

그는 또 "극장에서 자리를 얻기 위해서 '불이야!' 라고 소리쳐서 많은 사람들이 밟혀 죽도록 하는 그런 자유를 허용할 수는 없다"고 강조했다. 朴 대통령은 日帝(일제) 때 젊은 시절을 보냈던 자신의 처지와 비교해서 비판하기도 했다.

〈우리들은 어머니 뱃속에서 나오자마자 나라 없는 백성이었습니다.

우리 말도 마음대로 못 했고, 우리 이름 석 자도 마음대로 쓰지 못했습니다. 조국이란 말은 입 밖에 내지도 못했습니다. 오늘날은 우리의 조국이 있지 않습니까. 모든 것을 비뚤어지게 보지 말고 활달한 기운을 가지고 영광된 이 나라의 주인공이 되겠다고 하는 커다란 포부를 가지고 더욱 분발할 것을 당부하고자 합니다〉

朴正熙

# 제38장

## 魔彈의 射手

## 陸 여사, 과잉경호에 거부감

1974년 3월 1일 오전 朴正熙 대통령은 부인 陸英修 여사와 함께 국립극장에서 열린 제55주년 3·1 절 기념식에 참석했다. 이때 외국대사들이 同부인하여 참석했는데 대통령 경호원들이 핸드백을 물품보관소에 맡기도록 했다. 부인들의 핸드백을 남자 경호원이 검색할 수 없어 보관소를 운영한 것이었다. 경호원들은 대사 부인들에게 손수건만 갖고 입장하도록 했다.

이 행사 뒤에 駐韓(주한) 외국사절단의 부인회에서 陸 여사에게 과도한 경호조치라고 항의했다. 陸 여사는 朴 대통령에게 이를 전했고, 朴鐘圭 경호실장은 혼이 났다. 朴 실장은 경호과장에 대해 정직처분을 내렸다. 이 일이 있고 난 뒤부터 朴 실장은 대통령이 참석하는 행사라도 외국인들에 대해서는 과잉 검문 검색을 하지 않도록 경호원들에게 지시했다. 그해 8월 15일 文世光(문세광)은 국립극장에서 일본인 행세를 하면서 경호원의 검문을 피했다. 陸 여사가 자신의 죽음에 스스로 영향을 끼친 셈이다.

陸 여사는 대통령과 가족에 대한 과잉경호에 대해서 항상 불만이었다. 어느 날 경복궁에서 陸 여사가 명예회장으로 있는 양지회 주최로 경로잔치가 열렸다. 경호실에서 연락이 오기를 "각하 집무실에서 노랫소리가 들리니 노래를 삼가 달라"는 것이었다. 陸 여사는 이 지시를 묵살했다.

행사를 마치고 청와대로 돌아오니 경호과장이 마중나와 인사를 했다. 陸 여사는 "거기서 지시했어요?"라고 했다. 경호과장이 어물어물하니

“그렇게 과잉충성하지 말아요. 집무실에서 들리긴 뭐가 들려요?”라고 쏘아붙였다.

1974년 봄 강원도 춘성군에서 양잠대회가 열렸다. 陸英修 여사가 탄 차가 행사장으로 달리다가 가평군을 지날 때 갑자기 뛰어든 소녀를 치었다. 陸 여사는 뒤따르던 농수산부 장관 차에 환자를 태워 병원으로 보냈다. 陸 여사가 양잠대회에 참석하고 있는데 경찰로부터 “소녀가 죽지 않았다”는 보고가 들어왔다. 陸 여사의 얼굴이 환해졌다. 서울로 돌아온 제2부속실 金斗永 행정관에게 朴 대통령이 問病(문병)을 지시했다. 金씨가 춘천병원에 가서 환자를 만나보니 골절도 내출혈도 없는 가벼운 상처였다. 이 보고를 받은 陸여사는 그렇게 좋아할 수 없었다.

‘그 아이가 죽었더라면 평생 가책을 받고 어떻게 살아가야 하나’ 라고 고민했다는 것이다. 陸 여사는 며칠 뒤 그 소녀를 청와대로 초청하여 위로했다.

1974년 6월 3일 오후 청와대 대접견실에서 朴 대통령은 陸 여사와 함께 모범 원호대상자 59명을 만났다. 朴 대통령은 중간쯤 서 있던, 월남전에서 火傷(화상)을 입은 金鎭澤(김진택) 씨를 앞으로 불러 냈다. 그는 두 눈만 반짝이고 코와 귀는 형체가 없이 번들거렸다. 朴 대통령은 金씨의 얼굴을 쓰다듬으면서 옆에 있던 柳根昌 원호처장에게 “성형수술을 할 수 있겠소? 가능하다면 내가 도와주겠소”라고 말했다.

6월 6일 朴 대통령은 陸 여사, 槿惠 양, 志晩 군과 함께 춘천 소양댐을 구경 나갔다. 朴 대통령은 놀러 나온 시민들과 사진촬영도 함께 하고 이야기를 나누었다. 환갑잔치를 마치고 소풍 나온 이한종 씨 가슴에 달린 꽃을 보고 朴 대통령이 “무슨 경사가 있었습니까”라고 묻기도 했다. 대통령은 “환갑 노인 같지 않게 건강해 보이십니다”라고 했고, 陸 여사는 “축하합니다”라면서 李 씨와 악수를 나누고 가족과 기념촬영을 했다. 朴 대통령은 이날 직접 카메라로 관광객들을 찍어 주었다.

이즈음 陸英修 여사는 제2부속실로 올라오는 진정서를 처리하는 데 신경을 많이 썼다. 사안에 따라 朴 대통령에게 알려 주기도 하고 부속실에서 상황파악을 위한 조사도 했다. 충청도의 한 여성이 陸 여사 앞으로 진정서를 올렸다. 요지는, 시골에 와서 고시공부하는 서울 학생을 모든 것을 바쳐 뒷바라지하고 사랑했는데, 합격한 뒤에는 ‘위자료를 줄 테니 관계를 청산하자’고 한다는 것이었다. 陸 여사는 이 편지를 朴 대통령에게 전달했다.

朴 대통령은 법무부 장관에게 조사를 시켰다. 진정서 내용이 사실이었다. 朴 대통령은 “국민의 권리를 보호해 주어야 할 법관으로서는 곤란하지 않은가”라는 의견을 냈다. 이 사람은 법관 임용이 되지 않아 변호사로 개업했다. 10·26 사건 후 수십 명의 변호사들이 朴 대통령 살해범 金載圭의 변호를 자원했을 때 이 변호사 이름도 끼어 있었다고 한다.

陸 여사가 피살되기 몇 달 전 중앙고등학교 1학년생인 아들 志晩 군이 상급생에게 얻어맞고 얼굴이 부어서 돌아온 적이 있었다. 저녁 무렵 제2부속실 金斗永 행정관에게 陸 여사가 인터폰으로 전화를 걸어왔다.

“아까 지만이에게 왜 맞았느냐고 물었다면서요?”

“예.”

“그런 건 왜 물어요. 모르면 어때? 내가 가슴이 얼마나 아픈데….”

학교에서 이를 알고 때린 학생을 정학시키려 한다는 이야기가 들려오자 陸 여사가 나서서 “제발 모른 척 해달라”고 부탁했다.

이 무렵 朴 대통령은 서울 음대에 재학 중이던 작은 딸 槿暎이 강화도 전등사로 놀러 가고 싶다고 해서 마이크로 버스를 내어 주었다. 朴 대통령이 그 버스에 타고 안내원 노릇을 했다. 朴 대통령은 돌아와서 이렇게 말했다고 한다.

"요사이 아이들이 통 예절이 없어. '대통령' 이라고 부르기 어려우면 '근영이 아버지' 라고 부를 수도 있을 텐데, 고맙다는 인사도 없이 가버리니…."

## "북한 배를 격침하라"

1974년 朴 대통령의 일정을 살펴보면 陸 여사 및 가족과 함께 한 행사가 많았다. 6월 27일 오후 1시 20분 朴 대통령은 울산 현대조선에서 만든 유조선 1·2호 명명식에 참석하기 위하여 자동차 편으로 서울을 떠났다. 陸 여사와 槿惠 양이 동행했다. 朴槿惠 씨는 수년 전 이런 회상을 한 적이 있다.

"저는 부모님 사이에 앉았습니다. 두 분께서 車中에서 노래를 부르시기 시작했어요. '두만강 푸른 물에', '황성옛터', '짝사랑' 들을 함께 부르시는데 화음이 잘 맞았어요. 저는 가운데 앉아 있었으니 스테레오를 듣는 것 같았습니다."

朴 대통령은 1964년에 '금오산아 잘 있거라' 라는 유행가를 작사·작곡했다. 가수 朴 모씨가 불러 레코드로도 나왔으나 당시 청와대 대변인 朴相吉 씨가 판매를 금지시켰다. 대통령의 체통에 맞지 않는다고. '금오산아 잘 있거라' 는 朴 대통령이 5·16 직전에 써둔 비장한 詩(시)를 가사

로 삼은 것이었다.

朴 대통령은 달리는 車中에서 존 적이 없다고 한다. 도로 주변을 두리번거리든지, 스케치를 하든지, 생각을 하든지 했다. 앞자리에 志晩 군을 태우고 달릴 때는 뒷자리에서 연필로 그림을 그려 '지만이 뒤꼭대기' 라고 써놓기도 했다.

6월 28일 울산 현대조선소 영빈관에 머물고 있던 朴 대통령에게 徐鐘喆 국방장관이 다급한 전화를 걸어왔다.

"동해상에서 해군 경비정이 북한 해군 함정에 의하여 납치되어 북쪽으로 끌려가고 있습니다."

"뭐하고 있는 거요? 강릉에 있는 전투기를 출격시켜 북한 배를 격침시키고 우리 배를 끌고 오시오"

전화기를 들고 있는 朴 대통령의 손이 분노로 덜덜 떨렸다.

"이제는 전화 받지 마! 받으면 혼선이 생겨!"

우리 전투기들이 출격하기는 했으나 짙은 안개로 목표물을 찾지 못했다. 해군 함정도 구해 오지 못했다.

朴 대통령은 이날 오전 10시 50분부터 열린 울산 현대조선소 1차 준공식 및 26만 톤짜리 유조선 두 척의 命名式(명명식)에 참석했다. 이 행사는 한국 중공업건설 역사상 이정표가 될 만한 사건이었다. 鄭周永 회장은 1972년 3월에 조선소 건설에 착공하면서 아직 도크가 마련되지 않았는데도 유조선 건조를 동시에 시작했다. 조선업의 상식은 도크를 만든 다음에 배 건조를 시작하는 것이었다. 그렇게 할 경우 도크 건설에 3년이 걸리고, 배 만드는 데 다시 2~3년이 걸린다. 현대는 도크와 조선을 동시에 추진하여 시간을 단축한 것이다.

당시까지 조선공사에서 만든 가장 큰 배는 1만 7,000톤짜리였다. 그 수준에서 26만 톤짜리 유조선 두 척을 동시에 지으려니 실수와 사고가 나지 않을 수 없었다. 유조선을 다 만들었다고 생각하여 進水(진수)시키려고 하니 굴뚝을 달지 않은 것을 알았다.

鄭 회장은 화가 머리 끝까지 났으나 도크에 물을 채우는 동안 굴뚝을 설치하라고 했다. 크레인에 굴뚝을 달아서 놓을 높이에 맞춰서 기다리고 있는데 도크에 물을 넣으니 선체가 뜨면서 맞춰진 높이보다 더 올라가 버렸다. 크레인에 매단 굴뚝을 다시 올리느라 법석을 떨었다.

한번은 朴 대통령이 26만 톤짜리 배가 어떻게 생긴 것인지 구경하러 온 적이 있었다. 鄭 회장의 안내로 朴 대통령이 船體(선체)의 바닥으로 내려갔다. 이때였다. 갑자기 갑판 위에서 대포를 쏘는 듯한 폭음과 굉음이 터지는 것이었다. 朴 대통령은 애써 표정을 바꾸지 않았는데 경호원들이 갑판 위로 뛰어올라가고 야단이 났다. 알고 보니 수백 명의 작업원들이 朴 대통령이 밑으로 내려가자 일을 열심히 하고 있다는 것을 알리려고 일제히 갑판 위를 망치질한 것이었다.

朴 대통령은 울산 현대조선소 준공식 겸 命名式 치사에서 "오는 1977년까지 두 개의 거대 조선소를 더 지어 조선능력을 연간 600만 톤으로 늘리고, 한 해 수출액의 10%인 10억 달러를 벌어들이도록 하겠다"고 약속했다. 朴 대통령은 비전을 항상 수치로 예언하고 이를 초과달성하는 사람이었다. 사물을 구체적으로 파악하고 처리하는 그는 과장과 말장난이 통하지 않는 사람이었다.

朴 대통령은 "100년 전 조국의 근대화를 시도했던 사람들이 기회를 놓쳤기 때문에 100년 뒤떨어진 근대화를 20, 30년 만에 해치우기 위하

여 정부와 국민이 불철주야 노력하지 않으면 안 된다" 고 역설했다.

朴 대통령은 이날 오후 울산을 출발하여 오후 3시 40분에 포항종합제철소에 도착했다. 朴泰俊 사장이 대통령 가족을 영빈관 '白鹿臺' 로 안내했다. 뜰에 나선 朴 대통령은 朴 사장에게 날카롭게 물었다.

"집이 왜 하필 흰색이야?"

"한라산 '백록담' 에서 따온 이름입니다. 백록담의 白을 생각해서 희게 칠했습니다."

"이 사람아, 미국의 백악관 냄새가 나잖아. 나는 싫어, 백악관이야 뭐야."

朴 사장은 머쓱했다.

다음날 朴 대통령은 포항제철을 시찰한 뒤 무기를 만드는 안강의 풍산금속을 방문했다. 歸京(귀경) 길에 朴 대통령 일행은 추풍령 휴게소에서 늦은 점심을 먹었다. 수원 민속촌을 경유하여 朴 대통령 일행이 청와대에 도착한 것은 오후 6시 40분. 申稙秀 정보부장이 기다리고 있다가 시국상황을 한 시간 30분 동안 보고했다. 이어서 金鍾泌 총리와 洪性澈 내무장관과 徐鐘喆 국방장관이 들어와 보고했다. 일요일인 다음날 오후에도 朴 대통령은 가족과 함께 인천갑문과 한국기계공장, 그리고 인천수산시장을 시찰했다.

1974년 7월 말 陸 여사는 중앙高 1학년생이던 志晩 군을 부산으로 캠핑보냈다. 志晩 군은 친구들과 함께 놀러 가는 것이 소원이었다. 志晩은 적막강산 같은 청와대에서 갇혀 있다가 친구 집에 가서 놀 때 골목의 사람 소리, 개 짖는 소리 같은 것이 그렇게나 좋았다고 한다.

陸 여사는 제2부속실 金斗永 행정관만 志晩 군 일행에 딸려 보내려

했으나 朴 대통령이 깡패 걱정을 하여 경호원 네 명이 붙었다. 志晩 군 일행은 해운대 극동호텔 앞 백사장에 천막을 쳤다. 金 행정관이 가보니 백사장에 사람이 보이지 않고 노점상과 행상들의 흔적도 없었다.

金 씨가 그날 밤 호텔 뒷골목을 걸어가니 김밥장수 아주머니들이 거기에 쫓겨와 있었다. 金 씨가 사정을 물었더니 아주머니들이 "대통령 아들이 왔다고 그래요. 내일 올라간대요"라고 했다.

다음날 아침 金 씨가 극동호텔 커피숍에 갔더니 朴英秀 부산시장과 柳興洙 부산시경 국장이 나와 있었다. 金 씨는 두 사람에게 "잡상인들이 장사를 할 수 있게 해달라"고 했다. 柳 국장이 해운대경찰서장을 불러 지시하니 금방 백사장은 정상으로 돌아갔다. 해운대에서 하룻밤을 보낸 志晩 군과 金 씨는 진해만의 猪島(저도)에 도착했다. 朴 대통령이 먼저 내려와 휴가를 보내고 있었다.

朴 대통령, 陸 여사, 志晩 군, 그리고 金斗永 씨가 함께 저녁식사를 했다. 陸 여사가 말했다.

"부산에서 무슨 일이 있었지요?"

金 씨는 以實直告(이실직고)할 수밖에 없었다. 陸 여사는 朴 대통령에게 "그 보세요. 제 말이 맞지요. 잡상인들을 쫓아내다니"라고 했다. 화가 난 朴 대통령은 인터폰을 들더니 朴鐘圭 경호실장에게 소리쳤다.

"야, 지만이 갈 때 조심하라고 했잖아! 잡상인들을 백사장에서 다 쫓아내고 그게 무슨 짓이야."

金 씨가 저녁식사 뒤 경호원들이 있는 곳으로 내려가니 야단들이었다. 朴 경호실장은 鄭仁炯 경호처장과 安載松 과장을 불러 영문도 모르는 두 사람에게 호통을 쳤다. 朴 실장은 지만 군을 따라갔던 경호실 책

임자를 직위해제시키도록 지시했다.

다음날 朴 대통령 가족 수행경호관 李相烈 씨가 金 씨에게 오더니 "각하께서 낚시 가시는데 함께 가자고 하신다"고 했다. 金 행정관은 "난 안 간다"고 버티었다. 李 경호관이 "이건 각하 명령이다"라고 했지만 金 씨는 끝내 가지 않았다. 자신을 밀고자로 만든 朴 대통령이 원망스러웠다. 陸 여사는 朴 대통령에게 잘 이야기하여 직위해제되기 직전의 경호계장을 구해주었다.

金斗永 씨는 이렇게 썼다.

〈그해 8월 15일 광복절 기념식 직전에 朴 경호실장은 부하들에게 "해외동포들도 많이 오니까 친절하게 경호에 임하라. 될 수 있는 대로 非노출로 활동하라"고 당부했다. 志晩 군 피서 소동으로 직위해제되었다가 살아난 경호관도 그날 국립극장의 경호를 맡았다. 文世光은 바로 그 정문을 통과했다. 그 경호관 때문만은 아니지만 그가 직위해제된 상태로 근무하지 않았더라면 어떻게 되었을까 생각해 본다〉

## 猪島 별장

朴 대통령은 여름에 열흘 정도 휴가를 보냈다. 진해 해군기지 내의 공관을 썼다. 朴 대통령은 낮에는 진해만의 猪島(저도)란 섬에 가서 쉬다가 진해로 돌아오곤 했다. 그런 이동 중 해군의 엄호 등 여러 사람들이 수고하는 것을 본 朴 대통령은 1972년 여름 朴鐘圭 경호실장에게 지시했다. 그 섬에 있는 일제시대 목조건물을 개조하여 잘 수 있도록 하라는 것이었다.

1973년 여름 朴 대통령은 가족과 함께 경부고속도로를 달려 진해에 도착했다가 밤늦게 猪島에 들어갔다. 거기에는 목조건물은 없어지고 새 돌집이 한 채 서 있었다. 일반주택 정도의 크기로서 호화주택 수준은 아니었다. 朴 대통령은 새 집을 한 바퀴 둘러보더니 "실장을 불러라"고 했다. 그는 朴 경호실장이 나타나자 꾸중을 시작했다.

"집수리하라고 했지 누가 새로 지으라고 했어? 너는 뭘 시키면 꼭 이렇게 하더라. 짐 내리지 마! 도로 나가자."

金正濂 비서실장이 나서서 만류했다.

"오늘 밤은 주무시고 가시지요. 진해 공관은 준비가 되어 있지 않습니다."

朴 대통령 가족이 하룻밤을 머무는 사이 측근들이 구수회의를 했다. 마침 이 섬에 鄭周永 현대그룹 회장이 와 있었다. 朴 대통령이 좋아하는 鄭 회장을 앞세우기로 했다. 다음날 朴 대통령을 만난 鄭 회장은 "각하, 제가 새로 짓도록 했습니다. 돈이 많이 들지도 않았습니다"라고 했다. 朴 대통령도 이해하여 그 뒤로는 이 건물을 휴가 때 썼다. 朴 대통령은 鄭 회장에게 공사비를 지불했다고 한다.

朴 대통령은 사치스러운 것에 대한 본능적인 거부감이 있었다. 공화당의 중진인 金모 의원은 신축한 자택에 朴 대통령을 모셨다가 혼이 난 경우이다. 金 의원은 "사실은 저의 형님이 도와주어 지은 것입니다"라고 했다. 朴 대통령은 "그 형님은 차관 얻어서 집만 지었나?"라고 쏘아붙였다.

청와대에서 朴 대통령이 솔선수범한 勤儉節約(근검절약)은 좀 심한 면이 있었다. 석유파동 이후엔 여름엔 냉방기를 켜지 못하게 하고는 선풍기와 부채로 견뎠다. 전력을 아낀다고 집무실에선 책상 위 전등만 켜 놓기도 했다. 어둑어둑한 저녁 때 사람이 들어오면 朴 대통령은 사람을 잘 못 알아보고 "누구야?"라고 기웃거리기도 했다. 청와대 직원들도 겨울엔 난방기를 잘 틀어 주지 않아 속옷을 두껍게 입고 더운 물과 커피를 자주 마시면서 추위와 싸웠다.

朴 대통령과 陸 여사는 1974년 7월 26일 금요일 휴가를 떠났다. 일행은 경부고속도로를 달려 추풍령 휴게소에 도착하여 점심을 먹었다. 진해 해군기지 내 대통령 공관에 이른 것은 오후 4시 50분. 해군 함정을 타고 猪島 별장에 도착한 것은 오후 5시 45분이었다.

다음날 朴 대통령 일행은 옥포 지역을 함상순시했다. 7월 28일 일요일 해운대에서 캠핑을 하고 난 志晩 군이 내려와 합류했다. 8월 2일 朴 대통령은 청와대 출입기자들과 회견을 가졌다. 8월 4일 그는 함정을 타고 거제도 해금강 일대를 돌아봤다. 朴 대통령은 8월 6일엔 해군장병을 위한 오찬을 베풀었다.

8월 7일 朴 대통령은 경부고속도로를 질주하여 오후 4시 35분에 청와대로 돌아왔다. 申稙秀 중앙정보부장이 서재로 朴 대통령을 찾아와 1시간 40분간 보고했다. 이어서 金鍾泌 총리가 오후 8시에 와서 늦은 업무보고를 했다.

진해 猪島에서 朴 대통령 부부는 유달리 다정한 모습을 보였다. 가족경호를 맡았던 李相烈 수행과장은 이렇게 회고했다.

"두 분이 손을 잡고 바닷가를 거니시는데 저는 뒤를 따라갔습니다. 그날따라 달빛이 환하게 비추는 거예요. 두 분이 팔짱을 끼고 걸어가고 나는 뒤에서 따라가는데 각하께서 '황성옛터'를 부르시더군요. 영부인도

따라 부르시는데 가사를 잘 모르시니 각하께서 리드하시고….

그렇게 물가에 가시더니 두 분이 '야호' 하고 소리치시더라고요. '아, 동심으로 돌아가시는구나' 하고 생각했습니다. 그곳에 한참 계시다가 돌아오셨어요. 돌아오시면서도 옛날 노래 '노란 샤쓰' 등을 불렀습니다. 휴양 오셨을 때 그렇게 다정했던 모습은 처음이었습니다. 달빛도 있으니 얼마나 분위기가 좋아요."

## 文世光, 검문 받지 않고 들어오다

1974년 8월 15일 오전 7시, 文世光(문세광)은 조선호텔 객실에서 프런트로 전화를 걸었다.

"국립극장에 가야 하는데 오전 8시까지 승용차를 대기시켜 주세요. 도착은 오전 9시입니다."

文은 권총에 실탄을 장전하여 바지 허리춤에 숨기고 오전 8시 40분에 M-20 포드 승용차를 타고 출발했다. 그는 車中에서 운전기사에게 "국립극장에 도착하면 내려서 문을 열어 주세요"라고 부탁하면서 1만원 권을 주었다. 文은 또 왼쪽 옆구리에 손을 넣어 숨겨둔 권총의 공이치기를 위로 올려놓았다. 언제라도 발사할 수 있게 한 것이다. 이것이 그의 결정적 실수가 된다.

정각 오전 9시 文世光을 태운 승용차는 국립극장 정문에서 검문을 받지 않고 들어가 극장 계단 아래에 도착했다. 운전기사는 차에서 내리더니 뒷문을 정중하게 열어 주었다. 중절모를 쓴 文世光은 기사가 공손히 절을 하는 가운데 계단을 올라갔다. 文은 왼쪽 현관을 통해 극장 안으로 들어갔다. 아무도 검문하지 않았다.

당시 현관에는 대통령 선발 경호원 3명, 경찰관 8명이 근무 중이었다. 文은 비표도 없이 통과했다. 중절모를 쓰고 으스대는 그의 모습을 본 경호원들은 文을 고위인사라고 생각하여 통과시켰던 것이다. 이들은 그 뒤 조사에서 "3·1 절 행사 때 외국인에 대한 경호를 너무 심하게 했다고 지적을 받았기 때문에 그날엔 소극적으로 대했다"고 변명했다.

극장 안으로 들어온 文은 1층과 2층 로비를 오고 가면서 저격의 기회를 노렸다. 그는 통로에 카펫이 깔려 있는 것을 보고는 朴 대통령이 지나갈 때 저격하려고 카펫 옆에 있는 의자에 앉았다. 그는 곧 생각을 바꾸었다. 장시간 같은 장소에 머물다가는 경호원의 검문을 받을 우려가 있었기 때문이다. 경호원으로 보이는 10여 명이 한 곳에 모여 권총에 실탄을 장전하고 있었다.

文은 가만있으면 자신이 검문을 받을 것 같아서 먼저 경호원에게 다가가서는 "우시로쿠 일본대사와 스즈키 氏를 기다리는데 혹시 오지 않았느냐"고 일본어로 말을 걸었다.

일본어를 모르는 경호원은 당황하여 "잘 모르겠습니다"라고 했다.

文世光은 "극장 로비는 여기뿐인가요"라고 재차 일본어로 물었다.

경호원은 대충 "2층에도 있습니다"라고 대답했다.

경호원은 文을 2층으로 친절하게 안내해 주었다. 文은 "아, 1층 로비에서 만나기로 했었지"하면서 1층으로 되돌아왔다. 경호원은 다른 간부 경호관에게 文을 인계했다. 경호원은 "저분은 일본대사를 기다리고 있다"고 보고했다. 인계받은 경호관은 文을 보고는 의자에 앉아서 기다리라고 했다. 이윽고 朴 대통령이 나타났다. 경호관은 文의 팔을 잡고는 기둥 뒤로 데리고 가서 서 있으라고 했다. 文은 朴 대통령이 입장하는 것을 먼 발치에서 지켜보다가 약 10분 더 로비에서 머물렀다.

文은 다시 로비 근무자에게 다가가서 일본어로 "대통령의 얼굴을 한 번 보고 싶은데 들어가도 되겠느냐"고 물었다.

일본어를 모르는 근무자는 文의 입장을 묵인하는 표정을 지었다. 文이 로비에서 극장 안으로 들어가려니 출입구 근무자가 비표를 달지 않은 그를 제지했다. 文은 로비 근무자를 가리키면서 "저 사람이 들어가도 좋다고 이야기했다"고 둘러댔다. 일본어를 모르는 출입구 근무자가 로비 근무자를 바라보니 그는 無표정이었다. 출입구 근무자는 이를 들여보내도 좋다는 뜻으로 해석하고 출입문을 열어 주었다. 그는 극장 안으로 들어온 文을 안내하여 맨 뒷줄 오른쪽에서 세 번째 자리에 앉혔다. 朴 대통령은 연설 중이었다.

文世光은 국립극장 맨 뒷줄에 약 10분간 앉아 朴 대통령의 연설을 듣고 있었다. 이윽고 그는 저격을 결심하고 허리춤에 질러 두었던 권총을 뽑아 배 밑으로 옮기는 순간 젖혀 두었던 공이치기가 격발되어 한 발이 발사되었다. '퍽' 하는 소리를 내면서 총탄은 文의 왼쪽 허벅지를 관통했다.

이때의 녹음 테이프를 들어 보면 朴 대통령의 연설 사이로 '퍽' 하는 소리가 잡히지만 연설은 계속되었다. 공교롭게도 이때 朴 대통령은 북한 측에 대해서 불가침조약을 제의하고 있었다.

"나는 오늘 이 뜻깊은 자리를 빌어서 조국통일은 반드시 평화적인 방법으로 이루어져야 한다는 것을" 하는 순간 '퍽' 소리가 난다. 文은 허벅지에 오발을 하자마자 놀라서 복도에서 안으로 세 번째 자리를 박차고 일어나 통로로 나와 연단을 향하여 뛰어갔다. 통로 쪽 자리엔 경찰관들이 앉아 있었으나 아무도 文을 제지하지 않았다. 朴 대통령은 '퍽' 소리가 난 뒤에도 6초 동안 연설을 계속했다. 녹음 테이프를 들으면 朴 대통령이 "다시 한 번 강조하면서, 우리가 그동안 시종"이라고 할 때 달려가는 文을 본 청중의 "와~" 하는 함성과 함께 '탕' 하는 제2탄 발사음이 들린다.

이 총탄은 朴 대통령이 연설하던 演臺(연대)를 맞추었다. 文은 6초 동안 11.85m를 뛰어와서 20m 떨어진 朴 대통령을 향해서 쏜 것인데 맞히지 못했다. 文은 제3탄의 방아쇠를 당겼으나 불발이었다. 제4탄을 쏘려고 하니 朴 대통령의 모습이 보이지 않았다. 朴 대통령은 방탄연대 뒤에서 몸을 낮추어 버린 것이다. 文은 오른쪽으로 시선을 돌려 18.2m 떨어진 곳에 앉아 있던 陸英修 여사를 향해서 총을 쏘았다. 총탄은 陸 여사의 머리를 관통했다. 文은 제5탄을 쏠 때 청중 이대산 씨가 발을 걸어 넘어지면서 방아쇠를 당겼다. 총탄은 연단 위 태극기에 맞았다. 文은 넘어진 상태에서 체포되었다.

文은 자리에서 뛰어나와 6초 만에 제2탄을 쏘았고, 7.5초 때 제5탄을 쏘고 잡혔다. 1.5초 사이에 세 발의 총성이 들렸다. 연발사격하는 느낌이 들 정도였다. 눈 깜짝할 사이에 일어난 일을 놓고 경호의 실수를 미세하게 따져 나가면 현실의 긴박감과 유리되어 탁상공론이 될 수 있다.

## 朴鐘圭의 행동 비판

文이 총을 들고 단상을 향하여 뛸 때 가장 먼저 대응자세를 취한 사람은 朴鐘圭 경호실장이다. 그는 일어서더니 권총을 뽑아들고 단상 앞으로 뛰어나온다. 그가 일어선 것은 文이 제1탄을 쏘아 '퍽' 소리가 난 지 4.5초 때였다. 그는 범인을 향해서 쏘려고 단상 앞으로 뛰어나오는데 관중석에서 단상으로 보내는 조명에 눈이 부셨다. 표적을 잃은 것이었다. 朴 실장의 행동에 대해서 1998년 청와대 경호실이 펴낸 사례보고서는 이렇게 지적했다.

〈경호실장이라면 범인에 대한 응사가 主가 아니라, 피경호인 朴 대통령을 보호하기 위해 연대로 나와 피경호인의 머리를 숙이게 조치했어야 옳았을 것이다. 朴 대통령이 스스로 연대 뒤에 몸을 숨긴 시기는 2탄이 연대에 맞은 후이거나, 3탄이 불발된 이후이기 때문에 범인이 제2탄을 정확히 사격했거나, 3탄이 불발되지 않았더라면 朴 대통령 저격이 성공했을 가능성은 충분히 있었다〉

1998년 경호실의 사례연구서는 陸 여사의 피격은 막을 수 있었다고 주장한다.

〈범인이 朴 대통령을 좀더 가까운 거리에서 저격하기 위하여 통로를 달리면서 총을 쏘는 상황인데도 통로 좌우측에 앉아 있던 경찰 근무자들은 아무런 경호조치도 취하지 않고 그저 앉아만 있었다. 총을 쏘는 범인을 밀어 넘어뜨리거나 정조준을 할 수 없도록 범인의 몸을 건드리기만 했어도 陸 여사는 머리에 총을 맞지 않았을 것이다.

좌석에 앉아 있던 12명의 경찰관들은 무엇 때문에 행사장에 와서 앉아 있었는지에 관한 기본적인 행사교육이나 우발상황에 대한 위기의식이 전혀 없었던 것으로 판단된다. 단상에는 후미 근무자 2명을 제외한 5명의 근무자가 있었지만 범인이 고함을 지르면서 단상 쪽으로 뛰어나오며 사격을 하는 상황인데도 단상 좌우 측의 근무자들은 朴 대통령이나 陸 여사를 방호하러 즉각적으로 나오지 않았다.

朴鐘圭 경호실장이 뛰어나온 시점에 단상 근무자들이 행동을 취하여 피경호인을 방호하면서 머리를 숙이게 했더라면 陸 여사는 생존했을 가능성이 컸다.

단상의 수행요원들은 범인이 연대를 맞힌 이후에야 행동을 취했으나 陸 여사를 방호하려고 달려가던 경호원은 陸 여사의 뒤쪽으로 숨고 말았다. 이는 경호원으로서 도저히 있을 수 없는 행동이었다〉

文世光의 朴正熙 저격 및 陸英修 사살 사건은 공식행사 도중에 텔레비전과 라디오의 생중계 중에 일어났기 때문에 가장 상세히 기록되고 목격된 암살사건이 되었다. 수사도 완벽하게 이뤄져 의문의 여지가 전혀 없는 사건이다.

일부 방송에서 의문을 제기하는 과정을 보면 수사 전문가들이 아니라 아마추어들이 주로 음모설을 제기한다. 이들은 사건의 전모를 종합적으로 보지 않고 극히 부분적인 점(그것도 아마추어의 눈으로 보니 이상하지, 전문가 눈으로는 하등 이상할 게 없다)을 아마추어의 눈으로 들여다보고 황당한 상상을 하고 있다.

당시 장면을 담은 텔레비전 중계 필름을 한 번 더 보자.

〈이날 식장은 무대 위로만 조명이 쏟아졌고 객석은 어두웠다. 文이 쏜 제2탄의 총성이 울리는 순간 단상의 朴鐘圭 경호실장은 이상한 움직임(文이 뛰어나오는 모습)을 발견한 듯 고개를 빼며 왼손에 종이뭉치를 든 채 일어섰다. 세 번째 총성(이것이 陸 여사 명중탄)이 울릴 때는 무대 맨 앞으로 뛰어나와 종이뭉치와 권총집을 떨어뜨렸다. 네 번째 총성이 울릴 때는 오른손에 권총을 거머쥐고 총소리가 나는 곳을 겨냥한다.

이때 朴 실장의 위치는 文이 총을 쏜 곳과 陸英修 여사를 잇는 線(선)에서 약간 왼쪽으로 비낀 곳이었다. 네 번째 총성과 동시에 여러 사람이 몰려들어 文을 제압하자 朴 실장은 겨누었던 총을 거두어 들였다.

단상 위의 요인들은 총성이 울리자 누가 먼저랄 것도 없이 쓰러지듯 몸을 낮추었다. 개중에는 자신이 앉았던 의자 뒤로 숨는 사람도 있었다. 陸英修 여사의 동작이 가장 늦었다. 세 번째 총성이 울리는 것과 거의 동시에 오른쪽으로 몸을 낮추려고 고개를 숙인 듯하던 陸 여사는 뒤쪽으로 급히 고개가 젖혀졌다(이때 머리에 총탄을 맞았다). 그리고는 서서히 왼쪽으로 머리를 떨구었다(注: 여기서 왼쪽·오른쪽은 단상을 바라보는 視點 기준).

文世光이 체포된 직후 또 한 방의 총소리가 울리고 여자들의 비명소리가 터져 나왔다. 壇上(단상)의 한 경호원이 뒤늦게 객석을 향해 쏜 총알이 합창단원으로 앉아 있던 D열 86번의 張峯華(장봉화·당시 18세. 성동여실高 2학년) 양을 맞혀 절명케 하는 순간이었다.

이 총소리 직후 벽면을 비추던 방송은 '지지~' 하는 소리와 함께 중단된다. 경호원들은 무대 위에서 권총을 뽑아 들고 演臺 뒤로 숨은 대통령을 경호한다. 객석의 하객들은 의자 밑으로 숨느라고 아우성을 친다. 이때 독립유공자석에 앉아 있던 卓금선 여인이 "국모님이…"라고 소리치며 무대 위로 달려 올라가 陸英修 여사를 안아 일으킨다. 陸 여사는 卓 여인과 경호원들에 의해 들려 나가고 張峯華 양과 저격범 文도 밖으로 들려 나간다〉

朴 대통령 가족 경호 담당인 李相烈 수행과장은 이날 국립극장 단상

뒤쪽에 쳐진 커튼의 뒤에서 근무 중이었다.

"'와~' 하고 소리가 나서 커튼을 젖히고 내다보니 文世光이 달려오면서 총을 쏘는 것이 순간적으로 보였습니다. 제가 연대 쪽으로 뛰어나가 보니 각하께선 오른쪽으로 넘어져 있었습니다. 우리가 일으켜서 연대 뒤에 쪼그리고 앉도록 했지요. 朴 대통령께서는 '야, 우리 집사람에게 가봐' 라고 하시더군요. 순간적으로 무슨 예감이 드신 듯했어요."

녹음 테이프에선 이런 소리가 들린다.

〈"가만 계세요."(경호원이 연단 뒤에 숨은 대통령에게)

"가만히 계세요."(대통령에 대한 경호원의 당부인 듯함)

"잡았니?"(대통령의 물음인 듯함)

"예."(경호원의 답변인 듯함)

"사모님이…."(경호원의 말인 듯함)〉

이 직후 '탕' 하는 소리가 나고 여자들의 비명이 들린다. 뒤늦게 경호원이 쏜 총탄에 합창단원 張양이 맞는 장면이다. 이 총격은 文世光을 체포하는 소란 속에서 일어났다. 文이 마지막 총탄을 쏜 지 15초 뒤였다. 이 총격의 주인공인 金모 경호원은 1998년 경호실 보고서 작성자에게 이런 증언을 남겼다.

"나는 단상의 휘장 뒤편에서 경호에 임하고 있었다. '탕' 하는 총소리와 군중의 함성을 듣고 휘장을 헤치고 무대로 나왔다. 文世光이 통로 중간쯤에서 단상을 향해 총을 쏘는 것이 보였다. 朴鐘圭 실장의 권총에서 나는 두 발 정도의 총소리를 듣고 범인을 향해서 실탄을 발사했다.

잠시 후 범인이 쓰러지는 것을 보고 내가 쏜 실탄에 의해 제압된 것이라고 오해했다(실제로는 시민이 발을 걸어 넘어뜨려 잡혔다). 가늠쇠를 보고 발사할 수는 없었다. 정확한 사격이 되지 않아 범인제압에 실패하고 참석자를 희생하는 결과를 낳게 되었다는 것이 마음에 한이 된다."

모든 것이 순간적이었다. 文世光이 네 발을 쏘고 붙들릴 때까지는 8초밖에 걸리지 않았다. 이 사이에 자신이 무엇을 했는지 事後(사후)에 설명하면 앞뒤가 맞지 않는 경우가 많다. 金 경호원이 총을 쏘았을 때는 文이 붙잡힌 뒤였는데도 그는 자신의 총격에 文이 맞았다고 생각했다고 한다.

## "하던 얘기를 계속하겠습니다"

다시 당시 상황을 동영상으로 확인해보자.

〈2분 만에 演臺 위로 朴 대통령이 몸을 드러내자 장내에서는 함성과 박수 소리가 터져 나왔다. 오전 10시 26분 20초, 朴正熙 대통령은 예의 그 카랑카랑한 목소리로 "여러분, 하던 얘기를 계속하겠습니다"라고 운을 떼었다. 당황하거나 겁먹은 모습은 전혀 아니었다. 10여 초간 아무 말 없이 연설문을 바라보던 朴 대통령은 중단했던 기념사의 위치를 정확히 찾아내 "다시 한 번 우리가 원하는 평화통일의 기본원칙을 명백히 하고자 합니다. 그 원칙의 첫 번째는…"라면서 연설하기 시작했다.

연설을 재개한 지 4분 40초쯤 지나면서부터 朴 대통령은 조금씩 흐트러진 모습을 보이기 시작했다. 연설문만 향하던 눈길을 거두어 객석을 이따금 쳐다보았고 혀를 내밀어 입술을 축이기도 했다. 꼿꼿하던 몸을 조금씩 움직이는 횟수가 많아졌고 말을 빨리 하는 부분도 있었다. 읽은 곳을 다시 읽어 가볍게 더듬는 듯한 느낌을 주는 곳도 두 군데 있었다.

연설문을 건너 뛰어서 읽거나 떨리는 목소리를 내는 실수는 전혀 하지 않았다. 연설문을 다 읽은 朴 대통령은 "감사합니다"라면서 연대 뒤로 한 발 물러나 고개 숙여 인사를 했다. 우렁찬 박수 소리가 터져 나왔다. 자신의 의자로 되돌아가던 朴 대통령은 밑에 떨어진 陸 여사의 핸드백과 고무신을 주우려고 몸을 숙였다. 梁鐸植 서울시장이 재빨리 몸을 숙여 고무신과 핸드백을 먼저 주워 경호원들에게 건네 주었다. 의자에 앉은 朴 대통령은 曺相鎬 의전수석을 불러 뭔가를 지시했다.

장내 아나운서의 말에 따라 성동여자실업高 학생들이 일어나 광복절 노래를 부르기 시작했다. 학생들은 동요된 표정 없이 노래를 불렀다. 자리에서 일어선 朴 대통령은 3부요인 등과 악수를 나누고 무대 뒤로 퇴장했다. 평소의 모습 그대로였다.

朴 대통령이 퇴장하자 절대금연인 객석 여기저기에서 뽀얀 담배연기가 피어올랐다. 장내 아나운서는 "지금 퇴장할 수 없으니 잠시 자리에서 기다려 달라"는 안내 방송을 했다. 청중들은 오전 10시 50분부터 한 사람씩 몸 검색을 받고 밖으로 나왔다〉

이날 외국기자 다섯 명이 현장에 있었다. 많은 편이었다. 당시 민주화 운동이 거세지고 있었고, 朴 대통령이 중대 발표를 할 것이란 소문이 돌아 서울과 도쿄 특파원들이 왔다.

그 가운데 한 사람인 돈 오버도퍼 기자(워싱턴 포스트)는 "그날 내가 가장 놀란 것은 文世光의 총격이 아니라 朴 대통령이 연설을 再開(재개)한 것이다. 아내가 총에 맞고 실려 나갔는데도 연설을 계속하다니, 그것도 아무 일 없었다는 듯이 차분하게…. 우리 미국인의 기준으로는 도저히 상상도 이해도 가질 않았다"고 말했다. 한국인들은 朴 대통령의 공인다운 태도를, 미국인들은 인간으로서의 冷血的(냉혈적)인 모습을 느꼈던 것이다.

陸英修 여사가 서울대학병원으로 실려 가고 공식행사가 끝난 직후, 국립극장 극장장실에서는 침통한 대화가 오갔다. 극장장실에는 朴 대통령을 위시하여 丁一權 국회의장, 閔復基 대법원장, 金正濂 비서실장 등이 배석했다. 朴 대통령이 먼저 말문을 열었다.

"어떻게 된 거야? 내용을 좀 설명해."

"..."

좌중에는 침묵만이 흘렀고, 朴 대통령의 물음에 대답하는 사람은 아무도 없었다.

극장장실 입구 바로 앞에 朴鐘圭 실장이 멍하니 서 있었다. 상기된 얼굴로 하늘만을 응시한 채 누가 물어도 묵묵부답이었다.

누가 와서 朴 대통령의 말을 전해도 말이 없었다.

"각하께서 상황 설명을 듣고 싶어하십니다."

"..."

朴 대통령은 몹시 궁금한 듯 다그쳤다.

"뭘 좀 알아봤나?"

한 비서관이 말했다.

"알아본 것은 없지만 궁금하시다면 저라도 본 대로 말씀 올리겠습니다."

"그래, 말해 봐."

"첫 번째 총성이 울리자, 단상에 있는 사람들은 모두 피하고 朴鐘圭 실장이 뛰어나가 즉시 응사하였습니다. 그러고는 뒤로 돌아 각하의 허리춤을 잡아 연설대 밑으로 피하게 한 다음, 영부인 쪽으로 달려갔습니다. 그런데 그만…."

朴 대통령은 간략한 설명을 들은 후, 영부인의 안부는 묻지도 않고 대뜸 이런 말을 했다.

"객석은 어두워 잘 안 보일 텐데 그곳에다 쏘게 되면 시민들이 다치잖아."

"응사 시에는 별 일이 없었습니다. 영부인은 아마 지금쯤 서울대학병원에 도착하셨을 것입니다."

"그럼 다음 행사장으로 갑시다."

朴 대통령의 다음 행사장, 즉 지하철 개통식으로의 이동 지시가 떨어지자, 주변 사람들은 그 자리에서 만류했다.

"각하! 그것은 안 됩니다. 역사에 보면 오스트리아 황태자 살해 사건 때도 암살조가 세 팀이 있었습니다. 제1조가 던진 폭탄이 황태자에게 해를 입히지 못하게 되자, 제2조가 다른 장소에서 결국 황태자를 살해하지 않았습니까. 측근의 만류를 무시하고 예정대로 두 번째 행사장에 참석했다가 결국 폭탄 세례를 받은 것입니다."

부하들은 제2의 암살조가 또 대통령을 기다리고 있을 것이라는 등, 여러 가지 사례를 들어 가면서 진언을 했다.

朴 대통령은 그런 말을 귀담아 들으려 하질 않았다.

"일단 일정이 잡힌 공식행사이니만큼 가봐야 되지 않겠는가."

"각하께서는 서울대학병원으로 가시고, 지하철 개통식에는 丁一權 국회의장이 대신 참석하는 게 좋겠습니다."

목표물이 朴 대통령이니만큼 다른 사람은 해치지 않을 것이라는 판단에서였다.

"그래도 개통식에 가봐야지."

그러면서 朴 대통령은 자동차에 올랐다가 망설이듯이 다시 말했다.

"아무래도 집사람이 걱정되니까 내 대신 丁 의장께서 참석해 주시면 좋겠습니다."

## 李龍澤 당시 수사국장의 증언

文世光 사건 수사 책임자가 되는 정보부 李龍澤 수사국장은 8월 15일 새벽에 골프장으로 가기 위하여 일어났다. 잠자리에 있던 아내도 일어나더니 "꿈이 이상합니다. 앉아서 제 이야기를 좀 들어보세요"라고 했다. 꿈 이야기가 심상치 않았다. 陸 여사가 소복을 입고 한 소녀를 이끌고 산으로 올라가더란 것이었다. 陸 여사가 소복을 입었다면 朴 대통령이 죽었다는 이야기가 아닌가?

李 국장은 골프 약속을 취소하고 남산의 수사국으로 출근했다. 당직자에게 간밤에 이상이 없다는 것을 확인하고도 그는 수사국 요원들을 비상대기 상태로 놓았다. 그는 오전 10시부터 텔레비전을 보다가 총성을 듣고 벌떡 일어났다. 뛰어나오면서 부국장실의 문을 여니 간부들이 바둑을 두고 있었다.

"야, 이 사람들아, 놀아도 텔레비전은 틀어 놓고 해야지. 지금 8·15 행사장에서 총소리가 났으니 출동하자."

李 국장은 과장을 태우고 국립극장으로 달리면서 본부에 지시했다.

"방송사에 연락을 해서 국립극장에서 찍은 장면은 방영하지 못하도록 조치하라."

李 국장이 국립극장장실에 들어가니 朴 대통령이 침통하게 앉아 있었고, 朴鐘圭 실장이 얼굴이 하얗게 되어 입을 다물고 있었다. 李 국장이 보니 朴 대통령의 양복 어깻죽지에 검은 물방울 같은 것이 묻어 있었다. 그는 다가가서 손가락으로 그곳을 만져 보았다. 피였다. 아마도 총탄이 陸 여사의 머리를 관통할 때 튄 피 같았다.

李 국장이 들으니 범인은 체포되었다가 오발로 다친 허벅지 치료 때문에 국립의료원으로 옮겨졌다는 것이다. 李 국장이 국립의료원으로 가는 車中에서 라디오를 들으니 "범인은 일본인이다"는 보도가 나오고 있었다.

국립의료원에 이르러 안으로 들어가는데 마침 경호실 정보처장이 범인의 여권을 들고 나오고 있었다. 李 국장이 받아서 뒤져 보니 여권과 함께 외국인등록증이 나왔다. 여권에는 이름이 '요시이 유키오'로 쓰여 있었으나, 외국인등록증엔 文世光으로 적혀 있었다. 경호실에선 여권 이름만 보고 일본인이 범인이라고 기자들에게 이야기한 모양이었다. 경호처장은 "일본인이 아니네"라고 낭패한 표정을 지었다.

李 국장은 응급실로 들어갔다. 의사들이 文世光의 오발로 관통당한 허벅지를 붕대로 감고 바지를 입히고 있었다. 범인은 얼굴과 몸이 퉁퉁한 好人型(호인형)이었다. 李 국장이 일본말로 이야기했다.

"아나다 조센진데쇼. 우소와 다메다(당신은 조선인이지. 거짓말은 안 돼)."

"하이."

李 국장은 陸 여사가 수술을 받고 있던 서울대학병원으로 갔다. 朴 대

통령은 전용 입원실에 있었다. 李 국장이 범인은 在日 한국인이라고 보고하니 朴 대통령은 "허, 또 우사(창피당)하게 생겼구나"라고 말했다. 朴 대통령은 朴鐘圭 실장을 향해서 "어떻게 범인이 일본인이라고 나갔나" 라고 추궁하더니, "앞으로 수사는 정보부가 맡아서 하도록 하라"고 지시했다.

李 국장은 陸 여사의 머리를 관통한 총알과 文이 오발한 권총 탄알을 현장에서 직접 찾아냈다. 陸 여사의 머리를 꿰뚫은 총알은 떼구루루 굴러 무대 휘장 뒤로 갔기 때문에 찾는 데 애를 먹었다. 文의 오발탄도 접는 의자에 끼여 있어 겉에선 잘 보이지 않았다.

정보부는 文世光의 진술을 받아 일본 경찰에 알려 주고 보강수사를 부탁했다. 李국장이 아직도 풀지 못한 수수께끼는 文世光이 몇 번이나 "인천이 어디 있는가"라고 수사관에게 묻던 점이었다. "왜 묻는가"라고 추궁했으나 文은 끝내 대답하지 않았다.

"북한 측에서 文에게 암살에 성공하면 반드시 구출해 주겠다고 약속한 모양입니다. 인천이 그런 목적의 접선장소였는지 모르겠습니다만 文은 입을 닫아 버렸습니다."

朴鐘圭 경호실장에 대한 신문은 李龍澤 수사국장이 집을 찾아가 직접했다. 朴 실장은 文世光의 제1탄(허벅지를 관통한 오발탄)이 발사되는 소리를 들었을 때 電球(전구)가 터진 것이라고 생각했다고 진술했다. 文이 통로를 달려나오는 것을 보고 朴 실장은 왼손에 들고 있던 프로그램 종이를 떨어뜨리고는 오른손에 든 권총의 공이치기를 뒤로 젖혔다. 그가 文을 향해서 쏘려고 하는 찰나에 단상을 향해 비추던 조명이 눈을 부시게 해 표적을 잃어버렸다. 朴 실장은 한 방을 쏘긴 했는데 청중이 다

칠까 봐 총신을 올려 발사했다고 진술했다는 것이다. 여중생을 죽게 한 총알은 다른 경호원이 쏜 것이었다.

李龍澤 국장은 朴 실장의 진술을 확인하기 위해서 국립극장 안의 조명을 사건당일과 같이 재현해 놓고 단상에 서 보았다. 과연 눈이 부셔 조준사격이 불가능하다는 판단을 하게 되었다. 李 국장은 朴 실장의 권총을 압수하고 그 권총에서 발사된 총알과 대조했다고 한다.

金淇春 검사(前 법무장관)는 당시 중앙정보부에 파견 나가 정보부장 보좌관을 맡고 있었다. 文世光 사건이 일어나기 전인 8월 초순 金淇春 검사는 가족과 함께 대천해수욕장으로 여름휴가를 갔었다. 휴가지에서 金 검사는 막 한국어 번역판이 나온 소설 《자칼의 날》을 재미있게 읽었다고 한다. 그가 휴가에서 돌아온 지 채 며칠이 지나지 않아 文世光 사건이 일어난 것이었다.

申稙秀 정보부장은 8월 16일 金淇春 검사를 불렀다.

"범인이 어제부터 서른 시간 이상 입을 열지 않고 있다. 내가 청와대 대책회의에 나가서도 할 말이 없다. 金 검사가 범행 동기와 배후를 캐내어 보라. 나를 비롯한 간부들이 오늘은 퇴근하지 않고 기다리겠다."

文은 링거주사를 맞으면서 남산 분실 수사국에서 조사를 받고 있었다. 金 검사는 일본어 통역을 옆에 앉히고 文과 대면했다. 金 검사는 수사관의 제1성이 범인의 진술을 얻는 데 중요하다고 생각했던 만큼 곰곰이 생각해 둔 질문을 던졌다.

—소설 《자칼의 날》을 읽었지요.

"읽었습니다. 센세이(先生)도 읽었습니까."

—나도 읽었소. 그런데 당신이 바로 자칼이 아니오.

"그렇습니다. 내가 바로 자칼입니다."

실마리가 잡히자 대화는 차츰 본론으로 들어갔다.

—당신의 사상이 무엇인가.

"나는 공산주의를 신봉합니다. 나는 공산혁명을 이룩하려는 한 수단으로 여기에 왔습니다."

—그렇다면 혁명가답게 당당하게 자신의 행위를 설명하라. 왜 비겁하게 말을 하지 않는가.

"알았습니다. 이야기하겠습니다."

—여권명 요시이 유키오는 누구인가.

"여자친구인 요시이 미키코(吉井美喜子)의 남편입니다."

—요시이 유키오 명의의 여권은 어떻게 마련했나.

"요시이 미키코가 남편 요시이 유키오의 호적등본 등 인적사항 서류를 제공해 주어 만들 수 있었습니다."

—권총은 어디에서 났는가.

"오사카 고츠(高津) 파출소에서 훔쳤습니다."

—누구의 지시로 훔쳤는가.

"조총련 오사카 西지부 정치부장 金浩龍(김호룡)의 지시를 받았습니다."

—金浩龍으로부터 어떤 지시를 받았는가.

"1973년 11월 11일 홍콩 여행 중 권총을 구입하라는 명령과 함께 金으로부터 50만 엔을 받았습니다. 1974년 2월 초순의 어느 날 밤 10시쯤에 '朴正熙의 암살은 8·15 기념식 행사 때 하기로 한다. 이를 위한 사전준비로 현재 관여하고 있는 金大中 구출위원회 등의 모든 조직활동에서 손을 떼라. 도쿄 아다치(足立)에 있는 아카후도(赤不動) 병원에 가와가미 유지(川上勇治)란 이름으로 입원해라. 입원비는 조총련이 담당한다'는 지시를 받았습니다.

나는 1974년 2월 12일부터 3월 11일까지 이 병원에 입원해 있으면서 공산주의 사상학습을 하였습니다. 이 기간 金浩龍으로부터 돈을 받았습니다."

—만경봉號에 탄 적이 있는가.

"있습니다. 1974년 5월 3일 밤 10시쯤 金浩龍의 지시로 한 시간 가량 승선하였습니다."

—만경봉號에서 누구를 만났는가.

"배 식당에서 47세 가량의 북한 사람을 만났습니다."

金 검사는 文世光의 진술에 신빙성이 있는지 알아보기 위해 文이 머물렀다는 만경봉號 내부와 고츠 파출소의 내부 모습을 그리게 했다. 文은 의외로 그림솜씨가 있었다.

범행 배후를 밝히면서도 文은 당당한 표정을 감추지 않았다. 국가원수를 저격한 죄가 사형에 해당한다는 것은 주지의 사실인데도 전혀 죽음을 예상하는 태도가 아니었다. 文은 이따금 "밖은 괜찮으냐"란 질문을 했다. 그때까지도 文은 범행을 하고 나면 혁명이 일어나고 혁명세력이 자기를 구하러 올 것이라고 착각하고 있었던 것 같다.

金 검사가 文으로부터 받아낸 진술은 곧 신문 방송을 통해 알려졌다. 기자들의 관심은 요시이 유키오와 요시이 미키코 부부, 그리고 金浩龍으로 쏠렸다.

8월 16일 오후 정보를 입수한 일본 경찰은 요시이 미키코(당시 24세)

를 여권법 및 출입국관리법 위반혐의로 구속하였다. 요시이 미키코가 1973년 11월 초 같은 방법으로 남편 명의의 여권을 文世光에게 만들어 주었으며, 그해 11월 19일 이 여권을 사용한 文世光과 함께 2박3일간 홍콩 여행을 간 사실을 밝혀 냈다.

8월 18일 오후 배후 인물 金浩龍은 조총련 오사카 이쿠노구(生野區) 西지부 사무실에 나타나 기자회견을 가졌다.

"文世光과는 1972년 9, 10월경 조총련 기관지 〈조선신보〉를 배포하던 중 그의 집 앞에서 처음 만났다. 지금까지 文을 만난 것은 모두 세 번이며, 1974년 7월에 만난 것이 마지막이었다. 文에게 암살지령이나 거사 자금을 전달한 사실은 없다. 요시이 부부와는 면식조차 없다. 일본 경찰이 이 사건과 관련, 직접 찾아오거나 출두요청을 해오더라도 (나는) 응하지 않겠다."

초기엔 일본 경찰도 범인이 일본 파출소에서 훔친 권총으로 한국의 대통령을 저격한 것 때문에 나름대로 수사에 열을 올렸다. 한국 측이 文世光의 배후세력으로 조총련을 지목하자 일본 수사당국은 非협조적으로 나오기 시작했다. 일본이 이렇게 나오게 된 데는 당시 金大中 씨를 납치한 것으로 알려진 중앙정보부가 文世光 사건을 맡은 것이 한 원인이었다.

文世光 사건을 수사했던 전직 정보부원은 이렇게 말했다.

"일본 경찰에서 金大中 씨 사건과 관련한 협조 의뢰 문서를 보내오면 우리는 무조건 '잘 알 수 없음'이라는 회답을 보내곤 했습니다. 주권이 침해당했다고 시끄러웠던 일본으로서는 앙심을 품지 않을 수 없었을 것입니다.

일본 측은 그 앙갚음을 文世光 사건 때 했습니다. 시간이 지나면서 그 도가 점점 심해져 '文이 미키코를 만났다는 다방이 오사카 ○○지역에 있다는데 사실인가' 라고 물어도 '네 시간 동안 찾아보았지만 잘 모르겠다' 는 회신이 왔습니다. 우리가 직접 확인해 보니 찾기 쉬운 곳에 있었는데도 말입니다."

## 文世光, 殺意의 탄생

文世光이 어린 시절을 보낸 오사카 이쿠노區는 在日교포들이 많이 몰려 사는 곳으로 도시빈민층의 집단 거주지였다. 이러한 환경 속에서 성장한 文世光은 일찌감치 민족차별 문제에 눈을 떴을 것이다. 文이 고등학교에 다닐 때는 일본의 학생운동이 치열하던 때였다. 文은 과격파에 속했다.

난조 세쿠오(南條世光: 문세광의 일본 이름)는 고교 시절 사회과학연구회의 멤버였다. 그가 고바야시 미키코(小林美喜子 · 요시이 미키코의 처녀 때 이름. 요시이 유키오와 결혼한 후 요시이 미키코가 되었다)를 만난 것은 이 서클에서였다. 여고 재학 시절의 미키코도 文世光 못지않은 운동권이었다. 미키코는 일본 기자들에게 이렇게 말했다.

"여고 시절에 같은 반 친구들은 文과 내가 꼭 결혼할 것으로 알고 있었어요. 내게는 그가 첫사랑이지요. 상대가 한국 사람이니까 집에서 반대하더냐구요. 실은 그 반대랍니다. 내가 결혼할 것을 바라면 文은 '결혼은 한국 여성과 하겠다' 고 단호히 말했어요."

고교를 중퇴한 文은 1968년부터 民團(민단) 이쿠노 지부에 가입해 조총련계가 조종하던 韓靑(한청) 활동에 참여했다. 이때의 文은 말수가 적었고 무정부주의적인 성향도 있었다. 1971년 도쿄 民團에서 분란이 일어나자 文은 非주류파에 가담해 행동을 했다. 1971년 8월 民團 도쿄본부 습격사건 때는 선봉으로 참여해 오른팔에 부상을 입었다. 文이 左派(좌파)로 기운 것은 이 무렵부터였다.

1972년 7·4 남북 공동성명이 발표되었다. 이 해 9월 3일 조총련계 청년조직 朝靑과 민단계의 韓靑은 오사카의 페스티벌 홀에서 '7·4 공동성명을 지지하는 在日동포 오사카 청년학생 공동대회'를 가졌다. 韓靑 소속이던 文은 조총련 오사카 西지부 정치부장 金浩龍을 여기서 만났다.

文世光 사건에 관한 검찰 공소장과 법원(1심) 판결문은 文과 金浩龍의 관계를 소상히 적고 있다. 그 내용을 요약해서 옮기면 이렇다.

〈첫 만남 이틀 후인 1972년 9월 5일 밤 10시쯤 金浩龍은 文世光의 집을 방문, "같은 민족끼리 정치이념을 초월하여 자주 만나자"는 제의를 하였다. 이후 매월 한두 차례씩 만날 때마다 金은 "북조선은 金日成 주석의 주체사상 아래 모든 인민이 단결하여 잘사는 사회를 이룩하고 있다. 반면 남조선의 경제는 일본 자본에 수탈당하고 있으므로 민생고가 날로 심해 가고 있다"는 교양을 했다〉

1973년 8월 金大中 씨 납치사건이 일어나자 9월 초 일본에서는 '金大中 구출위원회'가 만들어졌다. 이 위원회에 가입한 文은 오사카 주재 한국 총영사관을 점거하고 영사관 직원을 인질로 삼아 金大中 씨와 교환할 것을 계획하기도 했다. 이때부터 文은 反韓운동가로 나선 것이다. 文世光에게 朴 대통령에 대한 殺意(살의)가 싹트게 만든 것은 金大中 납치사건 이후 일본을 휩쓸던 反韓 분위기였다.

정보부의 조사과정에서 文은 1973년 10월 하순 자신의 집을 찾은 金浩龍과 이런 약속을 했다고 진술했다.

'朴 대통령 저격장소는 삼일절 기념식장으로 한다. 무기는 권총으로 하되 출처를 숨기기 위하여 제3국에서 購得하기로 한다. 무기 구입 자금은 金浩龍이 조달하고 무기 구입은 혁명정신에 입각하여 文世光이 직접 한다.'

이 무렵 文과 그의 첫사랑 미키코는 각자의 가정을 꾸려 나가고 있었다. 민족의식이 강했던 文은 한국 여성 姜成淑과 결혼하였고, 미키코는 요시이 유키오와 결혼하였다. 文과 미키코는 연인 관계를 유지하였다. 1973년 10월 하순 어느 날 정오 오사카 天王寺驛 근처 에코호텔 지하 다방에서 文과 미키코가 만났다.

文은 "한국의 공산혁명을 성공시키려면 朴 대통령을 제거해야 한다"며 "권총을 구입하기 위해 홍콩에 가야겠는데 나는 韓靑과 金大中 구출 위원회 활동 등으로 인해 한국대사관에서 여권을 발급받기 어렵다. 당신 남편 이름으로 일본 여권을 발급받을 수 있도록 도와달라"고 말했다고 한다.

미키코는 文의 부탁을 들어 주겠다고 대답하고 "부부로 가장하여 함께 홍콩에 가자"는 文의 제의에도 동의했다고 한다.

1973년 11월 11일 金浩龍은 文을 찾아와 여비 등의 명목으로 50만 엔을 주었다. 다음날 文은 한큐여행사를 찾아가 요시이 유키오의 서류에 자신의 사진을 첨부해 제출하며 여권 작성을 의뢰하였다. 11월 17일 文은 요시이 유키오 명의의 단수여권을 발급받았다.

11월 19일 부부로 위장한 文과 미키코는 오사카 공항을 출발하여 홍콩에 도착했다. 이날부터 두 사람은 홍콩과 구룡반도 일대의 고물 시장, 장물 시장, 총포점 등을 돌아다니며 권총 구입에 나섰으나 실패하였다.

그가 여행을 떠나기 전날인 11월 18일부로 남긴 유서에는 이런 내용이 있다(일본 오사카 경찰 발표).

'올해(1973년)는 朴 정권이 金大中 씨 사건으로 붕괴의 시기에 있어 11월의 유엔 총회가 정점이라고 생각한다. 이 시기에 일인독재를 타도하는 것이 한국혁명에 있어서 제일 중요하다. 나는 죽음이냐, 승리냐의 구호 밑에서 혁명전쟁의 여행을 출발한다.'

일본 경찰에 따르면 文은 홍콩을 거쳐 한국에 들어갈 예정으로, 서울의 한 호텔을 예약해 놓고 홍콩으로 떠났었다고 한다. 文이 서울行을 포기한 것은 홍콩에서 무기 구입에 실패했기 때문으로 보인다.

文을 조사했던 전직 정보부 요원은 "우리는 文과 미키코가 불륜의 관계를 맺었을 것으로 추측했다. 그러나 文은 그런 일은 결코 없었다고 주장했다. 미키코와는 혁명적 동지 관계이기 때문에 육체관계를 갖지 않았다는 것이 文의 진술이었다"고 말했다.

11월 하순 文은 다시 金浩龍을 만났다. 文은 '홍콩여행에서 권총 구입에는 실패하였으나 해외여행의 경험을 체득하였고, 불법여권 사용에 성공하는 등 적지 않은 성과가 있었다' 고 보고했다고 한다. 金은 "앞으로 계속 노력하라"고 격려했다.

1974년 정초가 되자 金浩龍이 다시 찾아왔다. 그는 "韓德銖(한덕수) 조총련 중앙본부 의장이 혁명과업 수행을 위하여 가일층 노력하라는 당부와 함께 정초 선물을 보내왔다"며 인삼주 한 병과 과실주 한 병을 내놓았다.

1974년 2월 초 金이 또 文의 집을 찾아왔다. 金은 "朴正熙 암살은 8·15 기념식행사 때로 하라. 앞으로 이 계획에 전념하기 위해 韓靑과 金大中 구출대책위원회 등의 모든 조직활동에서 손을 떼라"는 지시를 내렸다. 金은 또 "도쿄 아다치(足立) 소재 아카후도(赤不動) 병원에 십이지장 궤양을 구실로 1개월간 입원하라. 입원방법은 병원장을 찾아가 가와가미 유지(川上勇治)라고 말하면 된다. 병원 비용은 우리가 댄다"고 말했다.

입원한 文은 규칙적인 생활을 하면서 공산주의 사상학습을 하였다. 3월 11일까지 입원해 있는 동안 文은 金浩龍으로부터 입원비로 16만 엔, 생활비로 85만 엔, 잡비로 5만 엔을 받았다.

5월 3일 金浩龍은 文에게 "4일 밤에 오사카港에 정박 중인 만경봉號에 승선하라"고 지령했다. 4일 밤 9시경 文은 金浩龍이 보낸 사람(성명 미상)의 안내로 15명의 조총련계 교포와 함께 만경봉號에 탔다.

한 시간 가량 船內에서 대기한 文은 밤 10시쯤 선박 안 식당에서 47세 가량으로 보이는 북한인을 만났다. 文은 북한인으로부터 "그동안의 영웅적 사업은 이미 보고를 받아서 잘 알고 있다. 혁명정신과 투쟁경력에 치하를 보낸다. 현 시점에서 남조선의 공산혁명을 완수하기 위하여는 朴正熙를 암살하는 길밖에 없으니 이 과업을 끈기 있게 수행해 주기 바란다"는 지시를 받았다.

6월 말 文은 요시이 유키오의 집 부근 다방에서 요시이 부부를 만났다. 먼저 요시이 유키오가 "내가 북조선에 가게 되었는데 여권 신청을 하면 당신이 홍콩여행할 때 내 명의를 사용한 사실이 드러난다. 걱정이다"는 말을 했다.

文은 "나는 이번 8·15에 朴正熙를 암살해야 한다. 당신의 북조선 방문을 다음 기회로 연기하고, 이번에도 당신 명의의 여권으로 남한에 갈 수 있도록 협조해 달라"고 요청했다. 유키오는 文의 요청을 받아들였다.

7월 초 文은 범행에 사용할 총을 오사카 南경찰서 고츠(高津) 파출소에서 훔치기로 했다. 그는 여섯 차례 승용차를 몰고가 파출소 뒤쪽 주차장에 세워 놓고 정찰했다.

7월 18일 새벽 4시 30분 순찰을 돌고 온 히라시마(平島), 하타(畑) 두 경관이 파출소에서 잠에 들었다. 文은 뒷문을 파이프 렌치로 따고 들어가 이들이 풀어 놓은 스미스 앤드 웨슨 권총과 실탄 다섯 발, 그리고 다른 권총 한 자루와 실탄 다섯 발을 훔쳤다.

文은 이때 같이 훔친 수갑이 달린 권총집을 나라(奈良) 현의 야마토천(大和川)에 버렸다고 진술하였다. 일본 경찰은 文의 진술을 토대로 야마토川 부근을 수색해 이 권총 케이스를 찾아냈다.

미키코로부터 남편 요시이 유키오의 신원서류를 받은 文은 7월 20일 한큐여행사를 찾아가 여권 발급, 서울까지의 왕복 항공권, 그리고 조선호텔 예약을 의뢰하였다. 7월 24일 文은 여권과 항공표를 발급받고, 7월 30일에는 오사카 한국 총영사관에서 관광 목적의 사증을 발급받았다.

文은 7월 24일 저녁 金浩龍에게 "준비가 다 되었다"고 전화했다. 다음날 文의 집 앞에서 金은 80만 엔을 주면서 "빛이 내리듯, 밤하늘에서 이슬이 내리듯 방아쇠를 당겨라. 가급적이면 安重根 의사의 경우처럼 1m 이내의 거리로 접근하여 사격하라"고 말했다.

8월 5일 文은 산요 트랜지스터 라디오를 구입, 내부를 뜯어내고 스미스 앤드 웨슨 권총을 감추었다.

모든 준비를 마친 文은 8월 6일 오전 11시 30분 오사카發 서울行 대한

항공기에 탑승, 오후 1시 김포공항에 내렸다. 文이 이날 갖고 들어온 가방은 13kg짜리 하나였다. 권총이 든 라디오를 이 가방에 넣어서 세관을 통과한 것이었다. 당시 김포공항 검색대 근무자는 "트랜지스터 라디오는 면세품이기 때문에 별다른 검색을 하지 않았다"고 했다.

文世光은 입국한 이후 열흘간 조선호텔 1030호실에서 투숙했는데, 이 호텔에 상주하던 경찰 외사과 형사는 전혀 눈치를 채지 못했다.

文世光은 8·15 기념행사가 국립극장에서 열리고 대통령이 참석한다는 사실은 8월 14일자 석간신문과 텔레비전 뉴스를 통해 알았다. 8월14일 밤 文은 방 안의 거울 앞에서 사격동작을 연습했다. 새벽 2시까지도 잠이 오지 않아 권총과 실탄을 만지작거렸다. 8월 15일 그는 오전 6시 호텔 다방에서 식사를 하면서 텔레비전 뉴스를 통해서 국립극장에 朴 대통령이 참석한다는 사실을 재차 확인하고 프런트에 승용차를 대기시켜 줄 것을 요청했다.

1998년에 대통령 경호실이 작성한 '8·15 사건 경호실패 사례 연구 보고서'는 文世光의 차가 승차표 없이 정문을 통과할 때도 전혀 검문을 받지 않았고, 그가 비표 없이 로비로 들어오는 것을 어느 한 사람도 제지하거나 검문 검색을 하지 않았으며, 文이 약 50분간 비표 없이 로비를 서성거리고 의자에 앉아 있어도 아무도 검문하지 않았을 뿐 아니라 비표 없이 극장 안으로 들어가는 것도 허용한 상황에 대해 개탄하고 있다.

정문, 로비 출입구, 로비內, 극장 출입구의 네 곳에서 단 한 사람이라도 文을 검문 검색했더라면 허리춤에 권총을 숨겨 놓고 있었던 文은 체포되거나 범행이 저지되었을 것이다. 文이 권총을 들고 통로를 뛰어가고 있던 때 통로 양쪽 의자에 앉아 있었던 경찰관들 중 한 사람이라도 다리를 걸었으면 陸 여사는 살 수 있었을 것이다.

## 陸여사의 운명, 노랗게 변한 하늘

陸英修 여사를 보좌한 제2부속실의 행정관 金斗永(당시 34세)은 4년째 퍼스트 레이디를 모시고 있었다. 8월 15일 그는 집에서 텔레비전을 보다가 서울대학병원으로 달려갔다. 머리에 치명상을 입은 陸 여사는 응급실 병상에 누워 있었다. 그 주변에 경호원들이 있었다. 한 경호원은 환자의 두 다리를 들고 있다가 반가워했다. 대통령 부인의 다리를 받치고 있자니 황송하기도 하고 어색하기도 했던 것이다.

머리 관통상을 입은 陸 여사는 의식불명 상태에서 '헉, 헉' 불규칙적인 호흡을 하고 있었다. 한 20분간 응급처치를 받고 수술실로 옮겨진 직후에 朴 대통령이 서울의과대 학장의 안내를 받으면서 들어왔다. 뒤에는 朴鐘圭 경호실장이 수행하고 있었다.

金 씨가 본 朴 대통령은 얼굴에서 핏기가 가시고 새까만 얼굴이 샛노랗게 변해 있었다. 朴 대통령은 의사들에게 "최선을 다해 주시오"라고 단단히 부탁하고는 대통령 전용 입원실로 올라갔다.

陸 여사에 대한 수술은 오래 걸렸다. 수술이 시작될 무렵 갑자기 하늘이 노래지면서 건물벽과 마당이 오렌지색으로 변했다고 한다. 이날의 이런 목격담을 말하는 사람들이 많다.

金 씨는 陸 여사가 끼고 있던 반지와 머리뼈 조각을 의사로부터 받아 호주머니에 넣어 두었다가 陸 여사가 운명한 뒤 의사에게 돌려주었다. 머리뼈 조각은 총탄을 맞을 때 생긴 것이었다.

이날은 공휴일이라 서산농장에 가 있던 金鍾泌 총리가 申稙秀 정보부장과 함께 병원에 도착했다. 金 총리는 申 부장에게 "이것은 한 사람의 소행이 아닐 것이다. (朴 대통령이 시승식에 참석하기로 되어 있었던) 청량리와 영등포 전철역 주변도 조사하라"고 지시했다.

朴 대통령은 수술 도중 수술실로 내려와 "어려울 것 같다"는 보고를 받았다. 朴 대통령은 오후 2시쯤 청와대로 돌아갔다가 오후 4시에 다시 병원으로 와서 "절망적"이란 이야기를 듣고는 오후 6시50분에 청와대로 돌아갔다. 陸 여사는 오후 7시쯤 운명했다.

중앙高 1학년생이던 朴志晩 군은 청와대 응접실에서 장난을 치다가 어머니 陸英修 여사의 팔을 꽉 잡았다. 陸 여사는 아프다고 얼굴을 찡그렸다. 그 며칠 전부터 팔이 결리기 시작했던 것이다. 부모가 광복절 기념행사장으로 떠난 뒤 志晩 군은 작은누나(槿暎) 및 외할머니(李慶齡)와 함께 텔레비전을 보았다. 갑자기 텔레비전의 중계방송이 꺼지자 외할머니는 "무슨 일이 생긴 모양이다"고 걱정을 했다. 작은누나는 대통령 부속실로 전화를 걸었다.

오후 1시쯤 작은누나와 志晩 군은 서울대학병원으로 가서 아버지를 만났다. 오후 6시를 넘어 아버지는 "일단 집에 들어가자"고 했다. 아버지는 표정이 없었다. 청와대 본관에 들어온 朴 대통령은 직원들에게 "식사를 했는가"라고 위로했다. 아버지는 志晩 군을 아무도 없는 접견실로 끌고 갔다. 문을 닫고는 아들을 껴안고 엉엉 우는 것이었다.

"네 엄마가 돌아가셨대."

志晩은 아버지의 우는 모습을 이때 처음 보았다.

저녁 8시 30분 陸 여사의 유해가 청와대에 도착했다. 朴 대통령은 까만 양복을 입고 志晩·槿暎과 함께 현관 앞에서 기다리고 있었다. 유해는 본관 1층 영부인 접견실에 안치되었다. 영부인 담당 제2부속실 행정관 金斗永이 접견실 입구에 서서 울고 있는데 朴 대통령이 갑자기 그의 목을 끌어안고 대성통곡을 했다.

金正濂 비서실장이 金 씨의 옆구리를 내지르면서 "각하를 모시고 이렇게 하면 어떻게 해"라고 야단을 쳤다. 金 행정관은 "각하, 들어가시지요"라면서 집무실로 모셨다. 陸 여사 유해는 다시 대접견실로 옮겨졌다. 정부는 5일장의 국민장으로 하기로 했다.

朴 대통령은 매일 새벽에 2층 침실에서 내려와 분향했다. 그때 프랑스에 가 있던 槿惠 씨는 장례식 3일 전에 귀국했다. 朴 대통령은 직접 김포공항으로 나가 딸을 차에 태우고 들어오면서 사건을 설명해 주었다.

朴 대통령은 아내의 殯所(빈소)를 지키면서 애틋한 회고담을 털어놓았다.

"지금도 어느 행사에 갔다가 막 돌아올 것만 같구먼. 행사 때 내 걸음이 빠르다고 좀 천천히 가라고 하더니 저 사람이 먼저 갔어."

朴 대통령은 청와대 본관 2층의 내실에서 1층의 집무실로 내려가는 것이 출근길이었다. 陸 여사는 출근 모습을 이렇게 일기에 담았다.

〈계단을 내려갈 때 보통 뛰어 내려가는 버릇이 대통령에겐 있다. '또 뛰어가시네' 라고 2층 복도에서 혼잣말처럼 말했더니 두어 걸음 더 빨리 뛰어 내린 다음 유유한 자세로 천천히 걸어 내려간다. 우습기도 하고 미덥기도 하다〉

"언젠가는 나병환자들을 위문하고 그들과 일일이 악수했다면서 그 손을 내밀더군. 나도 선뜻 그 손을 잡아 주었지."

8월 19일 오전 9시 20분 청와대 본관 앞뜰에서 發靷式(발인식)이 있었다. 朴 대통령은 앞에서 절을 하는 志晩 군의 喪服(상복)에 실밥이 붙어 있는 것을 보고는 손으로 감아 당겨서 끊어 주었다. 비정상적인 것은 두고 보지 못하는 성격의 발로였다. 朴 대통령은 청와대 정문의 옆문을 부여잡고 運柩(운구) 행렬이 경복궁을 돌 때까지 지켜보았다.

이 유명한 장면을 金聖鎭 청와대 대변인이 직접 촬영했다. 申稙秀 정보부장이 朴 대통령을 모시고 본관으로 돌아갔다. 이날 오후 7시 다나카 가쿠에이 일본 총리가 대통령을 만나 조문했다. 金東祚 외무장관, 金永善 駐日대사, 우시로쿠 駐韓 일본대사, 金正濂 비서실장이 배석했다.

1974년 8월 20일, 朴 대통령은 정상 집무에 들어갔다. 이날 金鍾泌 국무총리는 오전·오후 두 차례 朴 대통령을 만나 陸 여사 서거 후의 國政 방향에 대해 보고했다. 이 자리에서 金 총리는 후임 경호실장으로 吳定根 국세청장을 추천했다. 朴 대통령도 긍정적이었다고 한다. 吳定根은 5·16 군사혁명 때 출동한 해병여단의 병력을 이끈 대대장 출신(당시 중령)이었다. 가장 먼저 한강다리를 넘은 해병대 병력의 선두 지휘관이었다.

이날 오후 2시 55분부터 3시 20분, 朴 대통령의 사위 韓丙起 칠레 대사가 청와대로 들어왔다. 韓 대사는 후임 경호실장으로 車智澈 공화당 국회의원을 추천했다. 이날 오후 4시 33분부터 5시 20분, 朴 대통령은 車 의원을 불러 요담했다. 이 자리에서 朴 대통령은 車 의원을 경호실장으로 임명하겠다고 통보했다. 물론 車 의원은 충성을 맹세했다.

8월 21일 오후 2~3시 사이 朴鐘圭 실장이 朴 대통령에게 離任(이임) 인사를 하고, 신임 車 실장이 취임인사를 드리는 것으로 임무교대가 되었다. 朴 대통령을 가장 가까이서 가장 오랫동안 모실 인물이 陸 여사에서 車 실장으로 바뀐 것이다. 이는 10 · 26 사건을 예약한 인물교체였다.

陸 여사와 車 실장은 여자와 남자라는 것 이상으로 달랐다. 陸 여사는 온화하면서 겸손했고, 車 실장은 강경하면서 오만했다. 陸 여사는 朴 대통령에게 싫은 말을 의무적으로 했고, 車 실장은 좋은 이야기만을 의무적으로 했다. 陸 여사는 대통령의 열려진 귀였고, 車 실장은 대통령의 눈과 귀를 가렸다.

누가 車 실장을 경호실장으로 추천하고, 朴 대통령이 왜 그를 발탁했는지를 놓고 말들이 많지만 모든 결정은 朴 대통령의 몫이다. 기자가 입수한 朴 대통령 재임기간 중의 면담일지를 읽어 보니 車 의원을 경호실장으로 발탁한 것은 자연스러운 선택이었음을 알 수 있었다. 陸 여사 피살 이전에도 朴 대통령이 가장 자주 獨對했던 정치인은 단연 車智澈 의원이었다. 이는 朴鐘圭 경호실장의 도움이 있었기 때문에 가능했다. 경호실장이 면담을 주선해 주지 않으면 그렇게 잦은 獨對는 이뤄질 수 없었다.

1961년 5 · 16 군사혁명 한 달 전 공수단의 車 대위를 포섭하여 金鍾泌 씨에게 선을 보인 다음 朴正熙 소장 앞으로 데려간 사람이 바로 朴鐘圭 소령이었다. 5월 16일 서울시청 앞에서 찍힌 유명한 사진에서 朴 소장 양쪽에 호위로 서 있는 두 사람 또한 朴鐘圭와 車智澈이었다. 둘 다 미국에서 공수부대 훈련도 받았다.

朴 실장은 車 의원을 동생처럼 좋아했다. 물론 朴 대통령의 車 의원에 대한 신임을 확인했기 때문에 그렇게 대했을 것이다. 朴 실장은 친한 사람들에겐 "車 의원이 나의 후임이 되어야 할 사람이다"는 식으로 이야기

하곤 했다. 朴 대통령은 '저돌적 충성심'을 보이는 이 젊은 정치인을 거의 아들처럼 총애했다. 또 한 사람 朴 대통령이 情을 주고 있었던 사람은 全斗煥 준장이었다. 朴 대통령은 월남전선의 全斗煥에게 편지를 써 '귀관이 무사히 돌아오는 것이 나의 희망이다'는 요지의 당부를 했다.

車 의원은 당시 好評(호평)을 받는 국회의원이기도 했다. 공수부대 장교 출신답지 않게 신중하고 공부를 많이 하며(한양大에서 박사학위 받음) 청렴한 사람으로 알려져 있었다. 경호실장이 되면서 그의 인격의 일부로 나타나는 오만방자함도 두드러지지 않을 때였다. 朴 대통령은 車실장을 선택함으로써 자신의 운명을 결정한 셈이다. 권력자가 맹목적으로 충성하는 부하를 멀리하기란 거의 불가능한 법이다. 金日成 정권이 지령한 朴 대통령 살해는 실패했으나 陸 여사 피살로써 반쪽의 성공을 거둔 셈이다.

# 제39장

## 아내 잃고 詩人이 된 대통령

## 朴正熙

## "한 송이 흰 목련이 바람에 지듯이"

朴正熙 대통령은 아내 陸英修를 잃은 이후 자신의 일기에 여러 번 詩를 남겼다. 1974년 8월 19일 장례식을 치른 다음날 朴 대통령은 특별담화문을 발표했다. 그는 국민들에게 감사하는 마음을 전했는데 이런 표현을 썼다.

〈축제일을 슬픔으로 보내지 않을 수 없도록 한 데 대하여 진심으로 미안하고 죄송한 마음 금할 수 없습니다. 여러분이 보내주신 정중한 조의에 보답하는 길은 이 땅에서 폭력과 빈곤을 몰아내고 사랑과 희망이 가득한 행복한 생활을 우리 모두가 골고루 누릴 수 있도록 노력하는 것이라 믿습니다〉

8월 20일 朴 대통령은 오후 5시경에 車智澈 국회의원을 불러 경호실장에 임명하겠다는 사실을 통보한 후 저녁에 이런 詩를 썼다.

〈한 송이 흰 목련이 바람에 지듯이
喪家에는 무거운 침묵 속에
씨롱 씨롱 씨롱
매미 소리만이
가신 님을 그리워하는 듯
팔월의 태양 아래
붉게 물들은 백일홍이
마음의 상처를 달래 주는 듯
한 송이 흰 목련이 봄바람에 지듯이
아내만 혼자 가고 나만 남았으니

斷腸의 이 슬픔을 어디다 호소하리〉

朴 대통령은 8월 31일 밤에는 '추억의 흰 목련 遺芳千秋'란 제목으로 詩를 썼다.

〈하늘도 울고 땅도 울고
산천초목도 슬퍼하던 날
당신의 마지막 가는 길을 지켜보는
겨레의 물결이 온 장안을 뒤덮고
전국 방방곡곡에 모여서 빌었다오

가신 님 막을 길 없으니
부디부디 잘 가오
편안히 가시오
영생 극락하시어
그토록 사랑하시던
이 겨레를 지켜주소서

불행한 자에게는 용기를 주시고
슬픈 자에게는 희망을 주고
가난한 자에게는 사랑을 베풀고
구석구석 다니며 보살피더니
이제 마지막 떠나니
이들 불우한 사람들은
그 따스한 손길을 어디서 찾아보리

그 누구에게 구하리

극락천상에서도

우리를 잊지 말고

길이길이 보살펴 주고

우아하고 소담스러운

한 송이 흰 목련이

말없이 소리없이 지고 가버리니

꽃은 져도

향기만은 남아 있도다〉

朴 대통령은 9월 1일 일요일 밤에도 詩를 썼다.

〈아는지 모르는지

비가 와도 바람 불어도

꽃이 피고 꽃이 져도

밤이 가고 낮이 와도

당신은 아는지 모르는지

해가 뜨고 달이 져도

여름이 가고 가을이 와도

당신은 아는지 모르는지〉

그 3일 뒤인 9월 4일 수요일 朴 대통령은 오후 6시 55분부터 8시 25분까지 金正濂 비서실장, 車智澈 경호실장, 崔永喆 의원, 柳赫仁 정무수석 비서관과 함께 청와대 식당에서 저녁을 함께 한 뒤 아내 없는 침실로 돌아와 詩를 썼다.

〈이제는 슬퍼하지 않겠다고
몇 번이나 다짐했건만
문득 떠오르는 당신의 영상
그 우아한 모습
그 다정한 목소리
그 온화한 미소
백목련처럼 청아한 기품
이제는 잊어버리려고 다짐했건만
잊어버리려고 다짐했건만
잊어버리려고 하면 더욱 더
잊혀지지 않는 당신의 모습

당신의 그림자
당신의 손때
당신의 체취
당신의 앉았던 의자
당신의 만지던 물건
당신이 입던 의복
당신이 신던 신발
당신이 걸어오는 발자국 소리

"이거 보세요"
"어디 계세요"

평생을 두고 나에게

"여보" 한번 부르지 못하던

결혼하던 그날부터 이십사 년간

하루같이

정숙하고도 상냥한 아내로서

간직하여 온 현모양처의 덕을

어찌 잊으리, 어찌 잊을 수가 있으리〉

朴 대통령은 아내를 잃은 뒤 한동안 일요일에 즐기던 골프를 치지 않았다. 9월 14일은 토요일이었는데 그는 오후 2시 34분부터 두 시간 동안 서울 근교를 드라이브했다. 다음날 일요일 오후 4시 50분부터도 드라이브를 하면서 보냈다. 이날 청와대로 돌아와서 쓴 詩의 제목은 '백일홍'이었다.

〈당신이 먼 길을 떠나던 날

청와대 뜰에 붉게 피었던 백일홍과

숲 속의 요란스러운 매미 소리는

주인 잃은 슬픔을 애달파 하는 듯

다소곳이 흐느끼고 메아리쳤는데

이제 벌써 당신이 가고 한 달

아침이슬에 젖은 백일홍은

아직도 눈물을 거두지 못하고 있는데

매미 소리는 이제 지친 듯

북악산 골짜기로 사라져 가고

가을빛이 서서히 뜰에 찾아드니
세월이 빠름을 새삼 느끼게 되노라

여름이 가면 가을이 찾아오고
가을이 가면 또 겨울이 찾아오겠지만
당신은 언제 또 다시
돌아온다는 기약도 없이
한 번 가면 다시 못 오는
불귀의 객이 되었으니
아, 이것이 天定의 섭리란 말인가
아, 그대여, 어느 때 어느 곳에서
다시 만나리〉

1974년 9월 30일은 추석이었다. 이날 오전 7시 朴 대통령은 국립묘지를 찾았다. 이 감상을 그는 그날 밤에 詩로 남겼다.

〈당신이 이곳에 와서
고이 잠든 지 41일째
어머니도 불편하신 몸을 무릅쓰고
같이 오셨는데
어찌 왔느냐 하는 말 한마디 없소
잘 있었느냐는 인사 한마디 없소

아니야, 당신도 무척 반가와서
인사를 했겠지

다만 우리가 당신 목소리를
듣지 못했을 뿐이야
나는 당신의 목소리를 들을 수 있어
내 귀에 생생히 들리는 것 같아

당신도 잘 있었소
홀로 얼마나 외로웠겠소
그러나 우리는 언제나 당신의 옆에
있다고 믿고 있어요
언제까지나
언제까지나
당신이 그리우면 언제나 또 찾아오겠소
고이 잠드오. 또 찾아오고
또 찾아올 테니
그럼 안녕!〉

## 아내의 木碑

1974년 11월 23일, 朴正熙 대통령은 訪韓 일정을 마치고 돌아가는 미국 포드 대통령을 김포공항에까지 환송하고 돌아오는 길에 동작동 국립묘지에 들러 아내의 무덤을 둘러보았다.

비석은 아직까지 돌로 만들지 못해 임시로 木碑(목비)를 꽂아 둔 상태였다. 朴 대통령은 묘소 주위를 둘러본 뒤 木碑를 가리키며 말했다.

## 육영수가 말한 '내 남편 朴正熙'

1968년 11월 14일 陸英修 여사는 한국외국어대학교에서 학생들과 간담회를 가졌다. 학생 측에서 이러한 질문이 나왔다.

—陸 여사께서는 朴 대통령의 어떤 점이 불만이시고, 어떤 점이 마음에 들어 결혼했습니까.

"아이, 그런 질문에는 대답 안 했으면 좋겠는데. 그런 질문하려고 저를 오라고 그랬죠? 남편 자랑한다고 소문 나면 안 된단 말이에요. 불만은…. 아이, 참, 불만은 나만을 생각해 주셨으면 좋겠는데 政事에 치중하시다 보니 그렇게 하시지 못하셔요. 그러나 언제 이런 직을 면하게 된다면 그때는 다시 나만을 생각해 주시리라고 기대하고 있는 중이고요.

그분과의 혼인동기는요, 그분이 아무것도 없을 때였어요. 재력·재물·권력이 없을 때 혼인했어요. 그분은 또 미남이 아니시고요(웃음), 그런데 의지가 좋으셔요. 학생들은 잘 느끼지 못할 것 같은데요, 그분이 무뚝뚝하고 무섭기만 한 것으로 알려져 있잖아요. 우리 가족끼리 이야기할 때, 농담을 잘 하셔요. 그러실 때 웃으시는 걸 보면 참 어린 아이 같아요. 그런 점을 제가 발견했어요."

—끝내 불만스런 점은 말씀 안 하시네요.

"글쎄, 그분이 나만을 생각해 주시면 좋겠는데…."

—대통령께서는 어린 시절에 책보를 끼고 논에서 축구를 했다고 하시던데 역시 재력이 충분하지 못하셨던 모양이지요.

"그분은 아무것도 안 가지고 계셨던 분이에요. 명예도 없었고, 권력도 없었던 분이에요."

"임시로 세운 비석이지만 깨끗하고 아름답게 되어 있는 것을 보니 생전의 지만이 엄마를 연상하게 하는구먼. 애쓰신 분들이 참 고마워. 관리 사무실 어디 있나? 거기 들렀다 가지."

朴 대통령은 그곳을 떠나기가 못내 아쉬운 듯 천천히 발을 떼면서 혼잣말처럼 중얼거렸다.

"춘하추동을 여기서 맞는다는 것을 생각하니 아쉽고 안타까워. 그러나 그 사람이 늘 걱정하고 사랑하는 조국이 나날이 발전하고 애들도 잘 자라고 있으니 마음놓고 天上에서 자리 잡고 있겠지. 나도 열심히 일을 더 잘해야겠소."

朴 대통령은 느린 걸음으로 계단을 내려와 관리실에 들러 그곳 직원들에게 감사의 뜻을 전했다.

"잘 돌보아줘서 고맙습니다. 앞으로도 계속 잘 돌봐주십시오."

朴 대통령은 조금도 대통령 티를 내지 않고, 단지 부인의 산소를 관리하는 분들에게 사례를 하는 평범한 남편의 모습으로 최대한 정중히 예를 갖추었다. 관리실을 나와서 떠날 때도 朴 대통령은 아쉬움이 남는지 묘소를 바라보았다.

"잘 있으시오…."

말끝을 흐리며 아내에게 혼잣말로 작별 인사를 하고 나서도 朴 대통령은 몇 번이나 산소 쪽을 향해 손을 흔들었다. 청와대로 향하는 차 안에서 朴 대통령은 아무 말이 없었다.

그날 밤 朴正熙는 이런 일기를 남겼다.

〈降雪(금년 첫눈) 종일 흐림

김포공항에서 돌아오는 길에 동작동에 들러 아내 幽宅(유택)을 찾다.

그저께 제막한 비석이 퍽도 깨끗하고 아담하게 서 있고 비문도 단정하고 맵시 있게 부각되어 있다. 애쓰신 분들에게 마음속으로 감사를 드린다. 당신이 여기에 묻혀 그 앞에 비석이 설 줄이야. 당신은 여기에 잠들어 風雨星霜(풍우성상) 춘하추동 가고 오고, 오고 가도 아는지 모르는지? 어찌 모를 리가 있으랴.

당신이 사랑하는 이 조국과 겨레의 삶의 모습을 낱낱이 지켜보며 보살펴 주고 사랑해 주고 올바른 길로 인도해 주오.

아내가 그토록 정성들여 애쓰던 지난날이 주마등처럼 지나간다. 저 깜박거리는 네온 불빛이 동작동에서도 보이겠지〉

## “지만이 엄마랑 같이 시찰한 거야”

1975년 8월 초 朴 대통령은 진해 猪島(저도)에서 여름 휴가를 보냈다. 그러나 말이 휴가이지 일종의 지방 시찰과 다름없었다. 아침 일찍부터 朴 대통령은 몇 명의 경호원과 수행원만 데리고 연락도 없이 섬을 떠나 거의 하루 종일 보이지 않았다. 모두들 궁금해했으나 누구에게 물어볼 수도 없었다. 저녁나절에야 朴 대통령이 숙소에 돌아왔다. 鮮于煉 공보비서관이 朴 대통령에게 물었다.

“어디 갔다 오셨습니까?”

“구경 좀 하고 왔지.”

더 이상의 말은 없었다. 주위에서 계속 물어보니까 그때서야 설명을 했다.

“여천 공업단지, 호남정유 메탄올 공장, 七肥(칠비), 삼일만 부두공사

현장, 중화학공업단지, 여천 단지 공사 현장 등을 보고 왔소. 많이 구경했지? 허허. 지금 진행 중인 공사들이 완공되어야 선진국으로 가는 문이 조금씩 가까워질 거야. 오늘 그 많은 공장과 공사 현장을 보니까 마음이 후련해지더군. 해수욕하는 것보다도 한결 시원한 것 같아."

이 말을 하는 朴 대통령의 표정은 무척이나 밝아 보였다. 朴 대통령의 이런 모습을 보고 수행했던 기자들이 나중에 "영부인의 1주기가 얼마 남지 않았는데 저렇게 종일 일을 하실 수 있을까" 라고 수군거렸다.

그날 밤 朴 대통령을 찾은 한 비서가 이런 말을 했다.

"영부인의 기일이 다가왔는데 각하께서는 일만 하신다고 이해가 가지 않는다고들 합니다."

이 말을 들은 朴 대통령은 표정이 갑자기 굳어지며 침통하게 눈을 감았다.

"지만이 엄마 기일이 다가오니까 해수욕 생각도 없고, 그래서 團地(단지)들을 돌아보고 온 거야. 만석꾼 집에서 고이 자란 지만이 엄마 소원이 뭔지 알아?

나보다 더한 개혁주의자였고, 국민들을 잘살게 해달라고 늘 나에게 말했어. 오늘 다녀온 곳이 모두 우리가 잘살게 되는 기본 시설 아닌가."

이 얘기를 하는 朴 대통령의 입가에는 엷은 미소가 떠올랐다.

"오늘 내가 혼자 시찰하고 온 줄 알아? 지만이 엄마랑 같이 갔다 온 거야."

낮은 목소리로 쓸쓸하게 말하는 朴 대통령의 그 말에 순간 비서는 온몸이 저리는 것 같았다고 한다.

朴 대통령이 陸 여사를 그리워하며 쓴 일기 속의 詩는 수십 편에 이른

다. 1975년 8월 진해 猪島 별장으로 휴가를 갔을 때는 1년 전의 일이 생각나 더욱 애잔한 詩를 남겼다. 8월 6일자 詩.

〈一首

님과 함께 놀던 곳에
나 홀로 찾아오니
우거진 숲 속에서
매미만이 반겨하네
앉은 자리 밟던 자국
체온마저 따스하여라
猪島 섬 백사장에
모래마다 밟던 자국
파도 소리 예와 같네
짝을 잃은 저 기러기
나와 함께 놀다 가렴〉

8월 9일에도 朴 대통령은 긴 詩를 썼다. '猪島의 추억' 이란 詩의 일부를 소개한다.

〈해마다 여름이면
그대와 함께 이 섬을 찾았노니
모든 시름 모든 피로 다 잊어버리고
우리 가족 오붓하게
마음껏 즐기던 행복한 보금자리
추억의 섬 猪島

올해도 또 찾아왔건만
아! 어이된 일일까
그대만은 오지를 못하였으니
그대와 같이 맨발로 거닐던 저 백사장
시원한 저 백년 넘은 팽나무 그늘
낚시질 하던 저 방파제 바위 위에
그대의 그림자만은 보이지 않으니
그대의 손때 묻은 家具(가구) 집기
작년 그대로 그 자리에 있는데
미소 띤 그 얼굴
다정한 그 목소리
눈에 선하고 귀에 쟁쟁하건만
그대의 모습은 찾을 길 없으니
보이지 않으니 어디서나 찾을까

해와 달은 어제도 오늘도 뜨고 지고
파도 소리는 어제도 오늘도
변치 않고 들려오는데
님은 가고 찾을 길 없으니
저 창천에 높이 뜬 흰구름 따라
저 지평선 너머 머너먼 나라에서
구만 리 장천 은하 강변에

푸른 별이 되어 멀리 이 섬을 굽어보며

반짝이고 있겠지

저-기 저 별일까

저 별일 거야!〉

8월 11일 휴가를 끝내고 청와대로 돌아온 朴 대통령은 그날 밤 이런 일기를 썼다.

〈청와대 현관에 도착하니 아내가 마중 나와서 맞아줄 것만 같아 낭하를 걸어 들어가면서도 이층에서 누가 내려오는 것 같기만 했다〉

1975년 8월 15일. 이날은 陸英修 여사가 피살된 지 1년째 되는 날이었다. 朴 대통령은 아침 일찍 국립묘지의 아내 무덤에 다녀왔다. 그 이후 朴 대통령이 비서들을 집무실로 불렀다.

"벌써 1주년이 되었구먼. 그 사람 극락에 가 있겠지. 처음에는 눈물도 많이 흘렸으나, 이제 지만 엄마를 위로하는 길은 그 사람이 입버릇처럼 말하던 나라 발전에 힘쓰는 것이라고 느껴.

주위에서는 예의에 벗어난 줄도 모르고 재혼을 권하는 사람도 간혹 있는데, 내 뜻을 모르는 사람들이야. 그 사람들에게 부질없는 소리 말라고 일러줘요. 국내외에 일이 산더미처럼 쌓여 있는데 내가 지만이 엄마를 잊고 그런 짓을 할 것 같아?"

朴 대통령은 부인을 잃은 쓸쓸함에 대해서 말을 이어갔다.

"용기와 의욕을 잃어버리면 집사람 초상화를 보면서 대화를 하지, 그 사람의 遺志(유지)를 받들어 더 열심히 일을 해야지 하고. 친구가 홀아비가 되었을 때는 그 마음을 짐작하지 못했는데 내가 겪고 보니 가슴이 텅 빈 것 같아. 성경에는 남자의 갈비뼈 하나를 뽑아서 여자를 만들었다고 하는데 내 생각으로는 여자의 갈비뼈 하나로 남자를 만든 것 같아, 허허."

朴 대통령은 마치 살아 있는 부인을 옆에 두고 이야기하는 것 같았다. 朴 대통령의 숙연함에 비서들은 다 식은 커피잔만 내려다보며 한마디도 할 수 없었다. 대화가 끝나자 朴 대통령은 기제사를 지내기 위해 2층 거실로 올라갔다. 그 뒷모습이 쓸쓸하게 보였다.

1975년 12월 12일. 朴 대통령은 출입기자들과 공보실의 비서관들을 불러 점심을 함께 했다.

"오늘은 지만이 어머니와 결혼한 지 만 25년이 되는 날입니다. 아내가 살아 있었으면 은혼식을 올릴 수 있었을 텐데…. 대신 아침에 산소에 다녀왔어요. 아내 산소 앞에서 나는 속으로 얘길 했지. '남편을 두고 혼자 먼저 가는 버릇은 어디서 배웠노' 하고.

참 생각할수록 고생만 하다가 간 사람이야. 애들에게 보충 수업도 해주고. 지만이가 중학교 3학년이었을 때는 여름에 피서도 안 가고 근혜하고 지만이를 가르쳐 주었지. 내가 강사료라도 좀 주었어야 했었는데. 참 그렇게 되면 과외수업이 되지, 허허허.

아내가 살아 있을 적에 내가 '지만이를 위해 강사를 초빙하는 것이 어떻겠느냐' 하고 말했더니 집사람이 '그런 것을 하면 과외수업이 돼서 정부 방침에 어긋나는 게 아닙니까? 지만이는 나와 두 누나가 도와주면 족하니 그런 것 생각지 마시고 지만이 아버지는 정치에나 전념하십시오' 라고 했었는데…."

朴 대통령의 변화에 대해서 鮮于煉 공보비서관은 이런 비망록을 남겼다.

〈대통령은 영부인 생각이 날 때면 눈물이 난다고 했다. 그리고 아무리 생각해 봐도 살아 있을 때 잘해 준 것이 하나도 없다고 하면서 가슴 아파했다. 대통령은 우울하거나 기분이 언짢아 보였는데도 한두 시간 지나고 다시 보면 기분이 풀려 즐거운 표정으로 바뀌어 있는 것을 종종 볼 수 있었다. 알고 보니 그 사이에 국립묘지에 가서 영부인을 만나고 온 것이었다.

대통령은 영부인이 돌아가시고 나자 눈에 띄게 쓸쓸한 모습을 자주 보였고, 기력도 많이 약해졌다. 전에는 비서관들을 자주 불러 술도 함께 하며 농담도 잘했으나, 영부인의 서거 뒤로는 혼자 있는 시간이 더 많아졌다. 자리를 같이 하더라도 술보다는 주로 차를 들었다.

청와대 식당 한쪽 벽에 커다란 영부인 초상화를 걸어 두고, 그곳에서 대통령은 혼자서 식사할 때도 자주 있었다. 식사를 하면서 초상화의 영부인과 대화를 나누는 것 같았다.

한 번은 차를 마시면서 대통령이 "옛말에 '惡妻(악처)가 효자보다 낫다' 는 말이 있는데 그 의미를 좀 알 것 같다"고 말한 적도 있었다〉

朴 대통령은 陸 여사에게 결코 자상한 남편도 모범 남편도 아니었다. 술과 여자를 좋아한 대통령이었다. 그 때문에 陸 여사의 마음이 편치 않았다. 놀라운 절제력으로 그런 티를 내지 않았을 뿐이다. 참다 못한 陸 여사가 朴 대통령의 외국 방문을 앞두고 청와대를 가출하여 종적을 감춘 일도 있었다.

무뚝뚝한 朴 대통령의 아내에 대한 진심은 아내가 죽은 뒤 아무도 보지 않은 일기를 통해서만 표현되었다. 陸 여사도 생전에 남편의 마음속에 숨은 이런 신뢰와 사랑을 느끼지 못했을지 모른다. 만 57세에 아내를 잃고 홀아비가 된 권력자의 허전한 마음을 채운 것은 '이럴수록 조국 근대화를 더욱 세차게 밀고나가야 한다'는 다짐이기도 했지만 인생에 대한 허무감도 곁들여졌을 것이다.

陸 여사는 또 남편에게 정치적 견제도 할 수 있는 '청와대內의 야당'이었다. 陸 여사는 朴 대통령 측근들의 부패와 권력 남용에 대해서는 서민의 입장에서 분노한 이였다. 빈틈 없는 陸 여사는 남편에게 진정서를 전달하여 조치를 요청할 때도 미리 내용의 진실성을 조사한 뒤에 했다. 朴 대통령은 이런 아내의 건의를 존중하여 처리했다.

朴 대통령으로서는 의지가 되고 동시에 견제도 해주던 동반자를 잃은 것이다. 이런 변화가 그의 國政 운영에 어떤 영향을 끼쳤을까, 앞으로 알아보기로 한다.

## "金日成이 직접 朴 대통령 암살 지시"

1974년 8월 15일 국립극장에서 在日동포 文世光이 일본 경찰서 파출소에서 훔친 권총으로 한국의 대통령 부인을 살해한 사건은 韓日 간의 큰 외교문제가 되었다. 文世光이 조총련 간부 金浩龍의 조종을 받았고, 일본에서 가짜 여권을 낼 때 좌익성향 일본인의 이름을 도용했음도 밝혀졌기 때문에 한국 정부로서는 일본 정부의 책임을 추궁할 많은 자료를 가진 셈이었다.

문제는 1년 전 李厚洛의 중앙정보부 공작팀이 金大中을 납치해 온 사건이었다. 이 사건 수사를 맡았던 일본 경찰은 우리 정부로부터 전혀 협조를 받지 못했다. 우리 정부는 형식상 수사본부를 차렸으나 "계속 수사

중"이란 통보만 일본에 했다. 다만 金鍾泌 총리가 일본을 방문하여 정치적 사과를 함으로써 외교문제로서는 일단락지었다.

일본 정부, 특히 경찰은 일본 땅에서 일어난 주권침해적 납치사건의 범인을 인도받지 못하고 기소도 하지 못한 점에서 모욕감을 느꼈을 것이다. 文世光 사건은 일본 정부를 곤혹스럽게 했지만 어떤 점에선 1년 전의 金大中 사건 수사 때의 보복을 할 수 있는 기회이기도 했다.

8월 22일 金鍾泌 총리는 다나카 가쿠에이 일본 총리 앞으로 친서를 보내 "한국민의 분노가 극에 달해 있으므로 사건 배후의 철저한 규명을 절실히 요청한다"고 했다. 金 총리는 "이번 범행이 1972년 7월부터 일본 국내에서 계획되어 왔고, 범인은 불법으로 일본 여권과 일본 경찰의 권총을 입수하여 사용하였으며, 두 명의 일본인과 소위 조총련의 요원이 직접 관련되어 있음이 수사결과로 나타난 만큼, 일본 당국의 협조가 필요하다"고 지적했다. 그는 사후조치로서 조총련의 反韓활동 근절책을 요청했다.

8월 26일 외무부는 우시로쿠 駐韓 일본대사를 불러 文世光의 진술내용을 전달했다. 이 진술내용을 읽어 보면 文世光이 金浩龍으로부터 철저한 조종과 교육을 받으면서 암살작전을 준비하는 과정이 실감난다. 文이 진술한 북한 공작선 '만경봉' 호 승선 관련 내용엔 흥미로운 대목이 있다. 지난 연초 외무부가 공개한 외교문서에서 기자가 찾아 낸 부분을 소개한다.

〈1974년 5월 4일밤 일본 오사카항에 접안해 있던 만경봉호에 승선하여 아래층 객실에서 한 시간 동안 기다렸다가 밤 10시경 여자의 안내로 위층 식당으로 가서 북괴 공작지도원(키 162cm 정도 마른 편이고 앞대 머리가 벗겨졌고 곤색 상하의를 착용한 40세 가량의 남자. 성명 미상)과 약 40분간 접견했다.

그 지도원은 文世光의 신원과 과거 투쟁경력, 그리고 文世光이 추진 중인 朴 대통령 암살 계획에 관하여 소상하게 알고 있었으며 극구 칭찬 했다. 식당에서 인사가 끝난 후 그 지도원은 文世光에게 인삼주와 식사를 접대하면서 "남조선인민민주주의 혁명 완성을 위해서는 남조선의 사회혼란을 조성하고 朴 대통령을 암살하는 방법 이외는 길이 없다. 이 사실은 金日成 주석이 직접 지시한 혁명과업이니 신념을 가지고 완수하지 않으면 안 된다"고 당부했다.

文世光은 지도원에게 金日成 주석을 위하여 생명과 젊음을 바쳐 혁명 역량을 다하여 朴 대통령을 기필코 암살하겠다고 맹세하고 그날 밤 10시40분경 하선하였다〉

朴 대통령 암살을 金日成이 직접 북한 공작부서에 지시했고, 이 지시에 따라 조총련의 金浩龍이 조종자로 움직였다는 文世光의 진술은 최근 탈북하여 한국에 온 前 북한통일전선부 요원의 증언으로도 확인된다.

이 요원은 金日成과 金正日의 소위 혁명역사를 정리하는 부서에 근무하면서 비밀문건을 보았던 사람이다. 그는 "金日成이 金大中 씨의 집권길을 열어 주기 위하여 朴 대통령 암살을 직접 지휘했다고 적힌 문건을 읽은 적이 있다"고 말했다. 文의 범행 당일 남한內의 북한 간첩들에게는 국립극장 등 광복절 행사장 주변에는 접근하지 말라는 지시가 내려졌다고도 한다.

朴 대통령은 외무부에 대해서 文世光의 조종자 金浩龍의 신병을 인도받으라는 지침을 주었다. 최근 공개된 외교문서에는 '金浩龍의 신병확

보문제' 란 제목의 메모가 포함되어 있었다.

1974년 9월에 작성된 정부의 '(문세광 조종자) 金浩龍의 신병확보 문제' 메모는 "韓日 간의 사후수습이 시나(椎名悅三郎) 특사의 訪韓으로 정치적으로 해결되고 나면 金浩龍의 신병확보 요구를 일본 측에 행할 기회를 놓칠 가능성이 있다"고 강조했다.

〈고로, 시나 특사 방한 중, 또는 방한 직후 한일 간의 합의사항 실행의 일환이라는 형식을 취하면서 金浩龍의 신병확보를 추진해 나가야 함.

신병인도의 필요성: 조총련의 규제, 日北관계를 어렵게 만드는 이점이 있음. 한일 간 합의사항 실행에 관한 일본 정부의 태도를 테스트하는 가장 좋은 케이스임. 신병확보 실현 여부에 관계없이, 일본 정부의 성의 있는 사건처리와 조총련 규제 등에 대한 압력수단이 될 것임.

시행방안: 일본 측이 범죄인 인도 제도에 의하거나 강제퇴거의 방법을 선택할 수 있도록 여지를 남기는 요구를 막후에서 행함. 조약상 범죄인 인도 의무 有無와 사법부 판단이 개재되지 않고 행정부가 독자적으로 집행적 조치로써 결정할 수 있는 강제퇴거 절차까지도 일본이 거부함은 한일 간 친서에 의한 합의사항의 불이행이란 점을 강조해 나감. 일본도 불란서와 홍콩 등지에서 이 제도에 의하여 일본 범죄인을 송환받은 사례가 있음.

고려사항: 일본 측으로서는 이를 거절할 명분은 약하지만 정치적으로 어려움이 있기 때문에 실제로 김호룡의 신병을 한국에 인도하여 줄지 여부에 대하여는 불확실한 점이 있음.

시나 특사 방한 중 또는 방한 직후를 넘기면 일단 失機(실기)하는 것으로 보아야 하며, 또한 앞으로 유사한 일본內 조총련계 범죄인 신병확보

문제에 대하여도 선례가 될 것임. 이번 요구는 막후에서 신중히 사전 탐색하는 절차를 수반하는 것이 바람직함〉

한국 측으로서는 金浩龍의 신병확보를 최대치의 목표로 삼고 對日교섭을 진행해보았으나 일본內 언론과 여론의 反韓감정, 이를 빌미로 삼은 일본 집권당의 미온적 태도가 너무 큰 벽이었다. 9월 6일 金永善 駐日 한국대사는 본국에 이런 보고를 하고 있다.

〈일본 정계(사토 前 총리 포함)의 일치된 견해는 韓日관계 타결이 지연되는 경우 일본內의 反한국(좌우익 막론) 및 좌익계에 유리한 일본內 여론의 거센 反韓 반격 파도가 올 것이 두려워지며 그러한 반격 파도가 있는 경우 누구도 이를 막기 어려울 것이다. 기술적인 외교절충 및 조정의 단계는 지났고, 단편적인 보고나 건의로서 사태변동을 가져오기는 어렵다는 인식이다〉

朴 대통령은 결국 金浩龍의 신병확보는 포기하고, 일본 정부가 보낸 특사의 사과를 받아 체면을 세우는 선에서 외교마찰을 마무리한다. 이는 그 1년 前 金大中 납치 사건 때 일본 정부가 납치범을 한국 측으로부터 인도받는 것을 포기하고 金鍾泌 총리의 訪日 사과로써 외교문제를 봉합한 것의 역설적 재판이었다.

1974년 9월 17일 金永善 駐日 한국대사는 이병희 무임소 장관과 함께 시나 자민당 부총재를 찾았다. 시나 부총재는 이틀 뒤 특사로 한국을 방문하여 朴 대통령을 만나기로 되어 있었다. 시나 부총재는 사토 내각 당시 외상으로서 韓日수교회담을 마무리지었던 親韓派 거물정치인이었다. 그는 괴뢰만주국의 고위간부로 일했던 소위 만주인맥으로서 그런 점에서 만주국 장교였던 朴 대통령과도 통하는 바가 있었다.

金永善 대사에게 시나는 시원시원하게 이야기했다. 金 대사가 본국에 보고한 電文(전문)에 따르면 시나는 "이번 기회에 어떻게 하든지 조총련 문제에 결착을 지어야 한다"고 말했다는 것이다. 시나는 일본 정부의 미온적인 태도에 대하여 "현행법안에서도 얼마든지 규제가 가능하지 않느냐고 힐책한 바도 있다"고 말했다. 그는 또 "이번에 訪韓하면 (외무성에서 만들어주는 자료의 한도를 넘어서라도) 모든 문제를 흉금을 털어놓고 이야기하여 이를 다나카 총리에게 보고하고 자민당의 당책으로 삼겠다"는 의욕을 보였다고 한다.

9월 19일 시나(椎名悅三郎) 특사는 가네마루(金丸信) 의원 등 9명의 수행원과 함께 일본항공을 타고 서울에 왔다. 그는 오전에 국립묘지에 가서 故 陸英修 여사의 묘지에 참배한 뒤 오후 3시에 朴 대통령을 방문했다.

이 자리에서 시나 특사는 다나카 총리의 친서를 전했다. 다나카 총리는 친서에서 '사건의 철저한 조사와 재발방지, 그리고 한국 정부의 전복을 기도하는 범죄행위의 단속' 등을 약속했다. 시나 특사는 이런 요지의 사과와 설명을 올렸다.

〈범행 준비가 일본에서 이뤄진 점에 대해서 책임을 느끼고 충심으로 유감스럽게 생각한다. 본 사건의 중대성에 비추어 강력한 수사체제를 갖추어 전력을 다하여 수사를 진행하고 있으며, 한국 측과 협력하여 철저한 수사를 함으로써 진상규명에 노력함과 동시에 그 결과에 따라서 범법자에 대하여는 엄정히 처벌할 방침이다〉

## 朴正熙 – 시나 특사 면담록

1974년 9월 19일 오후 3시부터 4시45분까지 청와대 서재에서 있었던 朴 대통령과 시나 특사의 면담록은 최근 외교부에 의하여 공개되었다. 이 자리에는 金東祚 외무부 장관, 金正濂 대통령 비서실장, 우시로쿠 駐韓 일본대사, 아리타 게이스케 일본 외무성 심의관이 배석했다. 착석하기 전에 시나 특사는 '대통령 각하 영부인의 서거'에 대해 정중하게 조의를 표했다.

〈朴 대통령: 韓日 국교 정상화 당시에 외무대신으로서 각별한 노력을 하였던 시나 특사가 금번 양국 간의 어려운 문제를 해결하기 위하여 직접 우리나라를 방문하여 준 데 대하여 경의를 표하는 바이다.

금번 문제를 둘러싸고 韓日 간의 관계는 한때 악화일로를 달려 파국 직전에까지 이르렀으나 양측이 성의와 인내를 가지고 노력한 결과 해결의 실마리를 찾게 된 것을 매우 다행한 일로 생각한다. 특히 이번 문제의 해결을 위하여 여기 있는 우시로쿠 대사가 헌신적인 노력을 한 데 대하여도 경의를 표하는 바이다.

시나 특사: 금번 문제에 관해서는 다나카 가쿠에이 총리대신이 현재 南美(남미)를 여행하고 있습니다만 본 문제의 귀추에 대해서 비상한 걱정을 하고 있으며, 이번에 다나카 총리의 요청에 의하여 본인이 친서를 가지고 와서 각하께 올리고자 방한하였습니다(대통령이 이를 일독함).

그 내용에 대해서는 그간 외교 루트를 통하여 많은 절충이 있었으며, 일본 측으로서는 한국 측 요망에 따라 친서를 수정하는 문제도 생각해 보았습니다만 그와 같이 되지 못하고 본인이 그간 양국 사무당국에서 있었던 절충의 경위에 따라 친서에 부연해서 설명드릴 사항을 문서로 작성해 가지고 있기 때문에 그것을 이 자리에서 각하께 말씀 올리고자 합니다(친서에 부연 설명, 문서를 낭독하였음).

이상 말씀드린 이외에 이번 기회에 韓日 양국 간의 관계에 대한 본인의 소견을 말씀드리고자 합니다. 韓日 양국 간의 국교가 정상화되었을 때 마침 본인은 외무대신으로서 이에 관여하여 각하와 귀국 정부에 많은 신세를 졌습니다. 그 후 약 9년이 경과하였습니다마는 10년도 안 된 기간에 우리 양국 간에 이와 같은 일이 있으리라고는 생각지 못하였으며, 본인은 당시에 韓日 양국이 양양한 전도를 기약하고 있다고 생각하였던 것입니다.

그러나 그동안에 세상도 많이 바뀌었습니다. 요행히도 일본 경제는 '붐'의 물결을 타고 번영 일로를 달렸고, 한편 미국은 월남 전쟁으로 많은 경제적 희생을 치른 결과 미국 경제가 흔들리는 사태가 되었습니다. 어쨌든 일본은 '붐'의 물결을 놓치지 않고 지내왔는데 뜻밖에도 닉슨·키신저의 對중공 접근 정책이 돌연 들이닥쳐 일본 정부로서는 크게 당황하고, 또 그동안 일본 번영의 지주가 되어 온 美日 안보조약 체제가 흔들리는 동시에 일본 언론계에서는 美日 안보조약이 더 이상 필요없지 않는가 하는 유력한 의견까지 대두하게 되었던 것입니다. 또한 구라파의 일각으로부터 불어온 '데탕트', 즉 국제 긴장완화의 물결은 일본에도 들이닥쳐 美-中共 관계 개선 이후에는 더욱이 美日 안보체제가 필요 없다는 공기가 충만하게 되었던 것입니다.

日中 국교 회복은 세계 대세라고 하더라도 오랫동안 지속되어 온 일본과 대만의 관계가 한 편의 각료담화로써 방기되는 사태가 발생했고, 일

본의 자민당內에서도 이 문제를 둘러싸고 동요와 혼란이 있었습니다.

日中 국교 수립은 세계의 대세에 따른 것이라 하는 수 없다고 하더라도 하루 아침에 대만을 저버리는 것은 국제적 신의 및 예의에 비추어 잘못된 것이라는 의견도 있었으나 큰 목표인 日中 관계 수립에 지장을 줄 수 없다는 생각에서 대다수가 참게 되었던 것입니다. 그와 같은 와중에서 韓日 간의 문제가 그 본질은 여하간에 국민의 여론에서 점차 퇴조하지 않을 수 없었다고 생각되며 의식하지 못한 채 대세에 밀려가는 기분이었다는 것을 반성하지 않을 수 없습니다. 이와 같은 방심 상태가 금번 문제의 배경이 되고 또 저변에서 작용하지 않았는가 생각합니다.

실은 본인이 외무대신 재임 중에 (조총련이 운영하는) 조선대학 문제가 대두되었고 조선대학이 각종 학교의 지위를 가지고 있었던 바 특별입법을 통해서 이를 규제하고자 하였으나 결국 성공하지 못하였습니다.

당시 조선대학 측의 주장은 在日 조선인이 특별한 지위의 국적을 취득하였다고 하더라도 민족의 과거를 더듬어 민족의 역사와 연혁을 가르치는 것은 당연하다는 명분을 내세웠고, 일본 측도 조선대학에서 혁명교육을 할 것이라는 것은 알고 있었으나 이것이 표면에는 나타나지 않았기 때문에 공연히 건드려서 시끄럽게 할 필요가 없다는 생각으로 성사치 못하였는 바 아마 이런 일은 일본 외에는 예가 없을 것입니다.

따라서 본인으로서는 마음에 걸리는 상태에서 외무대신 직을 떠나게 되었던 것입니다. 그 후에도 조선대학 문제에 관해서는 야당이 전혀 떠들지 않았기 때문에 항상 야당이 떠드는 것을 막기에 급급한 자민당으로서는 다른 것을 생각할 여지가 없었다고 생각됩니다.

본인은 차제에 다시금 이와 같은 경위를 상기하면서 우리가 이 문제를 기본적 관점에서 생각해 나가지 않으면 안 된다고 생각합니다. 일본의 검찰당국도 여론이 떠들지 않으면 문제삼기가 어렵다고 생각하고 있습니다. 실은 자민당內에서 본인과 親韓 인사 몇 사람이 이 문제를 제기하여 기본적으로 개선할 필요가 있다는 것을 이야기하였던 바 그들도 모두 본인의 생각에 동감이었으며, 결심해서 이 일을 추진하기 위하여서는 사회당과 대결할 수 있는 무장을 갖추고 대처해 나가야 한다는 의견이었습니다.

朴 대통령: 지금 시나 특사가 말한 대로 시나 특사는 韓日 국교 정상화가 우리 두 나라의 장래를 위하여 절대 필요하다는 확신하에서 국교 정상화를 위하여 노력한 것을 본인이 잘 알고 있으며 10년이 지난 오늘 지난 날을 회상하는 시나 특사의 말을 들으니 감개가 깊다. 금번의 8·15 사건에 관하여 韓日 양국 정부 당국자들이 이 일을 원만히 해결하기 위하여 그간 절충을 벌여 왔으며 타결이 지연되었다고 알고 있다.

물론 양측의 실무 당국으로서는 상당한 신경을 써서 친서 문구 하나하나를 신중히 절충한 것으로 알고 있는데 실무 당국으로서는 당연한 일이나 본인은 친서의 자구 한두 자가 큰 문제는 아니라고 생각하며 표현 문제보다 근본적인 것은 상대방을 어느 정도 신뢰할 수 있느냐 하는 양국민 사이에 맺어진 신의가 문제라고 생각한다.

8·15 사건 후 일본 정부가 취한 일련의 조치 그리고 일본 정부의 우리나라에 대한 태도는 이해하기 어려운 점이 허다하다고 하지 않을 수 없다. 나는 그동안 침묵을 지켜 왔으나 이번 기회에 몇 가지 점을 분명히 밝히고 넘어가지 않으면 안 되겠다.

과연 일본 정부가 우리를 우방으로 생각하고 있느냐? 만약에 우리를 우방으로 생각한다면 喪中(상중)에 있는 대통령 가족이나 국민들이 슬픔과 분노에 차 있는 이 시기에 일본 정부의 책임 있는 인사들이 행한 발언은 실로 이해하기 어려운 일이다.

즉, 일본 측에서는 법적·도의적인 아무런 책임이 없다는 이야기가 나왔는데, 이것은 정치·외교·법을 떠나서 동양적인 예의상으로도 있을 수 없는 일이다. 어찌하여 도의적인 책임도 없다는 말인가?

이번 사건의 범인은 일본 정부가 발행한 여권을 가지고 들어와서 일본 경찰이 사용했던 권총으로 범행을 저질렀는데, 물론 일본 정부가 시켰다거나 고의로 그렇게 했을 리는 없겠지만 이 사건은 큰 결과를 가져왔으며 이것은 분명히 일본 정부의 과실이고 또 과실 중에서도 重과실이라고 하지 않을 수 없는 것이다.

금번 절충의 과정에서 일본 측 책임의 표현 문제에 관하여 논란이 있었던 것 같은데, 내가 알기로는 일본 외무성에는 수재나 엘리트 관료들이 모여 있는 것으로 아는데 그들이 어찌해서 자기 주장만을 고집하는지 이해할 수 없는 일이다. 어찌하여 도의적 책임 외에 아무 책임도 없단 말인가? 범죄의 음모가 일본 국내에서 이루어졌고 또 일본內에 있는 불법단체에 의하여 오래 전부터 계획되어 온 것이 명백하다.

우리는 일본을 경유해서 침입하는 간첩을 그간 수백 명 체포하고 그들을 조사한 결과 조총련이 이런 음모를 획책하고 있는 것을 알고서 일본 정부에 대하여 이를 단속해 달라는 정식 요청을 지난 5월 18일에 일본 정부에 전달한 바 있다. 그러나 일본 정부는 아무런 조치도 취하지 않았으며, 그 결과 8·15 사건이 발생한 것이다. 어찌하여 책임이 없다고 하겠는가?

나는 국제법에는 문외한이지만 그러나 他國(타국) 영토內에서 제3국의 헌정질서를 파괴하려는 행위가 있을 때에는 이를 단속할 의무가 있다는 것이 국제법의 원칙인 것으로 알고 있다. 일본 정부 당국은 일이 있을 때마다 국내법의 테두리 안에서 처리한다는 말을 하고 있는데, 내가 알기에는 일본 헌법에도 국제법을 존중한다는 규정이 있다고 알고 있다.

이번 문제에 대해서 일본 측이 야당과의 문제나 여론의 분위기 등에 비추어 법률적 책임이 있다고 명백히 말하지 못하더라도 '응분의 책임'이 있다는 표현을 당연히 할 수 있지 않겠는가? 이 문제에 대하여 그간의 절충 결과 일본 측도 '그 나름대로의 책임'을 느낀다는 것을 밝히게 된 것은 응분의 책임을 느낀 것으로 생각하고 나는 다행스럽게 여기는 바이다.

또한 이 문제에 관하여 나는 입장을 바꾸어서 생각해 볼 필요가 있다고 본다. 금번의 일본 측 태도는 한국을 너무나 무시한 태도라고 본다. 예를 들자면 한국에서 출생하고 성장한 일본 청년이 한국內의 불법단체의 배후조종을 받아서 한국 정부가 발행한 여권을 가지고 일본에 건너가 한국 경찰이 분실한 총기로 일본 천황이나 총리대신을 저격하다가 그 결과로 황후 폐하나 총리 부인을 살해했다고 한다면 일본은 한국 정부에 아무런 책임도 없다고 할 수 있을 것인가?

또 바꾸어서 예를 들면 일본에서 출생하고 성장한 미국 청년이 미국 정부를 파괴하고 전복하려는 의도하에 일본 정부가 발행한 여권을 가지고 또 일본 관헌이 사용하던 무기로써 미국의 포드 대통령을 암살하려다가 요행히 대통령은 난을 면하고 포드 대통령 부인이 살해되었다고 한다면 일본 정부는 미국에 대하여 법적·도의적으로 아무런 책임이 없다고 할 수 있겠는가?

나는 그렇게 말할 수 없다고 생각한다. 이번 일본 측의 태도는 한국을 무시한 처사라고 생각하지 않을 수 없으며, 나는 한때 일본 정부가 끝내 우리에게 이런 태도로 나온다면 우리는 일본을 우방으로 인정할 수 없지 않느냐 하는 생각을 가진 바도 있었다.

다음으로 범인 수사에 대한 일본 측의 태도도 같다고 하지 않을 수 없다. 저격범 文世光이 자백한 바에 의하면 조총련 조직원인 金浩龍이 배후에서 조종하고 자금을 댄 것이 명백하며, 또 요시이 유키오 부부는 文의 여권 획득을 알선하고 요시이 미키코는 권총을 구하러 文과 함께 홍콩에까지 다녀왔다.

그런데 金浩龍에 대한 일본 경찰 당국의 수사는 매우 미온적이며, 요시이 미키코는 일단 구속되었으나 바로 석방되었는데, 물론 일본 법원이 그렇게 했다고 할 수 있을지 모르나 일본 법원도 넓은 의미에서는 일본 정부의 일부분이 아닌가? 이번에 한국 국민들의 감정이 폭발한 원인은 바로 여기에 있는 것이다.

또 하나 우리가 이해할 수 없는 대목은 조총련에 대한 일본 정부의 태도이다.

시나 특사도 지적한 바와 같이 일본에 있는 조선대학은 공산당 간부를 교육하고 대한민국 정부를 파괴하고 전복하기 위한 간첩 양성소이며, 아마 자유 진영에 속하는 나라에 공산대학이 존재하는 곳은 일본뿐이라고 생각한다. 모든 범죄의 근원은 조총련이고 韓日 간의 이간을 책동하는 것도 조총련인데 일본 측은 왜 조총련을 그렇게도 비호하고 두둔하는가? 조총련에 치외법권이 있는 것도 아닐 텐데 이해할 수 없는 것이다.

조총련의 이와 같은 불법행위는 일본 경찰이 누구보다도 잘 알고 있다고 생각한다. 북괴는 교육비라는 명목하에 연간 수십억 원의 공작비를 조총련에 보내고 있는데 이와 같은 공작비는 스파이 양성과 일본內에서 反한국적 여론을 조성하는 공작비로 사용되고 있으며, 조총련의 20만 조직은 북괴의 지령에 의하여 남한의 적화공작을 하고 있는 것을 일본 경찰 당국도 부인할 수 없을 것이다.

다음으로 일본이 對南(대남) 적화 공작기지化되고 있는 문제이다. 이번에 문제가 된 만경봉호는 표면적으로는 무역선이나 실제로는 북괴의 공작원을 싣고 내왕하면서 조총련에게 지령을 주고 있는 '이동하는 對南 적화기지'라고 하지 않을 수 없다. 본인이 알기에는 그간 만경봉호에 승선한 인원이 연 13만 명이라는 통계가 나와 있다고 하는데 이것은 일본 당국에서 나온 통계라고 생각한다.

또 내가 알기에는 만경봉호에 승선할 때에 여권을 가지고 타는데 어떤 자는 자기 여권을 다른 사람에게 주어 하선시키고 자기는 만경봉호로 북괴에 가서 간첩훈련을 받은 후 다시 만경봉호로 일본에 돌아와서 이번에는 자기 여권으로 하선하는 등의 행위를 하고 있다고 하며 이것은 체포된 조총련계 간첩이 자백하고 있는 사실이다.

따라서 나는 일본 영토가 對南 적화 공작기지로 이용되고 그와 같은 조총련의 '기지가 성역화한다'는 것은 한국 안보에 중대한 위협을 주는 것이라고 보지 않을 수 없다. 그런데도 기무라 외상은 '한국이 北으로부터 위협이 없다'는 발언을 하였는 바, 北의 위협은 직접 북쪽으로부터 받는 위협과 또 하나는 일본을 경유하여 南으로부터 받는 위협이 있다. 한국의 대통령이 직접 생명의 위협을 받고 그 가족이 내 눈앞에서 피살

이 되는 데도 위협이 아니라고 한다면 기무라 외상이 말하는 위협이란 무엇을 의미하는 것인지 이해할 수 없는 일이다.

기무라 외상의 이야기가 나왔으니 이야기를 하지 않을 수 없는데, 기무라 외상은 최근 몇 가지의 중대한 발언을 행하였다. 그중 하나가 이미 언급한 '北으로부터의 위협이 없다' 는 발언이고, 또 하나는 '한국 정부를 한반도의 유일한 합법 정부로 인식하지 않고 있다' 는 발언을 일본 의회에서 행하였다는 바 일본 정부의 공식해명이 없어서 자세한 것은 알 수 없으나 이와 같은 기무라 외상의 발언은 우연히도 북괴의 주장과 일치되는 것이다. 북괴는 대한민국 정부를 불법 정부라고 하면서 대한민국과 미국이 북한을 침범하기 위하여 전쟁 준비를 하고 있다고 주장하고 있는데 이와 같은 주장은 기무라 외상의 발언과 일맥 상통하는 데가 있다고 하지 않을 수 없다.

다음으로 이 문제는 중요하기 때문에 다시 한 번 강조하지 않을 수 없으며 지난번 장례식 때에 다나카 총리가 내한하였을 때에도 간곡히 이야기한 바 있다. 이것은 조총련에 관한 문제이다. 나는 시나 선생께서 다나카 총리의 특사로 오신 이 자리에서 대한민국 대통령으로서 특사에게 분명히 나의 견해를 말하고자 하는데 "조총련이 앞으로도 일본 국내에서 지금과 같은 對韓(대한) 파괴 및 전복 공작을 계속한다는 것은 대한민국의 안보에 중대한 위협"이라는 우리 정부의 견해를 분명히 말하여 두는 바이다.

이는 우리의 직접 생존에 관한 문제요 死活(사활)에 관한 중대한 문제다. 나는 앞으로 일본 정부가 조총련을 철저히 단속해서 이번과 같은 불행한 사건이 재발하지 않도록 적극적으로 협력해 줄 것을 재삼 요망하는 바이다. 만약에 불행하게도 이번 사건이 재발할 시에는 양국의 우호 관계에 다시는 돌이킬 수 없는 불행한 사태가 일어날 것을 지극히 우려하지 않을 수 없다.

이미 지적한 바와 같이 20만 조직을 가진 조총련은 일본의 장래를 위하여서도 암적 존재이며 일본 공산당보다도 더 위험한 존재이다. 나는 차제에 일본 정부가 철저한 발본적 조치를 취하는 것이 긴요하다고 생각하며 속담에 있듯이 養虎遺患(양호유환)의 결과가 되지 않기를 바란다.

일시 악화일로를 치닫던 양국관계가 양국 정부의 이성과 인내와 꾸준한 노력으로써 일단 타결을 보게 된 것을 기쁘게 생각하며 다행한 일로 생각한다.

그간 양국 정부의 노력도 있었으나 보이지 않는 곳에서 이를 걱정하고 원만한 해결을 위하여 전력해 주신 시나 선생과 일본의 親韓的 인사들의 따뜻한 우정과 노력에 감사하며 또 금번 韓日 간의 문제해결을 위하여 헌신적 노력을 한 우시로쿠 대사의 노력을 치하하는 바이다.

끝으로 한마디 해두고 싶은 것은 이것으로 문제가 다 해결된 것은 아니며 양국 정부와 국민이 서로의 특수한 입장을 이해하면서 상호 존중하고 신의를 지켜나아가야만 양국 간의 항구적인 우호관계를 유지할 수 있다고 생각한다.

시나 특사: 대통령 각하께서 각 문제점에 대해서 지적하신 것은 지당하신 말씀이라고 생각하며 그중 어떤 문제에 대하여 이미 외무성에서 어떻게 말씀드렸는지는 모르나 지금 말씀하신 것은 깊이 명심할 일들이라고 생각합니다. 특히 문제의 근본은 지적하신 대로 조총련의 기본적인 성격인 바 이것은 매우 큰 문제로서 우리는 감시의 눈을 게을리 하지

않으면서 韓日 간에 격의 없는 분석과 그 결과를 교환함으로써 결론을 내야 한다고 생각합니다.

일본은 정치기구가 복잡하기 때문에 야당의 실태를 볼 때 국내에 일본적 조총련이 또 하나 있는 감이 있습니다. 금번 대통령 각하 영부인께서 서거하신 비통한 일이 있던 바로 그 무렵에 사회당 서기장이 金日成을 방문한 일이 있었습니다.

본인은 지금 각하께서 말씀하신 사항을 충분히 고려해서 그 대책을 힘차게 그리고 신중하게 세워 나가야 한다고 생각하며, 앞으로 일본의 黨과 정부에서 의견을 종합해서 다시 말씀드리는 기회가 있으리라고 생각하는 바입니다. 또 일본內의 수사에 있어서도 미온적인 일이 있어서는 안 된다고 생각됩니다. 기무라 대신이 대한민국 정부가 한반도에 있어서 유일한 정부라고 인식하지 않고 있다는 것은 경솔한 발언으로서 본인이 귀국하면 직접 확인해 보도록 하겠습니다.

朴 대통령: 솔직히 말해서 조총련 문제에 관해서는 일본 국내에 정치적으로 어려운 점이 있는 것은 본인도 알고 있으나 일본의 정치적 장래를 위해서는 지금 이 시점에서 좀 무리가 있더라도 결단을 내리지 않으면 안 된다고 생각한다.

시나 특사: 먼저 말씀드린 대로 조선대학 문제에서 저의 노력이 좌절된 일이 있는데 이 문제는 계속 추진하도록 결의를 가지고 해나갈 생각입니다.

朴 대통령: 최근의 사례를 보면 일본의 자민당 정부가 자유진영의 일환으로서 끝까지 남을 결의가 있는지를 의심하지 않을 수 없으나 최후까지 자유진영의 일원으로 남을 결의가 있다면 지금 斷(단)을 내리지 않

으면 어렵다고 생각한다. 야당이나 신문이 떠든다고 내버려두면 점점 더 기세를 올릴 것이다. 이에 대한 자민당 수뇌부의 생각은 어떤가?

시나 특사: 아까 말씀드린 조선대학은 각종학교가 아닌 특별한 제도로 바꾸기 위해서 법제상의 문제로 제기하여 탄탄하게 규제하지 않으면 문제해결이 어렵다고 생각합니다.

朴 대통령: 일본 정부, 특히 외무성 당국은 조총련을 건드리는 것을 '터부' 시하고 있는 것 같은데 일본의 정치적 장래를 생각할 때 좌경화하더라도 하는 수 없다는 생각이라면 몰라도 그렇지 않다면 결단을 내려야 한다. 金日成의 목표는 확실히 먼저 남한의 赤化와 그리고 일본 공산당과 손을 잡고 일본을 赤化시키려는 것이다.

시나 특사: 저희들도 그렇게 생각합니다. '건드리지 않으면 말썽이 없다' 는 격언에 따라 조총련을 종기 다루듯 하는 생각을 하는 사람이 있으나 본인은 단호하게 대처해 나가야 한다고 생각합니다〉

## 陸英修 암살은 金日成이 진 게임

그로부터 석 달 뒤인 1974년 12월 25일 일본 정부는 朴 대통령 저격사건 수사본부를 해산하기로 했다면서 수사결과를 통보해 왔다. 文世光이 일본인 명의의 여권을 얻도록 도와준 요시이 미키코만 여권법 위반혐의로 불구속 기소했다는 것이다. 한국 정부가 文世光의 조종범으로 확정한 金浩龍에 대해서는 증거가 없다면서 기소도 하지 않았다. 일본 정부 특사 시나의 철석같았던 약속은 일본 경찰에 의하여 지켜지지 않았다. 일본 정치인과 관료의 역할분담과 합작이 朴 정권을 농락한 셈이다.

金日成이 지령한 朴 대통령 암살 계획이 文世光의 실수로 陸英修 살해를 결과한 것은 남북한 대결에서 어떤 영향을 끼쳤을까. 金日成은 자신의 라이벌로부터 동반자를 빼앗아감으로써 정신적 타격을 주는 데 성공했다. 朴 대통령의 무리한 對野(대야)공작이 부른 10·26 사건도 陸 여사가 살아 견제했더라면 피할 수 있었을지 모른다. 陸 여사 대신 朴 대통령을 가장 가까이서 가장 오랫동안 모시게 되는 車智澈 경호실장은 陸 여사가 했던 역할을 정반대로 했던 것이다.

朴 대통령의 갑작스런 죽음 뒤에 등장한 全斗煥 정권은 집권과정에서 유혈사태를 불렀지만 朴 대통령 시절의 성과를 확대해갔다. 1980년대 한국 경제는 물가를 잡고 무역흑자를 냈으며, 세계 200여 개국 중 최고의 성장률을 기록했다. 이 바탕에서 집권세력과 국민들이 소란 속에서도 평화적으로 타협한 민주화가 이뤄졌다.

全斗煥 정권은 레이건 대통령의 美國과 나카소네의 日本과 손잡고 아웅산 테러, 대한항공기 폭파 등 金正日의 도발을 극복하고, 서울올림픽을 성공적으로 추진하여 남북한의 격차를 벌렸다.

金日成이 서울올림픽에 대항하여 유치한 '89년 세계청년 축전'은 약 50억 달러의 出血性(출혈성) 투자를 불러 경제를 멍들게 했다.

이렇게 본다면 金日成의 지령에 의한 朴 대통령 암살 계획은 朴 정권의 수명을 단축시켰으나 全斗煥이란 상대하기 어려운 强者(강자)를 불러들였다는 점에서 결코 성공작이라고 할 수 없을 것이다.

朴 대통령은 아내를 살해한 文世光의 조종자인 조총련 간부 金浩龍을 일본 경찰이 기소조차 하지 않고 놓아 주는 것을 보고는 치를 떨었을 것이다. 자민당의 시나 특사는 조총련과 범행 관련자들에 대한 철저한 조

치와 수사를 朴 대통령에게 약속했으나 일본內의 사정은 그렇게 간단하지 않았다.

그때 조총련은 대단한 자금력과 조직력을 갖고 있었다. 특히 집권 자민당 의원들에게 정치자금을 제공하여 그들의 약점을 잡아 둔 것이 조총련이었다. 약 9만 3,000명의 北送(북송) 교포들이 남기고 간 일본內 재산은 조총련 차지가 되어 있었다. 조총련이 굴린 자금의 규모는 알 수 없으나 비자금 담당이었던 金炳植 부의장이 1970년대 초에 평양에 가서 金日成에게 6,000만 달러를 바쳤다는 黃長燁 씨의 증언이 있다.

월남전쟁 반대 분위기 속에서 일본에서는 左派(좌파)가 득세하고 있었고, 제1야당인 사회당이 親北(반북)정책을 펴고 있었으며 언론도 金大中 납치사건 이후엔 反韓으로 돌았다.

이런 구조 속에서 자민당의 親韓派(친한파)가 文世光 배후 수사를 독려하는 데는 한계가 있을 수밖에 없었다. 더구나 일본 경찰이 그 1년 전의 金大中 납치사건 때 한국 정부가 수사를 방해한 것에 대한 보복을 결심하고 있었으므로 文世光 배후 수사는 깊게 들어가지 못했다.

그렇다면 조총련은 朴정권에 대해 승리한 것인가. 역사는 그런 셈법으로 진행하지 않는다는 데 묘미가 있다.

1975년 9월 16일, 朴 대통령은 집무실에서 몇몇 비서관과 이야기하다가 며칠 전에 있었던 조총련계 在日동포의 母國(모국)방문에 대해 말했다. 공보비서관 鮮于煉의 비망록을 인용한다.

"조총련계 在日동포의 모국방문은 성과가 큽니다. 딴 곳에도 이 정책을 넓혀야 되겠어요. 이 사업을 창안하여 추진한 趙一濟 오사카 총영사에게 고생 많았다는 치하의 말을 전해 줘요. 모처럼 고국을 방문해 친척

## 趙一濟의 조총련 母國방문 사업 이야기

일본內의 북한 기지인 조총련에 대해 괴멸적 타격을 준 1975년의 조총련 모국방문사업. 이 사업의 창안자라고 朴正熙 대통령이 지목한 趙一濟 오사카 총영사(뒤에 국회의원 역임)는 부임하기 전에는 정보부 보안차장보로서 국내정치를 담당하고 있었다.

그는 18세 때 오사카에서 광복을 맞았던 在日동포 출신이었다. 동포사회의 생리를 잘 아는 그는 조총련이라고 해도 골수 공산주의자들은 소수에 불과하다고 판단했다. 더구나 北送(북송)교포가 9만 3,000명이나 되기 때문에 조총련이든 民團이든 在北동포와 인연이 없는 사람들은 거의 없었다. 이런 사정을 무시하고 조총련 가입자 30만 명을 전부 敵(적)으로 돌리는 수사식 접근법에 의문을 가졌던 이가 趙 총영사였다.

당시 對共수사기관들은 간첩수사 실적을 올리기 위해서 공항에서 그물을 치고 기다리고 있다가 북한 측과 연락이 있는 在日동포들을 사소한 건으로 연행하여 국가보안법 위반 혐의로 걸어 무리한 수사를 하곤 했다.

趙 차장보는 관련 수사기관에 대해서 "앞으로 在日동포를 연행할 때는 반드시 나의 허가를 받으라"는 지시를 해두기도 했다. 그는 1975년 3월 오사카 총영사관으로 부임차 가는 新幹線 열차 안에서 성명서를 초안하여 취임식 때 발표했다.

그 요지는 "내 직책을 걸고서 조총련 동포들에게 고한다. 조총련 가입자들이 조국을 방문하여 고향에 다녀오고 싶다면 신변의 안전을 보장하겠다"는 것이었다.

趙 총영사는 "이런 일은 계통을 밟아서 하면 되지 않으니 일단 저질러 보자는 심정으로 발표부터 먼저 했다"고 한다.

외무부와 정보부에서는 경고장이 날아왔으나 조총련 사회가 즉각적인 반응을 보였다. 일본의 지방에 나가 있던 한국 대사관의 영사들도 이 사업의 적극적인 추진을 건의했다. 조총련 동포들이 대거 모국 방문을 신청하기 시작했다.

이러는 사이에 정보부 본부에서도 金永光 판단기획국장이 朴 대통령에게 모국방문사업의 국가적 추진을 건의하기에 이른다. 朴 대통령은 아내를 죽음으로 몰고간 조총련에 대한 감정을 극복하고 이 사업의 추진을 허가했다.

정보부가 뒤에서 기획하고 연출한 조총련의 추석성묘단 사업은 한국적십자사가 주관했다. 국립극장에서 있었던 조총련 방문단 환영대회에서 朴順天 여사는 감동적 연설을 했다.

"여러분들이 일본으로 돌아가실 때는 조국의 흙 한 줌씩을 싸 가지고 가셔서 조국이 그리울 때 이 흙냄새를 맡아 보고 만져도 보세요."

희극배우 김희갑 씨가 부른 '불효자는 웁니다'도 대유행했다. 首丘初心(수구초심: 여우가 죽을 때 제가 살던 굴 쪽으로 머리를 향한다는 뜻. 즉 고향을 그리워하는 마음)에 호소한 이 사업은 거짓과 공포의 결사체인 조총련을 서서히, 그러나 확실하게 무너뜨려 갔다. 이런 역사적 사업이 한 在日동포 출신 외교관의 문제의식에서 출발했다는 점이 흥미롭다.

들이 서로 껴안고 울면서 같이 성묘하는 것을 텔레비전에서 보고 나도 눈시울이 뜨거워졌어요.

'이렇게 마음씨 좋은 겨레가 왜 남북으로 갈라져 서로 헐뜯고 살게 되었는가' 하고 우리 역사를 한탄한 적도 있어요. 우리 국민은 '사촌이 논을 사면 배 아프다'는 말도 있는데, 이것을 빨리 고쳐서 동포끼리 서로 위로하고 격려해야 될 것입니다."

趙一濟 오사카 총영사는 정보부 국내담당 차장보를 지낸 사람이었다. 申稙秀 정보부장 아래 金永光 판단기획국장도 별도로 대통령에게 조총련 동포들의 모국방문 사업을 건의했었다고 한다. 朴 대통령은 아내를 죽음으로 몰고간 조총련 가입자에 대한 선처를 처음에는 꺼렸으나 "이 일은 지아비로선 할 수 없지만 대통령으로서는 해야 한다"면서 추진하라는 결단을 내렸다고 한다.

1965년 韓日 국교정상화가 이뤄졌을 때 약 60만 在日동포 중 약 70%가 조총련이었다. 조총련을 포함한 在日동포의 약 90%는 고향이 남한이었다. 이 점에 착안한 정보부는 동포들의 귀소본능을 자극하여 母國방문단을 모집하고 허용했다. 이들은 한국에 와서 가족들을 만나고 산업시설을 방문했다. 북한의 선전과는 너무 다른 약진하는 조국이 거기에 있었다. 이들이 일본으로 돌아가 전해주는 조국 이야기는 조총련 내부를 뒤집었다.

이에 조총련도 北送동포 가족들을 포함한 조총련 가입자들에게 북한 방문을 허용하는 방안으로써 대응했다. 이것이 역작용을 낳았다. 북한에 가서 참상을 본 조총련 동포들이 전해준 이야기가 또다시 조총련을 흔들었다. 이탈자가 속출하기 시작했다. 지금 조총련의 회원수는 在日

동포 전체의 약 10%라고 한다. 朴 대통령의 私感(사감)을 버린 결심과 포용책이 아내를 죽인 세력에 대해서 더 큰 복수를 한 셈이다.

金大中 납치와 文世光 사건의 여파로 韓日 간의 정보협력이 그 뒤 서울올림픽 때까지 어렵게 되었다. 일본 경찰은 한국의 정보부나 안기부 직원들이 對北정보를 전해주려고 해도 청사로 들어오지 못하게 하고 다방에서 만났다고 한다. 한국 측이 제공하는 정보를 소홀히 한 일본 경찰이 북한 정권에 의한 일본인 납치사건에 대해서 늑장 대응한 측면도 있다.

## 정확한 언어감각

朴正熙 대통령은 밑에서 써 올리는 연설문을 수정하여 완전히 자기 것으로 소화한 뒤 말하는 사람이었다. 그가 연설문 초안을 직접 교정한 과정을 알 수 있는 자료들이 많은데 1960년대 중반의 '국방대학원 졸업식 諭示' 원고가 남아 있다. 연설문 작성 비서관이 써 올린 것을 朴 대통령이 수정, 加筆(가필)한 부분을 들여다보면 그의 언어감각이 매우 적확함을 알 수 있다.

朴 대통령은 우선 표현을 최대한 구체화하려고 한다. 연설문 초안에 있는 '軍과 정부의 重鎭要員(중진요원)으로 있는 여러분들은' 이란 대목에서 그는 重鎭要員을 '中堅幹部(중견간부)' 로 바꾼다. 훨씬 그 의미가 구체화된 것이다.

〈초안: "여러분들이 (중략) 진지한 연구를 하게 된 것은, 국가의 건전한 발전을 위해서 매우 뜻깊은 일이라 하겠습니다."〉

朴 대통령은 '뜻깊은' 이란 애매한 표현을 '유익한' 으로 바꾼다. 이 역시 의미가 확실해지면서 구체화된 것이다.

연설문 초안에서 "무엇보다도 국가의 안전을 보장하기 위해서는 '國內的 안전' 이 선행되어야 하겠다"고 한 것을 朴 대통령은 '國內的' 을 '사회적' 으로 바꾼다. 국내적 안전은 국가의 안전과 같은 맥락의 뜻이므로 중복이 되는데, '사회적 안전' 으로 바꿔 놓으니 국가의 내면과 질서를 강조하는 것으로서 그 뜻이 분명해진다.

그는 또 초안의 '모든 국민이 뚜렷한 목표와 보람 속에' 를 '모든 국민이 뚜렷한 목표와 희망 속에' 로 교정한다. '보람' 은 문맥상 어색하지만 '희망' 은 '목표' 를 보강하는 適所(적소)의 낱말이다. 나 같은 전문 편집자도 감탄할 만한 언어감각이다.

朴 대통령은 연설문 초안을 다 읽고는 석 장을 추가했다. 그가 직접 쓴 추가분은 이러했다.

〈오늘날 우리의 현실은 어둡고 절망적인 면이 많이 있는 반면에는, 밝고 희망적이고도 고무적인 면도 많이 있다는 사실을 확실히 알고 용기와 의욕을 가지고 분투해야 할 시기라는 것을 명심해 주기 바랍니다.

친애하는 졸업생 여러분!

오늘 이 자리에서 꼭 여러분들에게 하고 싶은 말이 있습니다. 여러분과 같은 세대에 이 나라 국민으로 태어나서 우리 다같이 평생에 소원이 있다면, 우리들 세대에 우리의 조국을 근대화해서 先進(선진)열강과 같이 잘 사는 나라를 한 번 만들어 보자는 것입니다.

서구라파인들이 그들의 조국을 근대화하기 위해서(문예부흥이고 산업혁명이요 하고: 산업혁명으로부터 20세기 초엽에 이르는 동안) 피 땀 흘려 노력할 때에 우리 조상들은 케케묵은 당파싸움이나 하고 兩班(양반) 자랑하느라고 세월 다 보내고 말았습니다. 또 제2차 세계대전 후 20년 동안 패전의 苦盃(고배)를 마신 패전국가들이 잿더미 속에서 피눈물을 흘려 가며 그들의 조국을 재건해서 오늘날 그들은 전쟁 전보다 더 부강한 나라를 만들었습니다. 그러나 우리는 해방 후 20년 동안 아직도 정신 차리지 못하고 與野 정치싸움만 하다가 또 다시 기회를 놓치고 말았습니다. 앞으로는 어떻게 할 작정인가.

앞으로 5년 내지 10년은 우리 민족에게 주어진 마지막 기회라고 생각해야 합니다. 이 기회를 또 다시 놓친다면 우리에게는 다시는 기회가 없다고 생각해야 합니다. 이번 기회를 또 다시 놓친다면 우리는 영원히 후진국가란 낙인을 벗지 못할 것입니다. 모든 것이 생산과 건설에 집중되어야 하겠습니다. 이 기간 동안은 우리는 모든 것을 참고 이겨 나갈 수 있는 용기와 결심이 필요한 것입니다. 앞으로 여러분들이 맡은 모든 분야에서 이러한 용기와 결심을 가지고 분투해 주실 것을 간곡히 당부합니다〉

朴 대통령은 여기에서 국가의 목표를 '근대화' 라고 규정한 다음 5~10년의 기한內에 생산과 건설에 모든 자원과 인력을 집중하지 않으면 영원히 후진국 신세를 면치 못할 것이라고 경고하고 있다.

朴 대통령은 우리 민족에게 주어진 역사의 기회는 그 시간대가 무한하지 않고 제한적이므로 국력을 집중하여 이 타이밍을 놓치지 않아야 한다고 생각했다.

그런 朴 대통령이 혼신의 기력을 쏟아 한 연설이 1974년 10월 1일 국군의 날 유시이다. 북한 정권이 보낸 암살자에게 아내를 잃은 그로서는 정예국군의 대오를 앞에 둔 이 자리의 의미가 남달랐을 것이다. 그는 한국이 처한 상황을 생존투쟁으로 규정했다.

〈우리 국군의 역사는 건군 초창기부터 공산침략자들과의 투쟁의 기록으로 시작됩니다. 우리는 지금 이 순간에도 그들과 싸우고 있습니다. 우리는 내일도 그들과 투쟁을 계속해야 할 것입니다. 이것은 우리가 살기 위해서, 우리의 생존을 위해서, 또 우리의 후손들을 위해서 목숨을 걸고 싸워야 하며, 일보도 양보할 수 없는 생존투쟁입니다〉

그는 '유신체제는 공산침략자들로부터 우리의 자유를 지키자는 체제'라고 단정했다. 그는 '큰 자유를 지키기 위해서는 작은 자유는 일시적으로 희생할 줄도 알고, 또는 절제할 줄도 아는 슬기를 가져야만 우리는 큰 자유를 빼앗기지 않을 것이다' 고 말했다.

〈우리도 남과 같이 주어진 자유라고 해서 이를 다 누리고 싶고, 또 남이 하는 것은 다 하고 싶고, 그러고도 자유는 자유대로 지키겠다고 한다면, 또 지킬 수 있다고 생각한다면 이는 세상이 어떻게 돌아가는지를 전혀 알지 못하는 환상적인 낭만주의자라고 하지 않을 수 없을 것입니다〉

朴 대통령은 다른 자리에선 "민주주의를 발전시키기 위해서는 국가의 기강이 확립되어야 한다"고 말했다. 그는 또 "나는 자유민주주의를 신봉하지만 북괴가 노리는 국론분열을 막아 더 큰 자유를 누리기 위해서는 우리 실정에 맞는 민주주의를 발전시켜야 한다"고도 했다.

朴 대통령은 또 "민주주의는 어떻게 보면 공자가 말씀하신 中庸(중용) 사상과 상통하는 것이며 전제군주식 억압정치도 나쁘지만 무절제한 자유방임도 옳지 않다고 생각한다"고 말했다. 中庸의 핵심은 온건한 균형감각일 것이다. 朴 대통령은 유교적 교양 위에서 균형감각이 있는 인격

을 쌓아 올린 사람이란 생각이 든다.

文武(문무)를 통합한 균형미를 바탕으로 하여 엄격하면서도 多感(다감)하고 이론과 실천을 겸비하여 사물을 항상 주체적으로, 균형적으로 보려고 한 그는 중간선을 택하는 기회주의자의 균형이 아니라 심사숙고 끝에 대담한 결단을 내린 뒤 우직하게 밀고 가는 隱忍自重型(은인자중형)의 균형감각 소유자였다.

朴 대통령은 한산도의 戍樓(수루)를 둘러보다가 '금연' 이라고 쓴 팻말을 보고는 이렇게 말한 적이 있다.

"수루에 올라 바다를 내려다보고 이순신 장군의 한산대첩을 회상하며 담배 한 대쯤 피우고 싶지 않겠소? 금연보다 오히려 재떨이를 비치해 두도록 하시오."

## 朴正熙의 균형감각 - 小心膽大

1974년 9월 30일은 추석이자 朴 대통령의 57세 생일로 알려진 날이었다. 朴 대통령은 1917년 음력 9월 30일에 태어났는데 양력 9월 30일로 잘못 알려져 이 날이 생일로 치러져 왔었다. 자신과 관계되는 일에 대해서는 결벽증을 보일 정도로 무심했던 朴 대통령은 1976년에 들어와서 생일을 11월 14일로 고쳐 지냈다. 朴 대통령의 청와대 생활은 골프를 즐기는 것만 빼고는 거의 서민생활 수준이었다.

그는 유행에 둔감했다기보다는 아예 무시했다. 양복을 새로 지어 입기를 싫어해 바지의 허리를 늘리는 수선을 자주 했다. 넥타이도 헌 것을 좋아했다. 20여 년 전 결혼 선물로 받았던 시계를 그냥 차고 다니는가

하면 호주머니에 넣고 다니는 성냥갑은 때가 묻어 반질반질했다. 성냥알이 없어지면 큰 통에서 새로 담아 계속 쓴 결과였다. 수영복도 몇 년째 바꾸지 않았다. 복장과 예의범절에 있어서의 보수성은 서민성의 한 표현이었다. 민족사상 가장 큰 근대화 개혁을 한 사람이 복장과 예절에선 보수적이었다는 점이 흥미롭다. 朴 대통령이 어린 시절 존경했던 나폴레옹도 그랬었다고 한다.

朴 대통령은 담백한 한식을 좋아했다. 손님이 없을 때는 칼국수나 물김치냉면, 갈비탕, 곰탕을 즐겼다. 갈비탕이 나오면 고기는 물론이고 갈비뼈까지 손으로 쥐고 뼛속 진액까지 빨아먹었다.

陸 여사가 곁에서 사라진 뒤 朴 대통령은 피아노 대신 단소를 자주 불었다. 1층 집무실에서 2층 내실로 퇴근한 朴 대통령은 일부러 전등을 끈 뒤에 哀調(애조) 띤 가락을 단소로 뱉어 내었다. 당직 근무자들이 듣기에도 민망할 정도로 슬픈 가락이었다고 한다.

1974년 10월 1일 朴 대통령은 제26회 국군의 날 기념식에 참석하면서 딸 槿惠 씨를 데리고 갔다. 아내가 앉던 자리에 딸이 앉게 되었다. 이는 朴 대통령을 둘러싼 권력관계에도 영향을 주는 일이 된다.

다음날은 陸英修 여사 사망 49齊 날이었다. 12시 30분부터 한 시간가량 朴 대통령은 22명의 청와대 출입기자들에게 점심식사를 대접했다. 이 자리에도 槿惠 씨가 참석했다. 朴 대통령은 "국민들로부터 오는 위로편지의 대부분이 서민층이고, 그 가운데 7할이 부녀자들의 편지이다. 편지를 읽노라면 '생전에 이 사람이 이런 일도 했나' 하고 느낄 때도 있다"고 말했다.

10월 9일 朴 대통령은 申稙秀 정보부장과 車智澈 경호실장을 데리고 뉴코리아 골프장에 나갔다. 아내를 잃은 뒤 처음 치는 골프였다.

인간이나 조직이 균형감각을 갖출 때 통합성을 유지할 수 있다. 통합성은 상반된 요소를 한 덩어리로 만들어 융합 에너지를 발생시킨다. 신라는 文武를 균형적으로 통합한 나라였고, 고구려는 武가 너무 강했고, 조선은 文에 치우쳐 나라가 쇠락한 경우이다. 세계제국이었던 로마·몽골·미국은 전쟁은 단호하게(또는 잔인하게), 통치는 너그럽게 했다. 엄격과 관용의 균형과 통합이었다.

인간 朴正熙의 중요한 특성인 균형감각은 그의 일하는 방식에도 반영되었고, 개성을 통해서도 나타났다. 그는 '소심하되 대담한' 면에서도 균형적 통합을 이룬 경우이다. 총탄이 가슴을 관통하여 선혈이 낭자한 상황에서도 "난 괜찮아"라고 말했던 朴 대통령이 사람들 앞에 나설 때는 부끄럼을 탔고 누가 면전에서 칭찬하면 어색한 표정을 짓기도 했다.

소심하고 대담한 그의 성격은, 큰일을 결정하고 방향을 세우는 데는 대담하지만 그것을 집행하는 데 있어서는 세심한 확인으로 나타났다(宋孝彬, 《가까이서 본 朴正熙 대통령》).

朴 대통령은 가뭄 때 진해 猪島로 휴가를 오면 기자들에게 "비가 안 와 마음이 찜찜하고 편치 않다. 꼭 죄지은 사람 같다"고 말하기도 했다. 그날 밤 비가 내리자 기분이 좋아진 朴 대통령은 기자들과 함께 여수종합석유화학단지로 시찰을 떠났다.

朴 대통령은 수행기자들이 탄 버스를 나이가 지긋하고 차분한 운전기사가 운전하도록 하고 "남해고속도로는 2차선이고 비가 온 뒤이니 꼭 서행하라"고 당부까지 하는 것이었다. 朴 대통령은 경호과장을 버스에 동승시켜 서행을 감독하도록 했다고 한다.

朴 대통령은 한민족에게 주어진 역사의 기회는 이번뿐이란 강박감도 느끼고 있었다. 이것이 타이밍을 놓치지 않으려는 신속한 결단과 工期(공기)단축-納期(납기)단축의 개발연대 행동철학으로 확산되어 한강의 기적을 만들었다고 볼 수 있다.

복장과 예절엔 보수적인 사람이 나라를 진보시키고, 한민족 사상 가장 과감한 개방전략을 쓴 사람이 자주국방을 추진한 일은 이상한 것이 아니라 정상일 것이다. 진정한 보수가 진정한 진보를 가져오며, 진실로 개방적인 사람이라야 진정 自主的(자주적)일 수 있다.

1974년 11월 15일 朴正熙 대통령은 오후에 헬리콥터 편으로 포천에 도착하여 3군 산하 5군단의 野外(야외) 기동훈련을 참관했다. 그는 5군단 사령부 근방의 軍野地砂防 현장을 헬기로 공중시찰했다.

朴 대통령은 참관을 마친 후 헬리콥터로 청와대에 도착하여 비서진들에게 소감을 말했다.

"기동훈련을 보고 우리한테 공군력만 충분히 있다면 북괴가 어떤 도발을 해도 걱정이 없겠다는 느낌을 가졌어. 휴전선 땅 밑에서 남쪽으로 땅굴을 파고 있는 모양인데, 우리 군사과학이 그것 하나 못 찾을 줄 아는 모양이지. 땅굴을 파는 것은 러일전쟁 때 여순에서나 있었던 일이지. 너무도 現代戰(현대전)을 모르는 것 같아. 러시아와 일본군도 서로 땅굴 작전을 했는데 그때도 별로 성공하질 못했어.

그것을 과학이 발달된 지금 하고 있으니 한심한 노릇이야. 충분한 힘을 가진 우리 국군에 대해서 그런 옛날에나 있었던 전술을 쓰려고 하는데 통할 턱이 있나. 북괴 하는 짓이 두렵기보다 오히려 가련해 보여. 그러나 우리가 아무리 자신이 있다 하더라도 유비무환, 속전속결의 결의를 늦추어서는 안 되지.

내가 생각하기에 북괴가 중공과 소련의 지원을 받지 않고 단독으로 남침하리라고는 생각 안 해. 그 자들의 마음은 하루가 다르게 변한단 말이야. 그리고 우리는 결코 6·25 전쟁이 끝난 것이 아니라, 아직 휴전 중이라는 것을 국민 모두가 명심해야 될 거야."

朴 대통령은 밤에 이런 일기를 남겼다.

〈오늘 아침 7시경 전방 고량포 부근 DMZ 안에서 북괴가 北으로부터 南으로 지하터널을 뚫어서 중앙분계선 남쪽으로 ㅇㅇ지점까지 나오다가 우리 순찰대에 발각. 현장을 파헤쳐 본 즉 폭 90cm, 높이 120cm의 땅굴을 뚫어서 철근 콘크리트로 벽과 천장을, 틀을 짜서 갱도식으로 조립하면서 굴착해 나오던 것을 발견, 그들이 갱도 굴착을 위해 사용하던 각종 도구를 습득하다. 북괴가 입으로는 평화 운운하면서 기실은 무력남침을 위하여 이처럼 집요하게 수단방법을 가리지 않고 狂的(광적)으로 날뛰는데, 아직도 태평성세에 사는 것처럼 착각하여 국가안보를 위태롭게 하는 일부 인사들의 철없는 행위는 可嘆 可嘆〉

1975년 3월 9일 우리 軍은 철원 북방 휴전선 안에서 또 다시 북한 땅굴을 발견했다. 다음날 일기에서도 朴 대통령은 이런 한탄을 남겼다.

〈이런 판인데도 北의 남침야욕이 없다고 운운하는 이 나라의 일부 정치인들의 그 무책임한 소리가 이러고도 또 있을 것인가. 북한 공산당들은 언제나 민족적인 양심에 되돌아가서 동족끼리 단합해 통일된 조국을 재건하여 만방에 떳떳하게 살아볼 날이 올 것인가.

오, 神이여! 북녘 땅에 도사리고 있는 저 무지막지한 공산당들에게 제정신으로 돌아가도록 일깨워 주시고 깨닫게 하여 주소서〉

# 제40장

## 3面의 敵

朴正熙

## 吳源哲 보고서

비밀 核(핵)개발의 실무 책임자는 중화학공업과 방위산업 건설의 사령탑이었던 吳源哲(오원철) 경제제2수석비서관이었다.

朴正熙 대통령이 추진한 核폭탄 개발은 증언자에 따라 상당히 과장되어 있다. 마치 朴 대통령이 核폭탄을 만들기 직전에 피살된 것처럼 소설을 쓰기도 한다. 이 비밀 核개발에 대한 최초이자 유일한 문서는 〈月刊朝鮮〉이 2년 전에 발굴했던, 吳源哲 당시 대통령 경제제2수석비서관이 작성한 '原子核연료 개발계획'이란 9페이지짜리 보고서다. 이 문서는 核彈(핵탄) 개발의 방향과 전략을 쓴 것인데, 그 뒤의 추진과정과 맞추어 보면 朴 대통령이 이 문서대로 했다는 느낌이 든다. 이 문서는 2급 비밀로 분류되었다가 해제된 것으로서 정부기록보존소에 보관돼 있었다.

吳 수석은 자신이 이 문서를 작성했다는 사실만 인정하고 일체의 설명을 거부했다. 그는 중화학공업 및 방위산업 건설, 그리고 무기개발을 책임졌던 사람으로서 核개발에 있어서도 실무 책임자였다.

이 보고서에서 吳 수석은 플루토늄 核彈을 만들어야 한다고 건의했다. 우라늄 核彈을 만들 경우에는 막대한 자금과 고도의 기술이 든다는 것이었다. 우라늄 농축시설에 대한 투자액은 약 9억 달러, 건설기간은 8년이 들고 이를 가동하는 데는 200만kW가 소요된다.

플루토늄彈의 경우에는 재처리 시설에 3,900만 달러, 건설기간 6년이 소요되고 대규모 電力(전력)이 필요하지 않으며 "약간의 기술도입으로 국내 개발이 가능하다"고 했다. 吳 수석은 재처리 시설에 공급할 사용후 핵연료를 어떻게 얻을 것인가도 검토했다.

그는 캐나다에서 만드는 重水爐(중수로) 원자로를 이용하면 연간 200kg의 플루토늄을 얻을 수 있다고 했다. 플루토늄 생산을 전문으로 하는 연구로를 도입할 경우에는 플루토늄 생산량이 적다는 단점이 있다. 吳 수석은 원자력 발전소를 추가로 지을 때 캐나다 'CANDU형' 중수로를 도입할 것을 건의했다. 그는 1980년대 초에 가면 플루토늄을 뽑아낼 수 있을 것이라고 예측했다.

吳 수석은 결론에서 이렇게 요약했다.

〈▲우리나라의 기술 수준과 재정 능력으로 보아 플루토늄彈을 개발한다.

▲1973년부터 과학기술처(원자력연구소)로 하여금 상공부(한국전력)와 합동으로 核연료 기본기술 개발에 착수한다.

▲1980년대 초에 고순도 플루토늄을 생산한다.

▲해외 한국인 원자력 기술자를 채용하여 인원을 보강한다〉

1972년 5월 崔亨燮(최형섭) 과기처 장관은 프랑스를 방문하여 원자력 기술 협력과 재처리 시설 도입에 관해 논의했다. 1973년 3월엔 프랑스원자력청과 그 산하 재처리 회사인 SGN(Saint Gobin Techniques Nouvelles) 대표단이 한국에 와서 원자력연구소와 구체적인 협의를 진행했다. SGN社는 프랑스 국영회사였는데 파키스탄 등 핵무기 개발을 꾀하는 나라들에 재처리 시설을 수출하여 외교분쟁을 일으킨 적이 있었다.

우리 원자력연구소는 일단 SGN社에 대해서 시험용 재처리 시설의 개념설계를 요청했다. 그해 9월 尹容九(윤용구) 원자력연구소장이 이 회사를 찾아가 정부 간 차관교섭이 매듭지어지는 대로 공장건설 계약을 맺자는 합의를 보았다. 1975년 4월 원자력연구소와 SGN社 사이에 재처리 시설 건설을 위한 기술용역 및 공급계약이 체결되었다.

기자는 지금 某 연구기관에 보관되어 있는 SGN社의 플루토늄 재처리 시설 개념설계도를 볼 수 있었다. 1974년 10월에 만들어진 것이다. 이 설계도에 나타난 재처리 시설은 연간 약 20kg의 플루토늄을 뽑아낸다. 이는 작은 핵폭탄을 네 개 만들 수 있는 양이다. 건설비는 3,900만 달러, 건설기간은 5년.

건물은 약 50m 사방의 높이 27.5m, 공장운영에는 책임자급 기술자 15명과 165명의 기술요원 및 74명의 노동자가 소요된다.

핵폭탄용 플루토늄을 생산하기 위한 재처리 시설 도입건은 崔亨燮 과기처 장관-朱載陽 원자력연구소 副소장-金哲 원자력연구소 대덕분소 공정개발실장을 축으로 하여 추진되었다.

재처리 시설 도입의 실무책임자인 朱 박사는 美 MIT 工大(공대)에서 화공분야를 전공하고 핵연료관계 연구를 했다.

그는 吳源哲 수석이 건의한 해외 인력 유치사업에 따라 1973년 3월에 원자력연구소 특수사업담당 부소장으로 영입되었다. 그가 해야 할 일은 人材(인재)확보였다. 국내에서는 재처리 시설에 관계했던 기술자가 있을 리 없었다. 그는 1973년 5월 23일부터 7월 12일까지 캐나다와 미국을 방문하여 젊은 한국학자들을 이 사업에 끌어들이는 일을 했다.

金哲 박사는 매사추세츠州의 나티크 육군연구소에서 폐기문서 완전 분해과정에 대한 연구를 하고 있다가 朱 박사에게 설득당해 원자력연구소로 온 경우이다. 원자력연구소가 이 특수사업을 위해 해외에서 모셔온 한국 과학자들은 약 20명. 거의가 화공·화학 전공자들이었다.

朱載陽 부소장은 플루토늄 재처리 시설에 들어갈 원료인 사용후 핵연

료를 생산하기 위한 NRX형 연구용 원자로를 도입하는 일도 맡았다. 朴正熙 정부는 캐나다로부터 중수로와 NRX 연구로를 함께 도입한다는 계획을 세웠었다.

朱 박사는 1973년 11월에 대만과 인도를 방문한다. '원자력연구소 20년사' 는 이 출장목적을 'NRX 원자로 도입에 따른 기술문제 협의차' 라고 적고 있다. 이때 대만과 인도는 이 연구로를 가동하여 핵폭탄 제조를 추진하고 있었으므로 그에 관한 정보수집차 간 것으로 보인다. 1974년 3월 드디어 朱 박사는 캐나다를 방문하여 NRX 도입을 논의하고 왔다.

한편 대량의 플루토늄 원료물질을 만들어 내는 중수로형 원자로 도입 계획도 동시에 추진되었다. 吳 수석이 이 방향으로 추진할 것을 朴 대통령에게 건의한 지 두 달 뒤인 1972년 11월 이스라엘人으로서 한국이 외자를 도입할 때 수많은 중개를 해주었던 사울 아이젠버그가 캐나다 원자력공사와 대리인 계약을 맺고 한국전력 측과 접촉하기 시작했다. 1973년 4월 캐나다 원자력공사 사장 존 그레이가 訪韓하여 월성에 세워질 60만kW짜리 원자력발전소 건설사업에 중수로를 팔고 싶다는 뜻을 한국 정부 측에 전했다. 당시 韓電 사장은 閔忠植. 그는 朴 대통령의 뜻을 읽고서 반대를 무릅쓰고 캐나다 측을 主계약자로 선정하기로 하고 밀고 나갔다.

NRX 연구로에 쓸 重水와 천연우라늄을 미국 측에서 얻어올 수는 없으니 캐나다 측에 기대기로 한 것이다. 重水爐에는 중수와 천연 우라늄이 쓰이므로 우리는 미국 측에 의존하지 않고 캐나다를 통해서 NRX 연구로用까지도 도입할 수 있다고 보았다.

朴 대통령이 1972년부터 입체적으로 진행하던 核개발 계획은 1974년

5월에 인도가 라자스탄 사막에서 核실험을 함으로써 제동이 걸리기 시작한다. 인도 核개발의 중심인물인 호미 바바 박사는 인도 재벌들이 제공한 초기 자금과 네루 총리의 전폭적인 지원을 받았다. 그가 핵폭탄용 플루토늄을 뽑아낸 것이 바로 朴 대통령이 도입하려고 했던 캐나다 NRX 연구로였다.

캐나다가 이 연구로를 기술원조의 일환으로 제공했던 것이다. 이 연구로에서 나온 사용후 핵연료봉을 재처리하여 플루토늄을 추출했던 시설은 미국이 비밀을 해제하여 기술이 공개되었던 퓨렉스 방식이었다. 이것도 미국회사의 기술적 도움에 의하여 만들어졌다.

인도가 核실험에 성공하자 미국 등 기존 核보유국들은 핵탄제조에 쓰일 기술과 장비의 수출을 통제하기 시작했다. 미국이 세계에 뻗어 있는 정보망을 동원하여 核개발을 추진하고 있는 나라들을 조사하는 과정에서 한국의 움직임이 포착되었다. 미국은 한국의 국방과학연구소가 '항공공업계획' 이란 위장명칭下에서 地對地(지대지) 미사일 개발에 착수한 사실과 함께 프랑스로부터의 재처리 시설을 도입하려는 움직임과 캐나다와의 수상한 거래를 주시하게 되었다.

1974년 10월 28일, 駐韓 미국대사관은 국무부로 보낸 電文에서 "대사관은 현재 한국의 핵무기 개발 가능성을 분석 중이며, 이것을 바탕으로 地對地 미사일 개발에 대해서도 주시하고 있다"고 보고했다. 미국 측은 한국이 개발에 착수한 地對地 미사일이 핵탄 운반용이라고 판단했다는 이야기이다.

1975년 2월 4일 美 국무부는 백악관의 대통령 안보보좌관 브렌트 스코우그로프트 중장에게 보낸 보고서에서 이렇게 단정한다.

〈한국의 국방과학연구소는 미사일뿐 아니라 핵무기의 생산을 목표로 하고 있다는 것이 우리의 판단이다. 이는 한반도 정세에 대단히 심각한 전략적 문제를 야기시킬 것이다〉

그해 3월 4일 헨리 키신저 국무장관은 서울·오타와·파리·도쿄·빈 주재 미국대사관으로 긴급발송한 電文에서 이렇게 말했다.

〈워싱턴의 정보기관들은 한국이 향후 10년 안에 제한된 범위의 핵무기 개발에 성공할 것이라는 판단을 내렸다. 한국의 핵무기 보유는 일본·소련·중국, 그리고 미국까지 직접 관련되는 이 지역의 가장 큰 불안정 요인이 될 것이다. 이는 분쟁이 생길 경우 소련과 중국이 북한에 대해 核무기를 지원토록 만들 것이다. 韓美동맹에도 큰 영향을 끼칠 것이다. 이 개발계획은 미국의 對韓 안보공약에 대해서 한국 측의 신뢰가 약화되었다는 것을 의미하며, 朴 대통령은 對美 군사의존도를 줄이려 하고 있다.

이 문제에서 우리의 근본적 목표는 한국 정부로 하여금 그 계획을 포기하도록 하거나, 핵무기 또는 그 운반능력을 갖지 못하도록 하는 것이다. 이런 노력은 多者間(다자간) 협력을 통해서 이뤄져야 한다. 우리는 최근 프랑스에 대해 한국에 재처리 시설을 제공할 것인지의 여부를 묻고 있는 상태이다. 가까운 시일內에 한국에 대해서 우리는 분명한 정책을 수립할 계획이다〉

1974년 8·15 사건으로 아내를 잃은 朴 대통령에게 찾아온 것은 국민들의 위로이기도 했지만 야당과 지식인층이 주도한 유신체제에 대한 최초의 본격적인 도전이었다. 朴 대통령이 이 시기 어디에 신경을 가장 많이 쓰고 있었는지를 대통령 면담일지로 분석해 보면 의외로 국내정치에 대한 관심이 크지 않았음을 알 수 있다.

金正濂(김정렴) 비서실장은 "朴 대통령이 1970년대에 가장 많은 시간을 보낸 것은 안보(국방 외교)부문이었다. 다음이 경제, 마지막이 국내 정치였다"고 말했다.

대통령 면담일지에 나타난 시간배분도 金 前 실장의 증언과 거의 일치한다.

면담일지를 보면 이 무렵 朴 대통령이 느긋하게 시간을 관리하고 있었다는 것을 알 수 있다. 밀려오는 파도처럼 끊임없이 여러 형태의 국가적 위기가 닥쳐오는 데도 그 한복판의 사령탑에 앉아 있었던 朴 대통령의 시간관리는 여유가 있었다. 허둥댄다는 느낌이 전혀 들지 않는 한가로운 분위기까지 느껴진다.

이는 朴 대통령의 경이로운 조직관리 행태 덕분이다. 그는 有備無患(유비무환)이란 말을 자신에게도 적용하여 어떤 사건·사고가 일어나도 대비할 수 있는 체제를 평소에 유지하고 있었다. 지휘관으로서 절대로 허용해서는 안 되는 일이 기습을 당하는 것이란 생각에 철저했다. 그는 또 아랫사람들에게 권한을 크게 위임해 놓았고 국가의 조직을 유기적·효율적으로 관리하고 있었다. 문제가 생겼을 때 자동적인 대응이 되도록 시스템을 짜놓았기 때문에 당황할 필요가 없었던 것이다.

한국 사회가 가장 바쁘게 굴러갈 때 정작 대통령이 한가했다는 것은 그가 시간에 지배당하는 사람이 아니라 시간을 지배할 수 있었다는 것을 뜻한다.

1974년 10월 1일부터 15일까지 보름간 朴 대통령의 면담일지를 분석해 보니 재미있는 현상이 발견되었다. 면담자 수가 1960년대의 1일 평균보다 절반 이하로 줄었다. 이 기간에 朴 대통령이 가장 자주 만난 사람은 申稙秀(신직수) 중앙정보부장이었다.

朴 대통령은 보름 사이 정보부장을 11회에 걸쳐 16시간 52분간을 만났다. 국회의원을 만난 횟수는 6회에 3시간 30분이었다. 朴 대통령의 '정치 輕視(경시)·정보부 重視(중시)' 자세를 잘 보여주는 것이다. 이는 '대화 輕視·정보공작 重視(중시)'의 정치행태이다. 당시 정보부는 對北 기능과 함께 학생 동향과 야당공작 등 시국대책에 주력하고 있었다.

정보부를 앞세운 朴 대통령의 국내통치는 국회를 중심으로 한 與野대화를 형해화하고 있었다. 정보부의 對野공작은 논리적 설득이 아닌 협박과 회유의 성격을 띨 수밖에 없었다. 이것은 金泳三·金大中의 선명투쟁파에 대한 탄압과 중도온건파에 대한 회유로 나타났다. 정보부의 정치 개입은 야당을 이간질시키는 데는 성공했으나 강경파를 거리로 내몰아 在野세력과 손잡도록 했고, 야당의 온건파를 어용화시킴으로써 與野대치를 더욱 살벌하게 만들었다.

1974년 가을에 朴 대통령이 중점적으로 챙기고 있었던 國政은 대략 이런 항목들이었다.

〈1. 북한이 판 땅굴에 대한 대책수립

2. 한국군 현대화 계획인 율곡사업

3. 핵무기 개발을 위한 재처리 시설 도입 및 유도탄 개발사업

4. 중화학공업 및 방위산업 건설

5. 석유쇼크 후유증을 앓고 있던 경제의 회복과 수출진흥책

6. 中東 건설시장 진출 지원책

7. 새마을운동의 전국적인 확산

8. 악화되는 월남정세 점검 및 새로 등장한 미국 포드 행정부 대책

9. 공무원 기강잡기

10. 야당과 언론 및 在野운동 대책〉

이들 가운데 朴 대통령은 경제문제에 대해서는 상공부 장관 및 재무장관을 역임했던 金正濂 비서실장에게 권한을 크게 위임했다. 金 실장은 경제기획원 장관을 중심으로 한 경제팀을 사실상 조정했다. 그는 뒤에서 조용히 일했기 때문에 오히려 실력자로서의 영향력을 충분히 발휘할 수 있었다. 朴 대통령은 金 실장에게 경제를 거의 전담시키다시피 해 놓고 자신은 국방·외교 등 안보에 집중했다.

일반 행정은 金鍾泌 국무총리에게 맡겼다. 李厚洛 정보부장이 물러난 1973년 12월부터 약 2년간 金鍾泌 국무총리는 역대 어느 총리보다도 강력한 권한을 행사했다. 金 총리는 申 정보부장과도 관계가 좋았다.

이 시기 핵심적은 역할을 한 또 한 사람은 吳源哲 경제제2수석비서관이다. 중화학공업 및 방위산업 건설, 그리고 무기 개발 및 도입 사업이기도 한 율곡사업을 책임졌던 그는 朴 대통령의 전폭적인 지원 속에서 金 실장과 호흡을 잘 맞추었다.

## 47세 金泳三 총재의 등장

1972년 10월 17일부터 1979년 10월 26일까지 계속된 朴正熙 대통령 下의 유신통치기에 언론이 권력에 굴종하여 침묵했다고 단정하는 사람들이 많다. 당시의 신문철을 읽어 보면 이런 주장이 얼마나 사실과 동떨어진 것인지 알 수 있다.

이 시기 언론과 야당은 권력에 대한 비판과 견제를 중단하지 않았다. 학생들과 종교계(특히 천주교·신교)가 對정권 투쟁을 했던 것 이상으로 기자들은 직무의 범위 안에서 최선을 다했다. 이는 기자들의 용기에서 비롯된 것이기도 하지만 자유 언론의 생리이자 선비의 바른말하기 전통이 강한 한국적 풍토의 발로이기도 했다.

유신시대 언론의 정권비판은 야당의 투쟁 강도와 정비례했다. 야당이 정부비판에 앞장서면 언론은 반 보쯤 뒤에서 따라갔다. 야당은 치열하고 적나라한 黨內투쟁으로 국민들을 실망시키기도 했으나 全黨대회 같은 큰 집회에서는 대의원들이 놀라운 大義를 보여 주기도 했다.

그들은 계보나 금전적 유혹을 초월하여 일반 국민들의 여망을 따르는 역사적 선택을 했다. 그 예가 1974년 8월 22일 신민당 전당대회에서 조직력과 금력이 가장 약한 47세의 金泳三 씨를 총재로 뽑은 사건이다. 이 선택은 그 뒤 약 10개월간 계속된, 朴 정권에 대한 민주화 세력의 거센 도전기를 연 단초가 되었다.

1974년 8월 23일자 거의 모든 신문은 이 사건을 1면 머리기사로 크게 보도했다. 〈朝鮮日報〉는 1면 해설기사를 통해서 金泳三 총재의 등장은 '표로 표현된 야당성 회복'이라고 분석했다. 〈조선일보〉뿐 아니라 〈동아일보〉 등 주요 신문의 논조는 강경투쟁노선을 내건 金泳三 총재의 등장을 반기는 내용이었다.

〈동아일보〉 8월 24일자 '횡설수설' 난은 金泳三 총재를 이렇게 평했다.

〈그는 능변으로써 만인의 심금을 흔들게 했던 것도 아니요, 권력과 술수가 있었던 것도 아니요, 금전과 권력이 있었던 것도 아니다. 그가 불퇴전의 기개로써 그의 궤도를 그대로 밀고 나갈 경우 그의 앞날에는 오

직 큰 희망과 大成만이 남아 있다는 것을 믿어 의심치 않으련다〉

신문이 이런 찬사를 여당의 권력자에게 보냈더라면 그 기자와 신문은 독자들의 비판으로 견디지 못했을 것이다. 민심의 물줄기는 다른 흐름을 만들고 있었다. 〈조선일보〉 1면 해설기사의 일부.

〈金泳三 씨의 당선 확정은 신민당 대의원들이 系譜(계보)를 초월하여 그들이 평소 품고 있던 野黨性(야당성) 회복이라는 열망을 票(표)로써 표현한 결과라고 볼 수 있겠다〉

〈朝鮮日報〉는 8월 23일자의 한 면을 다 내어 金泳三 총재를 탄생시킨 신민당 전당대회를 소개했다. 야당內의 무질서와 담합과 민주주의의 현장을 실감나게 보여 주는 기사이다.

〈제1야당 신민당의 전당대회가 열리는 明洞(명동) 한복판의 예술극장 부근은 대회시작 한 시간 전인 아침 8시부터 붐비기 시작했다.

냉방시설이 되어 있지 않은 식장 안은 대회의 熱氣(열기)와 후보의 角逐戰(각축전)으로 찌는 듯이 더웠고 1층과 2층에 지역별로 자리를 잡아 앉은 代議員(대의원)은 웃옷을 벗은 채 中央黨(중앙당)에서 나눠 준 부채로 열심히 더위를 쫓고 있었다.

오전 11시 25분 黨首(당수) 선출 안건이 상정되자 대회 분위기는 최고조에 달했다. 전당대회 의장의 의안 상정이 선포되자 웃옷까지 벗고 나선 金應柱 대의원과 朴永祿 의원이 壇上(단상)으로 올라가 발언권을 요구했고 좌석에서는 "발언을 주라", "주지 말라"는 고함이 함께 나왔다.

의장의 "黨首 선출은 黨憲에 따라 발언 없이 無記名투표로 들어간다"는 선언과 함께 壇上에는 투표함과 記票所(기표소)가 차려지고 투표요령과 유·무효 판정기준 등이 설명되었다.

투표는 金義澤 당수권한대행, 權仲敦 前 전당대회 의장을 비롯, 총재단, 지도위원, 정무의원, 국회의원, 지구당 의원장 순으로 진행되었다. 壇上 오른쪽과 왼쪽에 마련된 등록소에서 대의원증과 주민증을 제시한 뒤 투표용지를 교부받아 했다.

호명되는 대의원 중에는 金大中 씨의 이름도 들어 있었으며, 安養 교도소에서 복역 중인 趙尹衡·金相賢·趙淵夏·金漢洙·李鍾南 씨 등의 이름은 빠르게 불려 지나갔다. 투표하는 대의원 중에는 政界 일선에서 물러나 있는 李相喆 고문과 10월 유신 후 政治에서 손을 뗀 朴鍾律 씨의 얼굴도 보였다. 투표가 진행되는 동안 후보들은 사방을 살피면서 분위기 파악에 분망했고, 그들의 조직 참모들은 투표하기 위해 단상으로 나가는 대의원들을 붙들고 귀엣말을 주고 받는 등 최후의 호소를 하는 모습이 군데군데 보였다.

낮 12시가 되자 미리 배부된 대의원들의 식권이 빵과 우유를 넣은 점심식사 봉지와 교환됐으며 회의장은 후보들의 초조감, 담배연기, 빵 봉투 뜯는 소음 등으로 사막에서의 전쟁을 방불하는 더위가 짓눌렀다.

오후 1시에 呼名(호명)이 끝나자 곧이어 투표 종료가 선언되고 개표가 선언됐다. 투표자 729명, 투표용지 교부 729장이라는 대조 결과가 발표되고 후보 이름 밑에 붓두껍으로 기표된 투표용지가 개표 책상에 쏟아졌다. 보도진들과 개표 종사원들로 40여 평의 壇上은 완전히 메워졌다. 투표용지를 점검한 결과 투표자보다 2장이 많아 관계자들을 긴장케 했으나 사무착오임이 곧 밝혀졌다.

개표가 진행되는 동안 후보들은 초조한 빛으로 신문을 보거나 대회장을 거닐었다. 후보참모들은 개표의 중간중간 결과를 후보들에게 보고하여 혼잡을 빚기도 했다. 투표용지 중에는 白紙(백지) 투표와 '金大中' 이라고 쓰인 것도 있다는 얘기가 들려왔다. 개표가 반 이상 진행되자 金泳三 씨의 우세가 드러나기 시작했고, 기쁨에 넘친 金 후보 지지자들은 壇上과 壇下에서 손으로 V字와 동그라미 표시를 지으며 승리를 기뻐했다.

그와 동시에 각 후보참모들은 2차 決選(결선) 투표준비를 위해 이곳저곳에서 협상을 벌이기 시작했다. 傳統野黨(전통야당)의 새 旗手(기수)를 정하는 幕後(막후)의 密談(밀담)이 펼쳐진 것이다.

오후 2시 25분 1차 투표결과가 발표되자 회의는 停會(정회)된 가운데 각 후보 간의 제휴협상이 본격화했다. 金泳三 씨는 高興門 부총재와 같이 기자석 부근에 와 귀엣말을 주고 받았다. 이때 주고 받은 얘기는 3일 전에 있었던 합의사항을 확인하기 위한 것이었다.

1차 투표가 진행되는 과정에서 鄭海永 씨와 자리를 같이한 金泳三 씨는 鄭 씨가 안 주머니에서 제휴에 관한 서류를 내놓으면서 제휴문제를 거론했으나 金 씨는 "우리끼리 잘해 보자"면서 구체적인 얘기를 하지 않았다. 金 씨는 이때만 해도 鄭 씨의 표가 별로 많지 않을 것이라는 예상 아래 이 같은 태도를 취한 것 같다.

1차 투표가 끝나자 辛道煥 사무총장과 李敏雨 원내총무는 鄭海永 씨와 小道具室(소도구실)에서 만나 제휴를 요청했으나 鄭 씨는 "일단 2차 투표에 임하겠다"고 거절했다.

1차 투표 결과를 보고 李哲承 씨는 겉보기에 담담한 표정이었지만 李 씨의 측근들은 '鄭一亨 씨의 金泳三 씨 지지 선언으로 뒤집혔다' 고 화를 냈고, 宋元英 의원은 "鄭 씨 선언이 대세에 영향이 없었다"고 말하기도 했다. 李 씨는 곧 참모 모임을 열어 金義澤 씨를 지지하기로 결정했다.

오후 3시 회의는 막후협상에서 사퇴를 결정한 高興門 씨와 李哲承 씨의 신상발언으로 속개됐다. 高 씨와 李 씨는 각각 金泳三, 金義澤 후보를 지지한다고 선언하여 대의원들로부터 우레 같은 박수를 받았다. 신상발언을 끝낸 高 씨는 金 씨와 두 손을 움켜잡고 높이 들었고, 李哲承 씨도 金義澤 씨와 마찬가지의 포즈를 취해 敗者(패자)의 쓰라림을 딛고 깨끗하게 협조하는 아름다운 모습을 보였다. 투표는 1차와 같은 방식으로 진행돼 오후 4시 30분에 끝났다.

2차 투표의 집계가 계속되고 金泳三 후보가 當選圈(당선권)엔 미달되는 優勢(우세)로 나타나자 회의장엔 이상한 분위기가 감돌기 시작했다. 黨憲에 따라 응당 뒤따를 3차의 決選 투표가 있는 대신 회의를 다음날인 23일로 연기하려는 세력이 머리를 들기 시작한 것이다.

회의가 하룻밤 연기되면 資金(자금) 등 여러 면에서 열세인 金泳三 후보가 불리하리라는 것은 대부분 사람들의 일치된 견해였다. "역사를 밤에 이루어 보자"는 책략이 꼬리를 보이기 시작한 것이다.

李忠煥 대회의장이 2차 투표 결과를 선포하자 金 후보 지지자들의 함성이 터졌다.

그러나 그것도 잠깐. 李 의장이 "최다득점자인 金泳三 후보와 차점자인 金義澤 후보를 놓고 決選 투표를 하겠다"고 선포하자 폭력배가 춤을 추기 시작했다. 평소 辛道煥 사무총장을 따른 것으로 알려진 崔모, 金모 등 청년당원들이 壇上으로 뛰어올랐다.

이들은 李 의장과 盧承煥 부의장에게 욕지거리를 퍼부으면서 주먹 세례를 할 듯한 협박적 자세를 취했다. 일부는 사회석을 발로 차고 의자를 뒤엎었다. 연기하자는 것은, 점심에 빵 한 조각 먹어 배가 고프다는 것이 이유였다. 이때가 오후 5시 25분. 暴力(폭력) 등쌀에 밀려 李 의장도 壇下로 내려와 버렸다.

이와 때를 맞추어 예술극장장 金會九 씨가 辛道煥 사무총장을 찾아와 장소를 비워 달라고 요구했다. 저녁 스케줄이 있다는 것이었다. 그러나 金泳三 후보계의 黃洛周 의원이 극장 사무처에 가서 확인해 보니 저녁 스케줄은 하나도 없더라는 것이었다.

辛 총장이 대의원들에게 "장소를 내달라는 요청이 있다"고 마이크로 말하다가 야유만 받았다. 어떤 대의원은 "스케줄도 없는 것을 있다고 하는 극장 측과 金義澤, 辛道煥 씨의 손발이 어떻게 그렇게 잘 맞아 돌아가는지 모르겠다"고 알 듯 모를 듯한 표정을 짓기도 했다. 폭력사태로 회의가 중단되자 대의원석에서 "빨리 속개하라"는 요구가 터져 나왔고 "내일 하자"는 요청도 간간이 들렸다.

오후 6시 10분, 李 대회의장이 속개를 선언한 뒤 "조금 전과 같은 사태는 일어나선 안 된다. 내게 物理的(물리적) 작용이 있었다고 해서 방망이 친 것을 철회하지 않는다"면서 決選 투표에 들어간 두 후보가 협상을 하라고 제의했다. 이에 따라 金泳三 씨는 金義澤 씨 자리로 찾아가 "표 결과에 승복하기로 서약하지 않았느냐, 이것은 누구 당수 못 되게 하는 장난이 아니냐"면서 결선 투표에 임해 줄 것을 요청했다. 이에 대해 金義澤씨는 "내일 해도 표 변동은 없는 것이 아니냐, 지금 장내가 소란하니 내일 하자"고 맞섰다.

이같은 대화가 끝난 뒤 金泳三 씨는 李 대회의장에게 올라가 눈물을 머금고 내일 대회를 감수할 테니 신상발언을 할 기회를 달라고 얘기했다. 壇下에서 이 기미를 본 高興門·李重載 씨는 "무슨 얘기냐, 오늘 해야 된다"면서 黃洛周·文富植 의원에게 신상발언을 못 하도록 말리라고 했다.

高 씨는 "내일 하면 다 틀리는 것"이라면서 "밤을 대회장에서 보내는 한이 있더라도 오늘 결선 투표를 해야 한다"면서 黃洛周 의원의 등을 壇上으로 밀어 黃 의원이 金泳三 씨의 신상발언을 못 하게 막았다. 兩派의 팽팽한 대결로 시간만 끈 채 결선 투표에 들어가지 못하자 金 씨는 黃 의원과 崔炯佑 의원과 숙의 끝에 신상발언을 하기로 결심했다.

장내를 진동하는 박수가 터졌다.

그가 "나 金泳三이는 죽어도 신민당은 죽을 수 없다는 결심으로 눈물을 머금고 대회 연기에 합의했다"고 외쳤을 때, 특히 많은 박수가 나왔다. 그의 말은 차라리 절규와 울음이었다.

이무렵 장내 분위기는 완전히 기울어 연기를 책동했던 세력은 그 분위기에 짓눌려 버린 듯했다. 金 후보의 발언이 계속되는 동안 金義澤 씨의 후보 사퇴 소문이 갑자기 장내에 퍼졌다. 辛道煥·柳致松 의원과 申東準 前 유진산 총재 비서실장이 막후에서 숙의를 한 뒤 申실장이 대의원석에 앉아 있는 金義澤 씨에게 급히 뛰어간뒤 사퇴 이야기가 나돌기 시작했다. 金 후보가 이들의 강력한 권유를 받아들였다는 것이다. 대의원들과 보도기관은 이 놀라운 소문 확인을 위해 동분서주했다.

金義澤 씨가 신상발언에 나섰다. 대의원들은 정말 사퇴 표시가 나올 것인지 가득한 의문을 가지고 그의 말을 경청했다. 약 10분간 계속된 金 후보의 말은 "黨職(당직)에 연연하지 않는다"는 말과 "소요가 본의가 아니었다" 는 해명이었다. 말미에 가서 본론이 나왔다. "나는 次點者(차점

자) 자격을 포기한다. 이것으로 대회가 끝난 것은 아니라고 본다. 내일 대회에서 이에 따른 의사 절차를 밟아 달라"고 말했다.

金泳三 후보 지지자들은 당선 선포만을 남긴 金 씨를 둘러싸고 대회장을 떠났다〉

## 〈동아일보〉 기자들의 궐기

1974년 10월 19일 李源京 문공부 장관은 중앙일간지와 방송국의 편집 및 보도국장들에게 '학원문제(대학생들의 시위), 연탄문제(연탄이 귀하고 질이 떨어져 발생하는 불만사태), 월남사태(월남에서 발생하는 反정부 시위 등)에 대해서는 기사화하지 않도록 해달라'고 요청했다. 정보부도 같은 지시성 부탁을 했다. 학생시위는 1단 기사로도 실리지 못하게 되었다.

1974년 10월 5일 한국기자협회 운영위원회는 내무부 대변인으로 轉職(전직)한다는 소문이 돌았던 기자협회장 金仁洙 씨에 대한 징계문제를 논의한 끝에 사과를 받고 사표를 수리하기로 했다. 10월 19일 기자협회는 〈동아일보〉 문화부 金炳翼 기자를 제12대 회장에 선출했다. 기자협회장이 官界(관"계)로 진출한다는 소문 자체가 징계사유가 될 정도로 당시의 기자사회는 反정부적이었다. 이 사건은 기자들의 언론자유투쟁으로 확대되는 한 계기가 된다.

10월 24일 한국언론사와 민주투쟁사에서 중요한 사건이 〈동아일보〉에서 일어났다. 〈동아일보〉 기자 180여 명은 한국기자협회 동아일보 분회 주최로 편집국에서 '자유언론실천선언' 집회를 갖고 선언문을 채택했다. 역사적 문건이므로 全文(전문)을 소개한다.

〈우리는 오늘날 우리 사회가 처한 未曾有(미증유)의 難局(난국)을 극복할 수 있는 길이 언론의 자유로운 활동에 있음을 선언한다. 민주사회를 유지하고 自由國家(자유국가)를 발전시키기 위한 기본적인 사회기능인 自由言論(자유언론)은 어떠한 구실로도 抑壓(억압)할 수 없으며 어느 누구도 간섭할 수 없는 것임을 宣言(선언)한다. 우리는 敎會(교회)와 大學(대학) 등 언론계 밖에서 언론의 自由回復(자기회복)이 주장되고 언론인의 覺醒(각성)이 촉구되고 있는 현실에 대하여 뼈아픈 부끄러움을 느낀다.

본질적으로 언론자유는 바로 우리 언론종사자들 자신의 實踐(실천)과 제일 뿐 當局(당국)에서 許容(허용)받거나 國民大衆이 찾아다 주는 것이 아니다. 따라서 우리는 자유언론에 逆行(역행)하는 어떤 壓力(압력)에도 굴하지 않고 自由民主社會存立의 基本要件인 自由言論實踐에 모든 노력을 다할 것을 선언하며 우리의 뜨거운 심장을 모아 다음과 같이 決議(결의)한다.

1. 新聞·放送·雜誌에 대한 어떠한 외부간섭도 우리의 一致된 團結(단결)로 강력히 排除(배제)한다.

2. 機關員의 出入을 엄격히 拒否(거부)한다.

3. 言論人의 不法連行(불법연행)을 一切 拒否(거부)한다. 만약 어떠한 명목으로라도 不法連行을 자행하는 경우 그가 歸社(귀사)할 때까지 퇴근하지 않기로 한다.

1974年 10月24日東亞日報社 記者一同〉

그 전날인 10월 23일 동아일보 宋建鎬 편집국장과 방송뉴스부 부장대우 朴重吉 씨가 정보부에 연행되었다. 이 날짜 〈동아일보〉 사회면에 실린 '서울농대생 300명 데모'란 제목의 1단짜리 기사 때문이었다. 이 기사는 제2판 신문에서부터는 빠졌다. 〈동아일보〉 기자들은 편집국에서 농성에 들어갔고 연행되었던 두 사람은 밤늦게 돌아왔다. 그 다음날 아침에 역사적인 自由言論實踐宣言이 있었던 것이다. 당시 정보부는 학생들 시위 기사를 일절 보도하지 못하게 하고 있을 때였다.

〈동아일보〉 기자들의 이 선언 직후 전국적으로 자유언론수호선언이 잇따랐다. 일주일 사이에 전국의 27개 언론사 기자들과 4개 記協(기협) 지부가 이 선언에 동참했다. 기자협회가 이런 확산의 매개체 역할을 했다. 기자협회는 10월 26일 긴급 분회장 회의를 열고 언론자유수호특별대책위원회를 두기로 했다.

기자가 몸담고 있던 부산의 국제신보 기협분회도 10월 25일 오전 결의문을 채택했다.

〈1. 우리는 그동안 알릴 權利(권리)와 의무를 다하지 못했던 점을 통감하고 진실한 보도로써 言論人의 사명을 다할 것을 다짐한다.

2. 우리는 言論人이 連行되고 있는 최근의 사태를 중시하고 즉각적인 시정을 요구한다.

3. 우리는 사실을 보도한 이유 때문에 人權(인권)을 침해당한 동료에게 성원을 보내며 외부로부터의 어떠한 編輯(편집) 간섭도 배격할 것을 결의한다〉

기자들은 선언으로 끝내지 않고 행동으로 들어갔다. 〈동아일보〉 기자들은 자신들이 채택한 결의문을 신문에 게재해 줄 것을 회사 측에 요구했으나 거부당하자 제작거부에 들어가 10월 24일자 신문을 발행하지 못했다. 회사 측에서 기사게재를 허용함으로써 25일 오전에 24일자 신문이 배달되었다. 〈한국일보〉에서도 기자들이 결의문을 싣기 위해 3일간 윤전기를 점거하고 철야농성했다.

〈한국일보〉 10월 22일자 신문에 실린 월남사태 관련 기사 때문에 張康在 사장, 金庚煥 편집국장, 李祥雨 편집부장이 정보부에 연행되어 조사를 받았다. 이날 정보부 요원 두 명이 편집국장실로 찾아와 金 국장을 임의동행 형식으로 데리고 갔다.

국장의 歸社를 기다리던 기자들은 연행사실과 기자들의 결의문을 기사화해야 한다면서 농성에 들어갔다. 이날 돌아온 金 국장이 "나는 고생이 없었으나 여러분들이 고생이 많았다"면서 집으로 돌아가도록 설득했으나 기자들은 말을 듣지 않고 계속해서 기사화를 요구했다.

10월 24일엔 기자들이 윤전기 앞에서 농성하면서 기사를 싣지 않으면 신문 인쇄를 못 하게 하겠다고 버티었다. 인쇄팀에서 윤전기를 돌리면 지키고 있던 기자들이 인쇄 중지 버튼을 눌렀다.

25일 새벽에 〈한국일보〉 경영층이 기사 게재를 결심하여 농성이 풀렸다. 이날 이화女大와 연세大 치과대학에서 反정부 시위가 있었다. 〈한국일보〉는 이 시위를 기사화하지 않았다. 사회부 기자들과 대책위원회가 편집국장에게 항의하여 5판부터 기사가 실렸다.

이런 식으로 反정부적 기사를 1단이나마 지면에 확보하려는 언론 내부의 싸움이 전국적으로 번졌다. 이런 줄다리기는, 정부의 압력을 직접 받는 편집국장과 경영층을 상대로 기자들이 항의하는 모습으로 전개되었기 때문에 정권과의 투쟁 이전에 社內(사내)갈등으로 악화되는 경우가 많았다. 이런 움직임이 신속하게 전국 언론기관으로 확산되는 데는 기자협회와 기자협회보(주간)의 역할이 컸다.

1974년 11월 8일자 기자협회보는 '우리의 주장'이란 난에서 이렇게 주장했다.

〈3,000 기자들이 공감을 갖는다는 사실만으로도 우리는 얼마나 강력한가. '1단의 벽'을 깨는 것이 왜 어려운가. 우리의 이성이 조금씩은 마비되어 있기 때문이다. 사진이 들어가야 할 기사, 큰 단수로 취급되어야 할 기사가 他意(타의)에 의해서 우표딱지처럼 한구석에 처박혀 있다. 마치 紙面(지면)이 일그러진 얼굴을 하고 있는 느낌이다. 그것이 오늘 우리의 自畵像(자화상)이다. 일그러진 얼굴을 펴게 하는 것, 그것이 문제이다〉

일선 기자들이 시작한 언론자유운동은 反정부적 목표를 내세운 것이 아니라 언론의 正道(정도), 민주주의의 원칙을 내세운 것이었기 때문에 좀더 넓은 지원을 받을 수 있었다. 민주사회에서 너무나 당연한 주장이었으므로 이를 막으려는 朴 정권의 시도는 논리가 서지 않았다.

당시 정보부가 언론사에 대해서 압력을 행사할 때도 결국은 부탁성이 될 수밖에 없었던 것은 자신들의 언론감시가 법적인 뒷받침도 없고 민주주의의 원칙에 어긋난다는 것을 잘 알고 있었기 때문이다. 그들이 동원할 수 있는 논리는 '남북분단 상황에서 이런 보도는 안보에 危害(위해)가 된다'는 정도였다.

한국기독교교회협의회와 가톨릭 주교회의, 그리고 신부들과 수녀들도 기자들의 언론자유투쟁을 지지하고 나섰다. 金泳三 총재가 취임한 이후 투쟁성을 회복한 신민당도 국회에서 朴 정권의 언론규제를 猛攻(맹공)했다.

1974년 후반기의 反정부 투쟁은 언론, 특히 신문기자들이 앞장서고 야당·학생·기독교(신·구교)가 뒤를 따르는 형국으로 넓은 前線(전선)을 형성했다. 이 운동은 곧 '유신헌법 철폐' 쪽으로 가닥을 잡았다.

오늘의 관점에서 31년 전의 이 상황을 돌이켜 보면 朴 정권이나 기자들이나 한국의 진로를 놓고 진지하고도 근원적인 고민과 대결을 했다는 생각이 든다. 다만 방법이 달랐을 뿐이다.

불과 수개월 전에 북한 정권이 파견한 암살자가 대통령의 부인을 살해하는 한국에서, 또 對南 무력적화 노선을 추구하는 북한 정권을 지척에 두고 안보를 유지하면서, 석유쇼크 이후에 어려워진 경제를 발전시켜야 했던 朴正熙 정권이 과연 어느 정도의 언론의 자유를 허용할 수 있었겠는가. 당시의 국민과 언론 수준에 비추어 이 자유는 충분했던가 부족했던가?

기자들과 야당·학생·종교계의 도전은 1972년 10월 17일의 비상계엄에 의한 유신 조치 이후 2년 만에 처음으로 일어난 전국적 규모의 저항운동이었다. 광복 이후 언론자유가 가장 크게 억제되었던 시기는 1961~1963년의 군사혁명 정부 시절, 1972~1974년, 그리고 1975년 월남 패망 후 긴급조치 9호가 공포된 이후 1979년 10월 26일 朴 대통령이 피살되기까지이다.

여기에다가 제5공화국 시절을 보탠다면 1980년 5월 親군부 집권 이후 1985년 2·12 총선까지가 된다. 한국 현대사 60년 가운데 15년 정도가 언론자유의 큰 침해가 있었던 시기인 셈이다. 이 기간 중에도 정권적 차원의 비판을 못 했을 뿐이지 정책적·행정적 비판은 허용되었다. 이 시기조차도 '언론자유의 암흑기'라고 표현하면 과하다는 느낌이 든다.

朝鮮朝(조선조)의 전제정치 전통밖에 없는 나라에서 처음으로 민주주의를 시작했고, 그것도 북한 정권의 위협이 항상 존재하던 시기에 이 정도의 언론통제밖에 없었다고 한다면 어떤 국제적 비교 기준을 적용하더라도 한국의 언론은 결코 낮은 점수를 받지는 않을 것이다(한국의 언론 발전을 평가하는 가장 유효한 기준은 똑같은 역사적 조건에서 출발했던 북한과 비교하는 것일지도 모른다).

우리는 '한강의 기적' 이란 말로써 경제 발전만 높게 평가한다. 경제 발전은 정치 발전, 언론 발전 없이 홀로 발전할 수 있는 것이 아니다. 언론의 발전도 한강의 기적에 못지않은 발전을 했다고 평가될 날이 올 것이다.

한국의 언론의 자유가 확대되어 간 이유 몇 가지를 꼽아 본다.

첫째, 朝鮮朝의 정치풍토가 선비 양반층의 활발한 言路(언로)를 보장했다. 말과 글로 무장한 지식인들이 정권을 잡았고, 在野(재야) 지식인인 士林(사림)의 영향력이 강대했던 조선조에선 활발한 언론활동이 항상 이어졌다. 조선조의 선비 전통을 이어받은 한국의 기자들은 아주 높은 영향력과 사회적 평가를 유지할 수 있었다.

둘째, 李承晩 대통령이 자유민주주의를 간판으로 내걸고 국민국가 건설에 나섬으로써 언론자유는 누구도 부인할 수 없는 當爲(당위)의 대명제가 되었다. 민주주의를 하는 한 언론자유는 부인할 수 없다는 거대한 大義名分(대의명분)을 그 어떤 권력자도 무효화시킬 수 없었다.

셋째, 한국의 현실에 비추어 미국式 자유민주주의의 기계적 적용은 국가의 안보와 경제발전에 위해가 된다고 확신했던 朴正熙 대통령조차도 언론자유 규제는 한시적인 것으로 인식하고 있었으므로 그 부하들에 의한 언론탄압엔 한계가 있었다.

넷째, 1980년대 이전에는 기자들도 좌경화되지 않아 反정부 활동을 하더라도 자유민주주의의 원칙下에서 온건하게 했기 때문에 정권 측의 탄압도 상대적으로 덜 무자비했다.

나는 1971년 기자생활을 시작하면서 親朴노선에서 反朴노선으로 전환했다. 부산에서 일선 기자를 하면서 나는 정부에 대한 폭로와 비판이 좋은 기사의 제1조건이란 생각을 하게 되었다. 이는 당시 언론의 일반적 분위기이기도 했다.

경찰 출입기자를 할 때는 매일 아침에 즉결심판자 대기실로 찾아간다. 밤에 통행금지 위반·노상방뇨·無錢取食(무전취식)·소란 등의 경범죄 혐의로 연행되어 온 사람들의 서류를 읽다가 공화당이나 새마을운동 단체의 간부 이름이 나오면 꼭 꼬집는 기사를 쓰기도 했다.

특종에 눈이 먼 나에게는 새마을운동이 가진 역사성 같은 것은 보이지도 않았다. 나는 1974년에 '중금속 오염의 추적'이란 기사로 제7회 기자협회 취재보도 부문 상을 받았다. 내가 다녔던 부산수산대학교의 교수가 조사한 어패류의 중금속 함유 상황을 기사화했더니, 이 교수는 문교부의 압력으로 징계를 당했고 학장은 물러났다. 이런 일도 기자로서의 사명감과 정의감을 충족시켜 주었다.

어둡고 썩었으며 협잡이 있는 곳만 찾아다니던 젊은 기자의 눈에는 朴 대통령의 위대한 국가발전 전략이란 것이 실감나지 않았다. 교과서적인 민주주의와 서구 수준의 저널리즘 원칙이 세상 만물을 평가하는 나의 기준이 되어 있었으니 유신통치기의 朴 대통령이 하는 일들 중 곱게 보이는 것이 하나도 없었다. 1974년 8월 15일에 陸英修 여사가 피살되었을 때도 나의 가슴속에선 별다른 애통심이 생기지 않았다.

## 한 미국인의 朴正熙 평가

1974년 가을 〈동아일보〉 기자들이 시작한 자유언론실천선언을 계기로 전국의 기자들이 朴 정권 비판을 위한 조직에 나섰다. 기자협회가 그런 운동의 중심이었다. 국제신보 기자협회 분회는 '밝힘' 이란 소식지를 내면서 외부압력으로 기사가 줄어들거나 사라지는 것을 감시하는 활동에 참여했다. 여기에 끼었던 나는 마치 독립운동하듯이 정권 비판과 진실보도란 대명제에 보람을 느끼면서 일했다. 그 과정에서 기자들이 외부압력에 흔들린다고 편집국장을 몰아세우는 일에 동참하기도 했다. 金泳三 · 金大中이란 이름은 나에게 희망이고 용기의 근원이었다.

한 편집기자는 1978년 12월에 金大中 씨가 감옥에서 나와 병원에 입원하는 기사를 1면 옆구리 기사로 크게 취급했다가 정보부의 압력을 받은 회사에 의해 3개월 정직을 당했다. 우리는 그를 순교자처럼 우러러 보았다. 그리고 시간이 흘러 이 시대를 다른 눈으로 되돌아보는 기회가 있었다.

나는 1996~1997년 미국 하버드 대학교의 국제기자 연수 프로그램인 '니만 펠로' 과정에 수학하면서 朴正熙식 개발에 대해서 외국기자들과 많은 대화를 나눴다. 그때 나는 한 번도 만나 본 적이 없는 한 미국인을 援軍(원군)으로 삼아 東아시아의 국가발전 전략을 옹호하곤 했다.

그는 《중국의 浮上(부상)》이란 책을 쓴 윌리엄 오버홀트였다. 이 책에서 오버홀트는 중국의 근대화 전략이 朴正熙 모델을 따르고 있다고 하면서 한때 카터 대통령의 선거참모였던 자신이 왜 朴正熙식 개발전략의 정당성에 설득당하게 되었나를 흥미 있게 설명하고 있다.

이 책(《중국의 浮上》(The Rise of China. Norton. 1993) 집필 당시 홍콩의 미국 금융회사에서 국제정세 분석가로 일하고 있던 오버홀트는 하버드 대학을 졸업하고 마틴 루터 킹 목사를 추종하는 민권운동가로 활약했고, 에즈라 보겔 교수의 권유를 받아 하버드에서 중국 문화대혁명을 연구하기도 했다. 그는 문화대혁명을 연구하면 할수록 엄청난 규모의 학살에 대해서 알게 되었고, 이 문제를 하버드에서 제기해 보아도 毛澤東 신봉자들이 강단의 주도권을 잡고 있었던 당시 분위기 때문에 비판만 받았다고 했다.

예일 대학원을 졸업한 오버홀트는 허드슨연구소에서 일하게 되었는데, 소장은 유명한 미래학자 허먼 칸이었다. 칸 소장은 한국의 근대화 정책을 높게 평가하고 있어 젊은 오버홀트와는 자주 논쟁을 벌였다고 한다. 오버홀트는 그러다가 1970년대 중반에 한국을 방문하고 새마을운동이 한창이던 농촌을 구경할 수 있었다. 이때의 충격을 그는 이 책에서 생생하게 묘사하고 있다.

가장 악독한 독재자로 알고 있었던 朴正熙 정권이 농민들의 적극적인 참여를 유도하여 효율적으로 국가를 근대화하고 있는 모습은, 그가 필리핀에서 목격한 한심한 미국式 근대화와는 너무나 달랐다. 이 경험이 계기가 되어 그는 아시아의 권위주의적 정부를 바라보는 미국 학자·정치인·기자들의 위선적이고 도식적인 관점에 회의를 느끼게 되었다는 것이다.

1976년에 오버홀트는 카터 후보의 선거참모로 들어가 對아시아정책

그룹을 이끌게 되었다. 한국을 방문한 뒤 생각이 달라진 그에게 서구식 우월의식으로 꽉 찬 카터 진영의 참모들은 철없는 사람들로 비쳤다. 그 때 카터 진영에서는 駐韓 미군의 철수를 공약함으로써 독재정권을 응징하는 인권외교의 챔피언으로서 카터의 이미지를 조작하려고 했는데 이게 오버홀트에게는 바보짓으로 보였다.

오버홀트는 미국식 인권개념을 한국에 그대로 적용하는 것은 역사와 문화의 발전단계 차이를 무시한 미국식 오만으로 보았다. 이 경험 때문에 그는 1989년 6월의 천안문 사건 이후 중국의 인권문제와 중국에 대한 최혜국 대우를 연계시키려는 미국의 정책을 비판적으로 보게 되었다고 한다. 그는 이렇게 쓰고 있다.

〈서구 이념의 사기성은 정치 발전은 항상 경제 발전보다 先行(선행)하거나 동시에 이루어져야 한다고 생각하는 것이고, 아시아의 권위주의 지도자들의 사기성은 정치적 자유화 없이도 경제적 자유화가 무기한 계속될 수 있다고 믿는 것이다〉

〈세계의 현대사를 아무리 뒤져보아도 후진국가가 민주화를 먼저 하고 나중에 경제발전을 하는 식으로 성공적인 전환을 이룩한 나라가 없다는 것을 발견하게 된다. 그럼에도 불구하고 이 실패한 모델은 서구의 학자들과 언론으로부터 칭찬을 받아왔고 서구의 원조를 받아왔다. 이런 원조는 정문으로 들어가자마자 뒷문으로 빠져나가 버려 자본의 도피만 발생할 뿐이다.

이와는 대조적으로 태평양 연안 아시아 국가들의 경우에는 먼저 권위적 정부가 들어서서 근대적인 제도를 만들고 경제를 자유화하며 교육받은 중산층을 만들어 낸다. 그러면 정치지도자들이 정치적 변화를 원하

든 원치 않든 자유와 민주주의가 등장하게 된다〉

이 책에서 오버홀트는 후진국이 서구식 민주주의를 하려고 하면 실패할 수밖에 없는 세 가지 이유를 들었다.

〈첫째, 후진국엔 인기주의적 선동으로부터 국익을 지켜낼 수 있는 강력하고 현대화된 국가기구가 존재하지 않는다.

둘째, 후진국엔 농지개혁이나 국영기업의 민영화 같은 개혁을 저지하는 기득권 세력은 강하나 이를 극복하고 추진할 국가주의 세력은 약하다.

셋째, 후진국엔 분별력을 갖춘 교육받은 중산층이 약하다〉

오버홀트는, 이 세 가지를 합쳐서 후진국에서 민주주의의 정착을 불가능하게 하는 문제를 '인기주의의 장벽' 이라고 이름지었다. 오버홀트는 朴正熙가 바로 이 포퓰리즘을 꺾고 민주주의로 가는 제도와 중산층과 국가적 개혁을 이룩한 사람이라고 평가했다.

〈朴 대통령은 북한의 위협이 있음에도 집권하자마자 군사비를 삭감했다. 이런 일은 민간 정치인들이 절대로 할 수 없다. 그는 적대관계에 있던 일본과 수교했다. 이것도 유권자들로부터 지지를 받을 수 없는 일이었다. 그는 사회주의적 경향이 강하고 외국인 혐오증이 심한 군중심리를 누르고 외자유치와 무역을 장려했다. 그는 수출을 지원하기 위하여 환율을 인하했다. 이는 南美의 정부라면 할 수 없는 조치이다. 그 나라들의 지배층은 과대평가된 환율을 이용하여 사치품을 수입하고 외국에서 부동산을 사재기 때문이다.

朴 대통령은 외국인의 투자를 환영하고 원자재와 기계류에 대한 관세를 내려 한국 기업의 경쟁력을 높였다. 이런 개혁은 사회주의적 성향의 지식인과 과보호에 안주하는 기업인으로부터 동시에 반발을 살 수 있는

일이라 민주주의를 채용하는 開途國(개도국)에서는 불가능한 것이다.

朴 대통령은 현대식 국가기구를 만드는 데 성공했다. 한국군은 미군보다도 더 효율적인 집단이 되었다. 그는 무능하고 부패한 장관과 은행가들을 추방하고 연구소를 만들어 미국에서 공부한 학자들을 초빙했다. 그는 이들이 고위 관료가 되도록 하여 세계에서 가장 능률적이고 날씬한 정부를 만드는 데 성공했다.

이에 반해 미국式 민주화를 추진한 필리핀의 아키노 대통령은 지지자들의 청탁을 받아 공무원들을 임명하다 보니 정부는 커지고 효율성은 떨어졌으며, 유능한 장관들은 집단이기주의의 희생물이 되었다. 朴 대통령의 개혁이 그가 원하지 않았던 민주화의 조건들을 만들어 놓았다〉

## 朴 대통령의 자유·민주觀

朴正熙 대통령은 야당·학생·신문·기독교계가 유신체제 반대운동에 대한 연합전선을 형성하고 있을 때인 1974년 12월 5일에 국민교육헌장 선포 제6주년 기념식 치사를 통해서 자유와 인권觀을 이렇게 피력했다.

〈민족의 생존권은 국가존립의 기본전제일 뿐 아니라 모든 개인적 기본권의 바탕인 것입니다. 우선 북한 공산주의자들의 위협으로부터 우리의 민주주의와 자유 등 기본권을 수호해야 합니다. 그들과의 경쟁에서 이겨야 하며 그러기 위해서는 우리의 국력이 우세해져야 합니다.

국력 배양이 자유와 민주주의를 지켜 나가는 길입니다. 사대의존적인 악습에서 벗어나지 못하고 현실을 외면한 무책임한 언동으로 국론분열과 사회혼란을 조성하려는 인사들의 시대착오적인 존재는 역사 속에서

기록조차되지 않을 것임을 분명히 해둡니다〉

朴 대통령은 그해 12월 16일 통일주체국민회의 통일안보보고회 치사를 통해서는 "자유와 민주가 자라날 수 있는 바탕이 국력배양"이라고 못을 박았다. 그는 야당과 在野세력이 주장하는 유신헌법의 개헌요구에 대해서는 "헌법만 고치면 만사가 하루아침에 다 저절로 해결되는 것처럼 국민을 속이고 오도하고 있다"고 말했다. 그는 또 "유신체제는 자주적이고 자립을 위한 창의적인 체제"라고 강조하면서 "유신체제의 정신적 기조는 주체의식과 애국심이다"라고 말했다.

朴 대통령처럼 유신체제를 신념화하여 반대자들과 맞서고 그들을 설득하려고 했던 사람들은 여권에서조차도 의외로 적었다. '유신헌법의 대통령 선출방식이 체육관에서 만장일치로 추대하는 식인데 어떻게 민주주의의 경험을 20여 년 한 국민들을 설득할 수 있는가' 라는 생각이 그들을 약하게 만들었다. 朴 대통령조차도 민주주의의 당위성을 인정했기 때문에 더욱 설명이 어렵게 되었다.

1960년대에 朴 대통령은 야당과 언론의 공격에 대해 격정을 토로하면서 논리로써 대결하려고 했으나, 유신시대에는 정보부 등을 동원한 강압적 방법을 썼기 때문에 지식인 사회에서 자발적으로 朴 대통령을 편들기도 어려워졌다. 자발적 지지조차도 어용으로 몰리는 분위기가 퍼져 있었기 때문이다. 지식인 사회에서는 경멸당하고 여권에서도 진심 어린 지원을 받지 못했던 朴 대통령의 유신 이념은 그러나 朴 대통령의 순수함과 실적을 인정한 생활인의 양해로 하여 무너지지 않을 수 있었다.

1972년 유신 선포 이후 여당은 정권을 만들어 내는 産母(산모)가 아니라 대통령의 노리개로 전락했다. 朴 대통령은 政局 운영에서도 공화당과 '유정회' 보다는 정보부에 더 의존하게 되었다. 朴 대통령의 가장 중요한 정치참모는 공화당 의장이나 유정회 회장이 아니라 정보부장, 나중엔 경호실장이 되어 버렸다.

최근 許和平 미래한국재단 소장은 "신념 없는 한국의 右派(우파)는 과거에 보안법·정권·反共구호로써 체제를 지키려고 했다"고 비판했다. 이런 풍토가 정착된 것이 유신기간 때였다. 朴 대통령이 정보부라는 채찍으로써 나라를 끌고 가고 있으니 여당은 정권의 주인의식을 잃고서 체제유지의 구경꾼이 되어버린 것이다. 권력자에 빌붙어 안주하면서 반대세력에 대해서는 겉으로만 공세를 펴고 안으로는 투항해버린, 일종의 권력기생적 정치세력이 유신기간에 만들어졌다. 그 맥을 잇고 있는 것이 오늘의 한나라당이다.

유신체제는 가장 효율적이고 생산적인 국가운영 체제를 탄생시켰으나 그 代價(대가)로 투쟁성이 강한 야당과 자생력이 없는 寄生(기생)체질의 '살찐 돼지' 같은 右派 정당을 파생시켰다. 두 정치세력 간의 승부는 그로부터 20년 뒤에 난다. 유정회 같은 寄生 체질의 민자당은 투쟁성이 강한 金泳三에게, 민자당의 후신인 한나라당은 金大中과 盧武鉉에게 정권을 넘겨주는 것이다. 이것이 유신통치의 代價였다.

朴 대통령을 그래도 가장 충직하게 뒷받침했던 것은 全斗煥이 리드하던 정규육사 출신 장교단이었다. 이 그룹은 朴 대통령의 총애를 받았고, 대통령이 추진하던 자주국방 건설에 크게 공감하고 있었다.

정규 육사 출신 장교들은 육사 때 '문민통치下의 군대' 를 배운 이들이었다. 민주주의 체제下의 장교의 역할을 배운 이들이 朴 대통령의 '한국적 민주주의' 를 무조건 지지할 수도 없었다. 다만 이들은 朴 대통령의

富國强兵(부국강병)을 위한 순수한 열정을 믿었으므로 逆心(역심)을 품을 입장은 아니었다. 이들이 10·26 뒤 김재규를 단죄했다고 해서 유신 통치를 지지했다고 보는 것은 속단이다. 정규육사 장교단 출신들이 5共 탄생 때 대통령 7년 단임을 선언하고 나섰고, 이를 실천한 것도 평소 소신의 반영이었다.

유신시대의 朴正熙 통치철학에 대해서 이를 자신의 신념으로 만들어 적극적으로 홍보하고 설득해 간 드문 사람으로 꼽히는 사람은 대통령 공보수석비서관이었다가 문공부 장관으로 옮겨갔던 金聖鎭 씨이다. 〈동양통신〉 워싱턴 특파원과 정치부장을 지낸 그는 朴 대통령이 서양문명에 대한 더욱 넓은 지식과 견해가 필요하다고 보았다.

金聖鎭이 보기에 朴 대통령은 미국 군사학교 유학 중 얻은 단편적 지식의 틀 속에서 미국을 이해하는 듯했다. 미국 사람들과 서양 사람들의 문물과 제도를 이해하려면 철학적 내지는 종교적 정신세계에 대한 문명론적 이해가 필수적이라고 金 씨는 생각했다. 그는 미국의 미래학자 허먼 칸(허드슨 연구소장)과 영국의 전략가 로버트 톰슨 卿(경)을 朴 대통령에게 소개해 주어 깊은 대화를 나누도록 했다.

청와대에서 朴 대통령을 만난 톰슨 卿은 자신이 말레이시아 고등판무관으로 임명되었을 때 전임자가 가르쳐 준 지혜를 이야기했다.

"전임자가 이야기하기를 '자네가 任地(임지)에 도착하거든 크건 작건 간에 우선 모든 권한을 한손에 움켜쥐게. 그러나 그 권력을 사용하려 들지 말게. 그저 장악하고 있으면서 고등판무관의 위엄과 위력을 과시하게' 라고 하는 것이었습니다."

朴正熙 대통령은 이렇게 응수했다.

"우리나라에도 옛날부터 되는 집안에선 家長(가장)이 지팡이를 들고 새벽 일찍부터 집안을 둘러보며 집안일을 보살폈답니다. 그는 말을 듣지 않거나 게으름을 피우는 식구가 있으면 뒷짐을 진 채 지팡이를 흔들어 보이면서 호통을 치고 훈계합니다. 그러나 지팡이로 때리는 일은 없지요. 그저 때리는 시늉을 할 뿐이지요."

두 사람은 권력의 상징성에 의견의 일치를 본 데 대하여 유쾌하게 웃었다고 한다. 朴 대통령은 자신에 반대한 학생들이나 지식인들에 대해서 '지팡이로 때리는 시늉만 하는' 식의 응수를 하려고 애썼다.

긴급조치 위반혐의로 구속하여 중형을 선고받게 한 뒤 곧 석방시켜 주는 방식이 되풀이되었다. 다만, 反국가사범이나 政敵(정적)에 대해서는 형량을 엄격히 적용했다. 사범학교 출신으로서 교사와 軍 지휘관을 오랫동안 지낸 그는 반대자들에 대해서도 훈계조의 채찍을 들려고 했다.

金炯孝 교수(당시 서강大)는 공개적으로 새마을운동을 지지한 소수의 학자 중 한 사람이다. 그는 벨기에 루벵 대학에서 철학박사 학위를 받고 귀국했을 때 서양 철학에 젖어 있었다. 그는 박사 논문의 대상이었던 가브리엘 마르셀에 심취해 있었다. 마르셀은 인격공동체의 가치를 중요시하고 혁명과 같은 열광성이 가진 사기성을 비판했다. 金 씨는 인간의 불행한 면을 강조하는 사르트르가 싫었고 진실된 카뮈가 좋았다고 한다.

그는 귀국하여 장교 신분으로 공군사관학교 조교수로 일했다. 사관학교의 분위기는 딱딱했지만 부정과 협잡을 배척하는 학생들의 정의감에는 느끼는 바가 많았다고 한다. 金 씨는 이즈음 고민을 많이 했다. 서양철학과 한국 현실의 너무 큰 괴리를 느꼈기 때문이었다. 그는 柳承國 교수(당시 성균관大 동양철학과·前 정신문화연구원 원장)를 찾아가 동양

철학을 배우기 시작했다. 그는 이율곡과 원효를 좋아하게 됐다. 이율곡의 '氣發理乘(기발이승)' 사상이 마음에 들었다. 氣와 理, 즉 이상과 현실의 힘을 다 중시하고 조화시키려는 현실적인 학문 자세가 좋아졌다는 것이다.

金 교수는 조선왕조 시대 지식인의 정신사를 이렇게 이해했다.

〈개국 초기 두 가지 타입의 지식인이 있었다. 정도전은 현실, 정몽주는 이상을 중시했다. 조선조 시대에는 이 두 흐름이 줄곧 대치·교차하면서 갈등하는 바람에 지식사회의 에너지가 탕진돼 갔다. 정도전을 계승한 학자들은 官學(관학)이라 하여 권력에 봉사하는 바 되었다. 정몽주의 맥을 잇는 학자들은 급진 이상론을 펴기 시작했으니 조광조가 그 대표다. 조광조의 실패 이후 이상파들은 현실에서 물러나 학문과 교육에만 힘썼다. 이율곡은 이 두 흐름을 종합하려 하나 당쟁에 휘말려 실패하고 만다. 官學은 이념이 없는 출세주의로 흘러 타락해 버린다. 말기에 實學(실학)이 나왔지만 實學의 이상은 현실 권력의 뒷받침을 못 받아 실험으로만 그친다.

정몽주에서 시작된 순수주의는 일제시대에는 독립운동으로 나타났고, 해방 뒤에는 지식인의 비판적 의식을 지배하게 된다. 이 순수주의는 현실을 이상 속에서 증발시켜 버리고 흑백논리를 몰고 올 위험성을 늘 갖고 있다. 순수주의·저항주의는 무엇을 창조하고 책임지는 자리에 서면 공허해진다〉

이러한 생각에서 그는 朴 대통령의 전통문화를 중시하는 자세나 새마을운동을 좋아하게 됐다고 한다. 그는 朴 대통령을 생전에 한 번도 만난 적이 없었다고 한다. 그는 '어용'이란 비난을 학생들로부터 많이 받았는데, "나는 학자로서 양심에 따라 행동했을 뿐이다"라고 했다.

"당시 대학가는 朴 대통령을 완전히 부정하는 분위기였습니다. 어떤 현상에도 양면이 있는 법인데, 그러한 완전부정은 非과학적이며, 그 자체가 또 다른 폭력이라고 생각했습니다. 자유 없기는 피차 마찬가지였습니다. 朴 대통령을 비판할 자유는 물리적 폭력에 의해, 지지할 자유는 여론이란 폭력에 의해 억압을 받았습니다. 우리 가족에게 협박 전화도 많이 왔어요.

이런 흑백논리는 양쪽에 다 책임이 있어요. 저는 저항과 과학적 비판은 다르다고 생각했습니다. 朴 대통령이 아무리 나빠도 0.001%쯤은 좋은 점이 있을 테고, 저는 그 0.001%의 좋은 점을 대변하고 싶었을 따름입니다. 朴 대통령의 단점은 통치철학이 그 개인에게 종속되었다는 점입니다. 그가 이념에 종속되어야 하는 데 말입니다."

그는 10·26 뒤에도 朴 대통령을 계속 옹호했다.

"國葬(국장) 때 TBC TV에서 좌담회를 하는데 저를 불러요. 주변에서는 시대가 바뀌었다고 말렸지만 나갔습니다. 저와 상대하게 돼 있었던 어느 원로는 朴 대통령의 총애를 많이 받은 분인데 그 자리를 피하더군요. 人心(인심) 무상을 느꼈습니다. 저는 그 자리에서 공자가 齊(제)나라의 관중을 평가한 말을 빌려 朴 대통령과 같은 현실주의자의 역사적인 역할을 긍정적으로 말했습니다.

1980년 봄에 저에 대한 중상과 비방이 쏟아져 저는 교수라는 직업에 환멸을 느끼고 차라리 行商(행상)이나 하겠다는 각오로 사표까지 썼습니다. 우리나라에는 모든 목표를 한꺼번에 이루겠다는 동시적 이상주의의 환상이 있습니다. 역사라는 것은 그 국민의 평균 실력만큼만 발전하는 것이지, 만병통치약은 역사엔 절대 없습니다."

## 유신시대에 대한 솔직한 증언

유신시대에 기자와 판사로 근무했던 50代 두 분과 대화를 나눴다. 두 사람은 "유신시대에 언론과 법조계가 朴 대통령의 독재권력에 굴종했다느니, 인권의 암흑시대였다느니 하는 것은 한참 동떨어진 이야기이다. 그런 과장은 자신의 비겁을 은폐하기 위한 핑계이다"라고 말했다.

〈동아일보〉 정치부 기자로 일했던 金聲翊(김성익) 씨는 이렇게 말했다.

"그때 기자들은 매일 진실을 전하려고 싸웠다. 부장·국장과 싸우고 정보부 직원들과 싸웠다. 아침마다 편집부에선 '야, 이 ××야, 그러면 니가 와서 편집해' 하는 고성이 들렸다. 기사를 삭제 또는 축소해 달라는 정보부 직원들을 향해서 하는 말이었다. 문제성 기사를 실어 주지 않는다고 기자가 부장·국장들에게 대드는 일들이 잦았다. 언론사 社主(사주)와 국장과 기자들이 고민하면서 최선을 다해 진실을 전하려고 애썼다.

정치부에선 야당 정치인들에게 더 호의적이었다. 기자들은 대통령이 지명한 유정회 의원들을 홀대했다. 金泳三·金大中 씨가 버티고 있었기 때문에, 그리고 야당이 전투적이었기 때문에 언론이 야당에 의지하여 쓰고 싶은 정권 비판 기사를 쓸 수 있었다.

요사이 한나라당과 朴槿惠 대표는 민주주의 시대에 활동하면서도 권위주의 정부 시절 그때의 兩金(양김)보다도 더 용기가 없다. 언론이 군대와 정보부·대통령 비판을 제대로 못 했다 뿐이지 그 이외의 행정부에 대한 비판은 가혹하게 했다.

유신시대에 언론자유가 제약된 것은 사실이지만 봉쇄되었다고 보는 것은 과장이다. 당시 기자들이 권력에 굴종했다고 말하는 사람들은 뭘 모르고 하는 소리이다. 오늘 우리가 누리고 있는 언론자유는 주어진 것이 아니라 그때 기자들이 싸워서 얻은 것이다."

한 전직 판사도 같은 말을 했다.

"정보부 조정관이 법원을 출입하면서 시국사건에 대해서 판사들에게 간섭하려고 한 것은 사실이지만, 판사들이 소신을 가지고 밀고 나가면 어쩔 수 없었다. 나는 배석판사 시절에 사형이 구형된 간첩혐의 피고인에 대해서 징역 8년에 간첩혐의는 무죄, 보안법 위반혐의만 유죄를 선고해도 불이익을 당하지 않았다. 시국사건 이외의 재판에 대해서는 정권으로부터의 압력이 없었다."

위의 두 사람의 증언을 객관적으로 뒷받침하는 자료가 있다. 미국 프리덤 하우스의 분류법에 의하면 유신시대에도 한국의 정치적 자유는 '부분적 자유' 등급에 속했다는 것이다.

미국의 세계 인권 감시 관찰 기구인 '프리덤 하우스(www.freedomhouse.org)'는 매년 세계 192개국의 인권상황을 세 등급으로 나눠 발표한다. 기준은 정치적 자유와 시민적 자유의 합산이다. 평균 점수가 1~2.5점이면 '자유', 3~5.5점 사이는 '부분적으로 자유', 5.5~7점 사이는 '자유롭지 못함'으로 분류한다.

2003년 보고서에 따르면 34개국이 '자유' 국가 중에서도 1등급인 1점 국가였다. 대부분이 유럽 국가와 北美(북미) 국가들이다. 우루과이(南美)·투발루(남태평양)·마셜군도·키리바시(남태평양의 영연방 소속 島嶼 국가)·도미니카·키프러스·바베이도스(南美)·호주·산마리노(이탈리아 반도의 小國)의 이름이 보인다. 자유 국가들 중 2등급인 1.5점 국가로는 불가리아·체코·그리스·파나마·南아프리카·폴란드·헝가리 등 28개국이 여기에 포함된다. 일본과 칠레도 이 그룹이다.

한국은 자유 국가 중 3등급인 2점 국가인데 보츠와나·크로아티아·멕시코·몽골·루마니아·사모아·대만·이스라엘·도미니카 공화국 등 11개국이다. 무장대치 상황下에 있는 세 나라, 이스라엘·대만·한국이 같이 여기에 포함되어 있는 것이 흥미롭다. 세 나라는 선진국 문턱에 있는 나라란 점에서도 공통점이 있다.

무장대치 상황에선 인권을 제약할 수밖에 없는데 그럼에도 불구하고 '자유 국가'로 분류되고 있다는 점에선 대단한 것이다.

북한은 이 조사가 실시되기 시작한 1972년 이후 한 번도 '자유롭지 못함'에서 벗어나지 못했다. '자유롭지 못한 국가'들도 4등급이 있는데 북한은 최악 중의 최악인 7점 국가에서 벗어난 적이 없다.

한국은 1972~1973년과 1976~1977년 사이 두 번 '자유롭지 못한 국가'로 분류되었다. 朴正熙 대통령의 유신통치기였다. 이 두 번을 뺀 朴正熙·全斗煥 통치기간 내내 한국은 '부분적으로 자유로운 국가'로 분류되었다. 한국은 盧泰愚 정권이 들어선 1988년에 처음 '자유로운 국가'로 승격했는데 점수는 정치적 자유에서 2점, 시민적 자유에선 3점이었다. 점수는 작을수록 자유롭다는 이야기이다.

金泳三 정부가 들어선 1993년부터는 자유 국가 중 한 등급이 올라 2점 국가로 되었다.

朴正熙·全斗煥 정권을 비난하는 이들은 파시즘이니 전체주의니 스탈린 체제와 같다느니 하는 비교법을 쓴다. 프리덤 하우스의 통계는 이런 비난이 과장된 것이며 '권위적 정부' 라고 표현하는 정도가 맞다는 사실을 입증하고 있는 것이다.

金正濂 비서실장(朴 대통령 시절)은 유신시대에 정치·공무원 사회가 깨끗해졌다고 주장한다. 정치자금을 거두는 창구가 청와대로 단일화되었고 액수도 줄었으며 代價性(대가성)이 없었다는 것이다.

"제가 1972년부터 1978년 12월에 그만둘 때까지 年 20억 원 정도의 정치자금을 모아서 대통령께 드렸습니다. 그전에는 공화당에서 도맡아 했는데 정치가 행정에 간여하게 되어 말썽이 있었습니다. 朴 대통령의 지시로 제가 일반 獻金(헌금)식으로 받기 시작한 후로는 불미스런 일이 없었습니다. 돈을 낸 분들에게는 아무런 반대급부도 없었습니다.

朴 대통령 덕분에 경제발전이 되어서 사업이 잘 되니까 예의상 얼마씩 도와달라는 것이었습니다. 이것도 대기업체 회장 20여 명에게 국한해서 부탁했습니다. 제일 큰 것이 2억 원 정도였는데 3~4명이었고, 기타는 5,000만 원 또는 3,000만 원 어떤 분은 2,000만 원 정도였습니다.

공화당에 매월 1억 원, 유정회에 2,000만~3,000만 원, 추석·연말연시 비용으로 1억~2억 원 정도가 필요하다고 판단되어서 朴 대통령의 승인下에 그렇게 했던 것이지요. 朴 대통령께서는 절대로 헌금을 직접 받으신 적이 없고 사람들을 만나지 않았습니다.

농민하고 관련된 사업을 하는 사람들로부터는 절대로 돈을 받지 않았습니다. 그것으로 족했습니다. 朴 대통령께선 기회가 있을 때마다 공화당의 기구축소를 지시하셨습니다."

朴 대통령이 유신을 한 가장 큰 이유 중의 하나는 정치 코스트를 줄이는 것이었다. 1971년 金大中 후보와 싸울 때 朴 대통령 캠프에서 쓴 大

選자금은 약 700억 원이었다고 한다. 朴 대통령은 이런 낭비와 함께 정치논리가 행정에 강제되어 쓸데없는 사업에 예산이 낭비되는 것을 싫어했다. 아울러 정치인들이 행정관료들의 인사에 개입하는 것도 차단했다. 한 검사 출신 변호사는 이렇게 말했다.

"유신 전에는 검사 인사에 국회의원, 특히 법사위원들의 청탁이 많았습니다. 청와대 쪽에서 법사위원들에겐 한 건씩의 인사청탁 이권을 주라고 권할 지경이었습니다. 유신 이후 이런 것이 사라지니 실력 있는 검사들이 요직에 앉게 되었습니다."

朴 대통령이 엘리트 행정관료들을 정치인들의 압력으로부터 보호해 주니 오직 국가적 차원의 필요성·효율성·생산성을 기준으로 행정을 할 수 있게 되었다. 정치적 자유를 제한한 代價가 경제·행정의 생산성 향상으로 나타난 것이다. 이것이 1970년대 한국이 고도성장을 하게 된 요인 중의 하나이다.

金正濂 씨는 이렇게 말했다.

"朴 대통령은 특정 집단이나 계층을 위해 산업정책을 쓰지 않고, 농민·근로자 전체를 위해서 정책을 썼기 때문에 성공했다는 이야기를 세계은행 부총재로부터 들은 적이 있습니다. 南美의 경우에는 大지주와 도시의 수입대체공업家 위주로 정책을 썼기 때문에 小農(소농)들의 불만이 있어 정치가 불안해졌다는 것입니다.

그런 점에서 朴 대통령이 정경유착을 했다고 보는 것은 잘못입니다. 경제가 커지니까 대기업이 자연적으로 일어나고, 잘하는 기업에 대해서는 신상필벌式으로 정부가 지원해 주었으니까 재벌이 생긴 것입니다. 방위산업을 80여 개 분야로 나눠 건설할 때, 기술적으로 어렵고 투자도 많이 드는 분야는 자연히 대기업에 부탁하게 되었습니다. 몇몇 대기업은 끝끝내 소극적이었습니다. 돈이 많이 드는 중화학 공업을 시장경제에 맡기고 정부가 개입하지 않았더라면 오늘날과 같이 되지 않았을 것입니다."

1974년 가을 이후 朴 대통령은 3面이 적대적 세력으로 둘러싸인 형세에 처한다. 북쪽엔 金日成, 국내엔 목소리가 커지는 민주화 세력, 태평양을 건너 미국에선 포드·카터 대통령 정부와 언론이 국내 민주화 운동을 엄호하는 형국이었다. 고독감과 함께 고립감을 느끼게 된 朴 대통령은 미국의 간섭에 대해서는 특히 강하게 반발했다.

1974년 10월 2일 청와대 출입기자들과의 비공개 간담회에서도 그랬다.

"미국의 포드 대통령이 곧 내한할 텐데 訪韓 전에 구속인사를 석방한다는 설이 나도는 모양이지요. 가당치도 않은 소리입니다. 포드가 오는데 무슨 사전 조건이 필요합니까."

朴 대통령은 "그런 일은 국제관례에도 없는 일이다"고 말했다. 곧바로 미국에 대한 감정표현이 이어졌다.

"미국이 군사원조를 가지고 우리에게 압력을 가한다는 보도가 나도는데, 사실상 미국의 원조는 별것이 아닙니다. 내가 닉슨 대통령과 약속했었던 '軍장비 현대화' 정도가 고작입니다. 작년만 하더라도 미국의 원조가 480만 달러에 불과했는데 이런 액수는 주니까 받을 뿐이지 안 주어도 지장이 없습니다."

이어서 그는 진행 중인 율곡사업을 암시하듯이 말했다.

"우리는 스스로 무기를 생산하고 필요한 것이 있다면 미국이 아닌 다른 나라에서 사 들여올 계획입니다.”

그는 일본에 대해서도 직설적인 표현을 했다.

“우리의 당면과제는 金日成인데, 그거야 1년이면 족하지 않겠어요. 진짜 문제는 일본입니다. 우리보다 경제가 조금 앞섰다고 해서 지금 까부는데, 그럴 때마다 일본과의 경제싸움에선 반드시 이겨야겠다는 생각이 강해지더군요.”

“미국과 일본의 일부 지도자들이 우리의 인권문제에 대해 이러쿵저러쿵 하는데 심히 마땅치 않습니다. 일본의 경우, 안보파동 때 그들이 취한 좋지 않은 행동이 있었으면서도 남의 나라에 대해 간섭하는 것은 이상한 일 아닙니까. 미국도 마찬가지예요. 州방위군을 동원해서 시위대를 향해 발포한 적도 있지 않습니까. 그런데 우리가 대체 어떻다고 인권 운운해요!”

이 대목에서 朴 대통령의 목소리가 커졌다.

## 朴正熙와의 車中 대화 한 토막

5·16 군사혁명의 참여자이자 공화당 원내총무 출신인 金龍泰 의원은 朴 대통령이 매우 아끼는 이였다.

1975년, 포항종합제철 확장공사 준공식에 참석하기 위해 포항으로 내려가는 車中에서 두 사람은 이런 대화를 나누었다(《金龍泰 자서록》에서 인용).

〈“金 총무! 자네가 처음 당선돼서 국방위원을 하던 때가 1963년이었던가? 그때만 해도 보릿고개가 있던 때라 나라살림이 어려웠기 때문에 우리 국군의 살림도 말이 아니었지. 이제는 3군 사령부까지 신설되어 우리 예산으로 운용하게 됐단 말이야….”

“……”

“자네가 국방위원으로 처음 국정감사를 나갔을 때 원주·대구·광주 등지에서 지휘관들에게 술대접을 하고 돌아다닌다는 보고가 올라올 때마다 대견스럽게 생각했네. 5·16 전에는 국정감사에 나온 의견들이 격려는 고사하고 심한 사람은 욕지거리까지 했단 말야! … 내가 그때 자네에게 술값을 단단히 변상한 것으로 아는데….”

“네! 제가 군인들에게 대접한 술값의 세 곱절은 받았습니다. 국정감사를 마치고 서울에 돌아오자마자 부르시어 청와대에 갔을 때 ‘자네는 무엇 때문에 軍 지휘관들에게 술을 사주고 다니는 거야’ 하시며 나무라실 때는 크게 잘못된 줄 알고 간이 콩알만 해졌습니다. 그런데 많은 돈을 주시어 그 뒤로는 군인들과 더욱 자주 어울렸습니다.”

“오늘의 우리 국군은 세계 어느 나라 군대보다도 자랑스러운 강군이 됐어! 자유진영 군대로선 실전경험도 했고, 다만 장비가 현대화되지 못한 것이 안타까운 일이야. 방위산업을 일으켜서 최신무기들을 우리 손으로 모두 만들어야 하는데 미국이 찬성을 하지 않는단 말야!”

朴 대통령께서는 무엇인가 깊은 생각을 하고 계시는 것 같았다.

“여보게, 신발 벗게나. 장거리를 뛸 때는 신발을 벗는 것이 편하이.”

朴 대통령은 껌을 껍질을 까서 건네줬다. 백발이 성성한 金 씨를 마치 어린아이 다루듯 하며 무엇인가 솟구치는 고민을 억제하고 있는 모습이었다.

“용태! 벌써 대전이구먼! 자네 고향이 大德郡 杞城面 山直里(대덕군

기성면 산직리)라고 했지? 자네 출생지 말이야! 安平山(안평산)이란 높은 산이 있고 용바위라는 물 맑은 곳도 있다고 그랬지."

"각하! 어떻게 저의 고향을 그처럼 소상히 알고 계십니까? 정치인들의 신상명세서에 고향까지 조사를 하십니까?"

"자네가 말해 주지 않았나! 5代 대통령 선거 때 기차를 타고 호남선을 오르내릴 때 대전역을 떠나 黑石里(흑석리) 역이든가 그곳을 지나면서 자기 입으로 고향 자랑을 해 놓고서… 조사는 무슨 조사!"

"각하! 죄송합니다. 각하의 기억력이 놀라울 뿐입니다."

대전 시내가 한눈에 들어오다가 점점 사라져 갔다. 멀리 普門山(보문산)이 우뚝 솟아 하늘을 떠받치고 대전을 지키고 있는 것만 같다.

"자네는 5·16 혁명 후에 정치인은 결코 되지 않겠다고 했지? 민병도 씨와 조림사업이나 하겠다고 고집부릴 때 내가 공연히 자네 앞길을 꺾어 놓은 것 같아. 내가 그때 자네를 왜 그렇게 야단까지 치면서 자네 전도를 막았는지 모르겠단 말야. 정치인이 되지 않겠다는 자네의 생각이 얼마나 정확했는지 몰라!"

이렇게 말하며 차창 밖을 바라보는 朴 대통령은 '정치무상', '무정세월'을 되씹고 있는 듯싶었다.

자동차는 어느덧 추풍령 마루턱을 달리고 있었다.

"용태! 용태! 너무 달리지 말고 천천히 가!" 하고 말하자 앞자리에 앉아 있던 鄭仁永(정인영) 경호처장이 뒤를 돌아본다.

"이 사람아! 자네만 용탠 줄 아나! 저 운전기사도 金容太(김용태)란 말야!"

그래서 우리는 한바탕 웃었다.

그날 관1호차에 탔던 朴正熙 대통령, 鄭仁永 경호처장, 金容太 운전 기사는 모두 10·26 사건 때 궁정동에서 피살됐다.

朴 대통령 일행은 추풍령 휴게소에서 잠시 머물러 이상국 장군의 영접을 받았다. 차 한 잔을 마시고 다시 南으로 달린다.

"용태! 피곤하지 않은가? 졸리거든 기대서 한숨 자게."

"저는 괜찮습니다. 각하께서 좀 쉬시지요."

"가을이 다가와서 그런지 자꾸만 옛일들이 머리에 떠오르는구먼!"

"각하! 종일 차만 타고 가시면서 詩想(시상)이라도 떠 오르시는지요."

"자네나 나는 정치 不適格者(부적격자)인지도 몰라."

"……"

"자네는 경성사범이고 나는 대구사범이니까 훈장 노릇이나 할 것을…."

"각하! 지금의 막중한 책무를 후회하고 계시는 것입니까?"

"후회한다기보다 항상 자신의 운명이 타율에 의해서 假飾(가식)이 될 때가 있어서…."

"각하! 사람은 누구나 지난 일을 후회할 때 가장 아름다운 때라고 하지 않습니까?"

"그럴지도 모르지! 1980년에는 나도 대구로 내려가 훈장 노릇이나 해야겠어. 그때가 되면 누가 정권을 맡아도 나라의 기틀이 잡히지 않겠어?"

"……"

"한국의 정치풍토가 개선되기에는 너무나 큰 응어리들이 있어. 超科學(초과학)으로도 어렵고 도덕·윤리로도 고치지 못할 고질병 같아. 불신과 아집, 黑白論理(흑백논리)와 극한투쟁으로만 치닫고 있으니 朝鮮黨爭史(조선당쟁사)와 무엇이 다른가. 조국을 근대화하고 새마을운동으로 가난을 없애 놔도 국민총화가 잘 되지 않는 것은 무슨 이유일까?

자네도 정치에 증오를 느끼고 있겠지? 공화당 창당 때는 서대문 형무소에 갇히기도 하고, 부인은 낙태까지 당하고, 국회의원이 되어서도 항명사건·불충사건·복지회사건 등으로 공화당에서 쫓겨나기도 하고…."

"각하! 왜 하필이면 오늘따라 저의 불명예스러운 상처를 한꺼번에 털어놓으십니까. 저에게 人生無常(인생무상)을 가르쳐 주시렵니까. 아니면 政治無常(정치무상)을 일깨워 주시렵니까?"

자동차는 경부고속도로를 빠져나와 경주를 거쳐 포항 쪽으로 달리고 있었다.

"용태! 사람이란 내일을 모르고 산다고 하지 않는가? 지난 15년을 되돌아보면 난들 정치를 알아서 했나? 좀 쓸 만한 人材가 나타나면 갖은 수단을 동원해서 죽여야 한다느니, 제거해야 한다느니 하는 보고만 올라오니 내가 어떻게 판단하고 어떻게 처리를 해야만 했겠나."

"……"〉

# 제41장

# 越南 패망과 긴급조치 9호 시대 개막

朴正熙

## "朴 정권이 폭력적으로 쓰러지지 않기를 바란다"

1975년 1월 1일자 〈동아일보〉는 金大中 씨와 金泳三 신민당 총재의 인터뷰 기사를 같은 크기로 나란히 실었다. 金大中 씨는 강성재 기자와 한 인터뷰에서 "유신체제를 고집하는 現 정부의 태도를 바꾸어야 한다"고 말했다.

"오늘은 국민적 민주혁명을 성취할 수 있느냐 없느냐의 과제가 주어진 시대라고 본다. 작금 우리 국민은 신문을 거꾸로 볼 줄 아는 슬기마저 터득하고 있는 것 같다."

그는 金泳三 총재의 신민당이 "헌정 회복이란 목표를 정한 것은 옳은 일이다"라고 평가한 뒤 "정권교체라는 정당의 본래적 의미에 투쟁의 초점을 맞추어야 한다"라고 말했다.

金泳三 총재는 崔時仲(최시중) 기자와 한 인터뷰에서 "올해는 기필코 유신헌법의 개헌을 이뤄야 한다"고 말했다. 金大中 씨가 신중한 표현을 쓴 것과는 대조적으로 그는 직설적으로 朴 정권을 비판했다.

"朴 정권이 비극적으로나 폭력적으로 쓰러지지 않기를 바란다. 그것은 모든 국민의 비극이 되기 때문이다. 따라서 朴 대통령이 스스로 개헌을 하고 下野(하야)를 하도록 촉구할 것이며, 이를 위해 신민당은 모든 민주세력들의 선두에 설 것이다. 朴 대통령은 자신을 위해서도 개헌을 하는 것이 좋을 것이다."

金 총재는 金大中 씨와의 관계를 '동지적 라이벌'이라고 표현하면서 "언제나 대승적 차원의 利害(이해)가 우선될 것"이라고 말했다. 金 총재는 "정부 측에서 내 주변 인사들이 자금 지원을 하지 못하도록 각서를

받는 등 나를 질식시켜 항복을 받으려 하고 있다"고 말했다.

이 무렵 朴 정권은 정보부를 동원하여 정권에 가장 비판적이던 〈동아일보〉에 대한 광고탄압을 진행하고 있었다. 1974년 12월 중순부터 광고주들에게 압력을 넣어 〈동아일보〉에 광고를 내지 못하게 하더니 12월 26일자에는 8면 중 3개 면의 광고란이 백지로 발행되었다. 분노한 시민들이 작은 돈으로 광고를 내주는 운동이 시작되었다. 신민당은 1975년 1월 14일 이 사태에 대한 진상조사 보고를 듣고는 각 지구당에 성금 및 광고보내기 운동을 벌이도록 지시했다.

30년 전의 이런 기사를 읽어 보니 유신시대가 언론의 암흑기였다는 표현이 얼마나 과장인지 알 수 있었고, 당시 야당과 언론이 朴 정권과 맞서 용감하게 싸웠음을 새삼 실감했다. 거대 야당인 한나라당이 요사이 左派 정권이 낸 위헌적인 언론규제법을 통과시켜 주고, 정권과 상생한다면서 對北 정책에 동조하는 모습을 보이는 것과 대조적이었다. 金大中 씨의 당시 말대로 정당의 본래 모습은 정권을 차지하는 것인데 한나라당은 국가가 위기에 처했어도 그런 야성을 잃고서 웰빙黨으로 하루하루를 즐기면서 지내고 있다.

1975년 1월 1일에서 5일까지 朴 대통령은 연초 휴가를 부산 해운대와 제주도에서 보냈다. 1월 4일 남제주군 신례1리 마을을 시찰한 朴 대통령은 마을사람들이 自力(자력)으로 포장한 아스팔트길의 공사비를 계산해 보더니 "어떻게 정부 공사비보다 적게 먹혔는가"라고 물었다. 朴 대통령은 "이렇게 된 것은 새마을운동의 정신력 때문이다"라고 분석하기도 했다. 朴 대통령은 해운대 극동호텔과 제주도 KAL호텔에서 휴식하면서 1월 14일로 예정된 연두기자회견을 준비했다.

1월 10일 朴 대통령은 고향인 구미대교의 준공식에 참석했다가 공단 건설 현장을 둘러보았다. 金載圭 건설부 장관과 志晩 군이 동행했다. 이날 朴 대통령은 감기에 걸려 그 뒤 며칠간 고생했다. 연두기자회견 하루 전인 13일엔 업무를 보지 않고 수도통합병원 分院(분원)에 가서 치료를 받아야 했다.

1월 14일 중앙청에서 열린 대통령 기자회견은 두 시간 40분 걸렸다. 朴 대통령은 연두기자회견을 가장 중시하여 국민들에게 국정의 지표와 방향을 아주 자세하게, 쉽게 설명하는 기회로 삼았다. 이날 朴 대통령은 야당과 재야 세력이 요구하는 유신헌법 개헌문제에 대한 소신피력에 48분을 썼다.

朴 대통령은 전해의 경제성장률이 8.3%로서 석유파동을 겪고 있는 세계 각국 중 월등한 성적이라고 자랑하면서도 도매물가상승률이 44.6%였다고 보고했다. 그 가운데 37.2%가 해외요인에 기인한 것이라고 했다. 경상수지 적자도 18억 달러로 늘어났다. 朴 대통령은 그럼에도 유신체제의 命運(명운)을 걸고 추진하는 중화학공업 건설은 계속하겠다는 결의를 밝혔다.

그는 "올해 수출은 중화학공업 제품이 45%, 경공업 제품이 55%에 달해 선진국형으로 바뀌기 시작할 것이다"면서 "우리 경제의 지속적인 성장을 위해 중화학공업 건설은 올해에도 계속 강력히 밀고 나가겠다"고 다짐했다.

철강 부문에서는 포항제철을 年産(연산) 260만 톤 규모로 확장하기 위한 공사를 추진하고, 비철금속 부문에서는 온산에 年産 8만 톤 규모의 아연제련소를 착공하며, 造船(조선) 부문에서는 울산 현대조선소가

年産 200만 톤 규모의 조선소를 완공하고, 옥포 및 죽도 조선소가 착공된다. 기계공업 부문에서는 창원 공업기지에 6개 부문 27개 대단위 공장을 유치하기로 했고, 구미 전자공업단지에 현재 22개 공장이 가동하고 있는데 올해 중에 21개 공장을 추가로 가동시킬 예정이며, 전자제품의 수출목표액이 7억 8,000만 달러로 책정되었다. 석유화학 분야에서는 여천지구에서 33만 톤짜리 메탄올 공장이 완공되며, 33만 톤 규모의 납사분해센터를 금년에 착공하고, 36만 톤 규모의 영남화학비료공장을 완공하며, 암모니아 기준 600만 톤 규모의 제7비료공장을 추진한다.

완공과 착공, 그리고 추진이란 말이 반복되는 중화학공업 건설상황을 이야기할 때 朴 대통령의 금속성 목소리엔 윤기가 돌았다. 1년 전 석유값이 넉 달 사이에 네 배로 뛰는 비상사태를 맞았을 때 중화학공업 강행을 결단한 자신의 선택이 옳았다는 확신에 찬 목소리였다.

朴 대통령은 이날 연두기자회견에서 약 50분을 유신체제 옹호에 썼다.

〈요즈음 정부에 대해서 늘 반대하는 일부 사람들 중에, 언필칭 민주주의가 어떻고 자유가 어떻고, 이런 소리를 많이 얘기하는 것 같습니다. 그 사람들 얘기를 들으면 민주주의니 자유니 하는 것은 그 사람들의 하나의 특권물이고 마치 자기들의 독점물같이 떠들고 있고, 現 정부의 대통령이나 장관이나 이런 사람들은 민주주의가 뭔지 자유가 뭔지 전혀 모르는 무지막지한 사람들이 앉아서 정치를 하고 있는 것같이 선동을 하고 있는데, 그 사람들은 요즈음 이렇게 얘기하더군요.

"언론의 자유가 없는 現 정부는 독재정권이다."

심지어 최근에 와서는 별의별 소리를 다 합니다.

"정권 내놓고 물러가라", "대통령도 그만두고 물러가라" 이런 소리가 함부로 막 나오고 또 몇몇 신문에 대문짝만 하게 이것이 보도가 되어서 국민들을 선동하고 있습니다.

그런데, 하나 이상한 것은 이 사람들이 이런 소리를 막 떠들고 신문에 쓰면서도 우리나라에는 언론의 자유가 없다는 것입니다. 언론의 자유가 없는 나라에서 어떻게 정부를 이렇게 비난하고 비방을 하고, 이런 소리를 신문에 막 쓰고 할 수가 있느냐, 이것입니다.(中略)

만약, 美 합중국이 남북으로라든지 동서로라든지 국토가 분단되어 가지고 그 한쪽에 공산 정권이 서서 미국보다도 더 강력한 군사력을 가지고 미국을 뒤집어 엎어 적화 통일을 하려고 자주 도전을 해 오고, 간첩을 보내고 테러 분자를 보내고, 심지어 땅굴을 파고 두더지 모양으로 기어 들어오고, 또 그 옆에 있는 캐나다가 공산주의 국가고 또 남쪽에 있는 멕시코가 공산주의 국가고 그 가운데 둘러싸인 미국이 주위로부터 그런 압력과 위협을 받고 있다, 그랬을 때에 미국 정부는 어떤 조치를 취할 것이고 미국 국민들이 과연 오늘날과 같은 그런 자유를 누릴 수 있겠느냐…, 못 할 것입니다. 요즈음 한국의 일부 인사들 중에는 자기는 두 동강이 난 분단된 남한 땅에 살고 있으면서 머리와 생각은 미국이나 서구라파에 가 있어 가지고 그곳에 대한 환상만 자꾸 생각하고 있단 말이에요. 이것을 우리는 소위 환상적 민주주의론자라고 얘기를 합니다〉

## 金鍾泌의 국민투표 건의

1975년 1월, 朴正熙 대통령은 金泳三의 신민당을 중심으로 하여 언론계·종교계·학생들이 연합전선을 형성하여 벌이고 있는 유신헌법 개정 운동이 전국적으로 확산되고 있는 상황을 지켜보고 있었다. 한 해 전 4월의 학생시위에 대해서 긴급조치로 대응한 이후 8·15 陸英修 여사 피살사건 직후에 한두 달 정도 조용했을 뿐 反유신 운동은 하나의 흐름을 확실히 형성하고 있었다. 투쟁노선으로 선명해진 야당과 언론자유수호 운동을 벌이던 신문이 여론을 주도하고 있는 것 같기도 했다.

이런 상황에서 긴급조치를 남발하는 방식으로는 문제 해결이 안 된다는 판단을 한 사람이 金鍾泌 총리였다. 당시 金 총리는 라이벌이던 李厚洛 정보부장이 물러난 이후 申稙秀 후임부장과 잘 지내면서 오랜만에 실세 총리로 영향력을 발휘하고 있을 때였다. 金 총리는 마음에 별로 내키지 않았지만 유신체제를 옹호하는 연설이나 발언을 많이 하고 있었다. 그 때문에 비판도 많이 받았다.

金 총리는 대통령을 찾아갔다.

"드골 대통령이 했듯이 유신헌법에 대한 찬반을 묻는 국민투표를 하여 정면돌파하는 것이 좋겠습니다. 국민투표에 지면 물러나겠다고 하시지요."

"임자가 너무 약해서 흔들리니까 이 사람 저 사람이 모두 덤비는 거야. 그렇게 마음이 약해서 어디 써먹겠어."

"이것이 이기는 길입니다. 제가 무슨 다른 뜻이 있어 하는 이야기가 아닙니다."

"그것은 알아. 그럼 연구해 보자구."

"그리고 이제는 저를 좀 놓아 주십시오. 건강이 도저히 말을 듣지 않습니다."

金鍾泌 총리는 그때 持病(지병)인 허리 디스크가 도져 있었다.

"말은 들었어. 허지만 별것 아니라고 그러더군. 싫어서 그런 게지."

"아닙니다. 외부에 알려질까 봐 무리를 하고 있는 것이지 사실은 절단이 난 것 같습니다."

"알았어. 나가 봐."

그 며칠 후 朴 대통령은 金 총리를 불렀다.

"임자, 생각해 보았어?"

"무엇을 말입니까?"

"국민투표 하자고 말하지 않았어?"

"아, 네 그것 말씀입니까."

"하지. 해 봐서 지지가 나오지 않으면 내가 물러나지. 나가면 될 것이 아닌가."

이렇게 해서 1975년 1월 15일 오전 10시부터 네 시간 동안 朴 대통령이 주재하는 시국대책회의가 청와대 서도실에서 열렸다. 참석자는 朴 대통령과 총리, 申稙秀 정보부장 이외에 朴璟遠 내무장관, 金正濂 비서실장, 金淇春 정보부 5국장, 金永光 정보부 판단기획국장, 鄭相千 정무2수석, 柳赫仁 정무1수석, 金聖鎭 공보수석비서관이었다. 이 회의에서는 국민투표 실시에 따른 상황점검을 했다. 정보부는 국민투표에서 이길 자신이 있다는 판단을 내놓았다.

1월 22일 오전 임시 국무회의가 청와대 대접견실에서 열려 국민투표 실시 안건을 의결했다. 오전 10시 朴 대통령은 청와대 새마을 상황실에서 특별담화를 발표했다.

"따라서 나는 이번 국민투표를 비단 현행 헌법에 대한 贊反(찬반)투표일 뿐 아니라, 나, 대통령에 대한 신임투표로 간주하고자 합니다. 국민 여러분, 나 개인은 민족중흥의 역사적 사명을 위해 이미 나의 모든 것을 다 바쳤습니다. 만일, 우리 국민 여러분이 유신체제의 역사적 당위성을 인정하지 않고 현행 헌법의 철폐를 원한다면 나는 그것을 대통령에 대한 불신임으로 간주하고 즉각 대통령직에서 물러날 것입니다."

이날 朴 대통령은 투표에 관계하는 비서관들을 불러 점심 식사를 함께 했다.

"오늘 공고한 국민투표에서 이길 것이라는 자신은 있는데, 결과는 끝나 봐야 알지. 나는 결심했네. 근소한 차이로 이기게 되면 下野할 작정이야. 우리 일들이 얼마나 많은데, 국민의 절대적 지지가 없으면 맥 빠져 일을 하지 못해요. 일부 사람들은 부결되기를 바라겠지만, 나는 그런 것에는 전혀 신경을 쓰지 않습니다. 총유권자의 60% 이상 찬성표가 안 나오면 내 스스로 청와대를 떠날 작정이니, 反체제 사람들 만나면 너무 초조해하지 말라고 이야기해 줘요."

신민당과 민주회복국민회의는 즉각적으로 국민투표 전면 거부 결의를 했다. 국민투표를 4일 앞둔 2월 8일 尹潽善 前 대통령과 金泳三 총재, 金大中 씨는 국민행동강령을 발표, 투표거부를 종용했다. 신문들은 언론자유수호 운동을 벌이고 있을 때여서 야당과 在野의 투표거부운동을 적극적으로 보도했다. 朴 정권下의 모든 행정기관은 국민투표에 동원되었다.

1975년 2월 12일 유신헌법에 대한 贊反을 묻는 국민투표가 실시되었다. 朴 대통령은 비서진들을 불러 점심 식사를 함께 했다.

"지금 심정은 지극히 담담하지만 국민투표가 어찌 되어가는지 궁금하구먼. 현재 상황이 어떻게 돼 가고 있어?"

관계 비서관이 보고했다.

"지난번 선거 때보다 투표율이 높습니다."

"잘됐구먼. 외국에서는 투표율이 낮으면 야당에게 유리하다고 하지만, 우리 국민은 현명해서 가부간에 의사 표시를 다 하는 민족이야."

2월 12일의 국민투표율은 79.8%, 유신헌법 지지율은 73%였다. 官權이 동원된 것은 사실이지만 금품 공세는 없었다. 야당이 투표거부운동을 벌이고 신문이 비판적 자세를 유지하고 있었음에도 朴 대통령과 유신헌법 지지율은 높았다. 朴 정권은 형식상 유신헌법의 정통성을 확보한 셈이었다. 이때부터 朴 대통령은 공세로 전환한다. 월남사태의 악화가 朴 대통령을 돕게 된다. 1년간 계속된 유신체제에 대한 도전은 이제 썰물期로 바뀐다.

1975년 3월 20일 본관 식당에서 朴 대통령은 비서진을 불러 점심 식사를 같이 했다.

이날 중부전선 철원 북방에서 북한이 판 제2땅굴을 또 발견했다는 공식 발표가 있었다.

"철원에서 또 땅굴이 발견됐다면서? 아무리 공산주의라 해도 하는 식이 원시적이고 서툴러 같은 한민족으로서 국제적으로 망신스러운 생각이 들어. 남침을 하려거든 당당하게 할 것이지 그런 짓은 왜 해? 수천 년 전부터 해 온 땅굴작전에 아직도 미련이 남아서…. 외국인들이 이것을 보고 원시적인 싸움밖에 모르는 저능아라 할 것 같아.

나는 그들이 변칙적인 공격을 해 온다 해도 정규전으로 대응할 것이야. 정 그렇게 기습을 하고 싶으면 내게 와서 작전을 물어보면 한 수 가르쳐 줄 텐데, 허허허."

1975년 2월 12일 국민투표에서 유신헌법 유지에 대한 찬성이 70%를 넘자 朴正熙 대통령은 그 여세를 몰아 정국의 주도권을 장악하기 위한 일련의 조치를 입체적으로 취해 간다. 이때 월남의 패망 과정이 겹친다. 월남이 미군 철수 이후의 내부 분열로 망해 가는 과정이 언론을 통해서 매일 중계방송하듯이 소개되면서 야당·在野·학생·종교계에서 추진하던 유신헌법 개정운동은 動力(동력)을 잃고 만다. 2월 15일 朴 대통령은 긴급조치 1호 및 4호 위반으로 구속되었던 反정부 인사들을 석방했다.

4월에 들어가면 거의 모든 연설에서 朴 대통령은 유신조치를 합리화하는 사례로 월남사태를 들었다. 4월 10일 해군사관학교 졸업식 유시에서 朴 대통령은 "지금 월남에서는 男負女戴(남부여대)한 피란민의 행렬이 문자 그대로 아비규환을 이루고 있다. 6·25 동란을 체험한 우리 국민들에게는 그 참상이 결코 對岸(대안)의 화재거나 남의 일처럼 느껴지지 않는 것이 솔직한 심정이다"라고 말했다.

그는 또 "북한은 1971년 선거를 보고 다음 선거 때는 극심한 분열과 혼란이 있을 것으로 예상하고 그때 무력남침을 하려고 준비했을 것이다"면서 "유신체제를 갖추지 않았더라면 어떤 결과를 초래했을 것인지 생각해 보아야 한다"고 말했다.

4월 12일 '예비군의 날' 7주년 담화문에서 朴 대통령은 "우리는 지금 일대 국난에 처해 있다"고 규정했다.

4월 18일 金日成은 14년 만에 처음으로 中共(중공)을 공식 방문했다. 8일간에 걸친 방문이 시작되는 날 中共이 지원한 크메르 루즈 공산세력은 캄보디아의 수도 프놈펜을 점령했다. 金日成은 毛澤東 주석과 周恩

來를 만나게 된다. 환영 만찬에서 金日成은 "敵들이 전쟁을 도발하면 우리는 전쟁으로 응수할 것이고 敵을 섬멸할 것이다. 이 전쟁에서 사라지는 것은 휴전선이고 얻는 것은 조국통일이 될 것이다"고 호언했다.

金日成은 중공 지도부에 대하여 "남한 해방에 자신이 있다"면서 지원을 요청했다. 周恩來는 이 제의를 거부했다. 그는 직설적으로 金日成을 반박하지 않고 한반도의 안정이 무엇보다 중요하다는 점을 강조했다. 金日成은 체면을 구기지 않기 위해서 그 뒤에는 남침 말을 꺼내지 않았다.

비슷한 시기에 소련도 북한에 대해서 "우리는 한반도 문제의 평화적 해결만 지원할 것이다"고 통보하여 전쟁 기도를 事前(사전)에 봉쇄했다고 한다.

4월 28일 북한과 中共의 공동성명에 대해서 정부 대변인인 李源京 문공부 장관은 담화문을 통해서 "북괴와 中共이 한반도 赤化를 논의하고 공동투쟁을 다짐했다는 것을 주시하겠다"고 말했다.

4월 29일 朴正熙 대통령은 텔레비전과 라디오가 전국에 중계하는 가운데 '국가안보와 시국에 관한 특별 담화'를 발표했다. 사이공이 월맹군에 포위되고 탄손누트 공항이 포격을 받고 있으며 駐越 한국대사관이 문을 닫고 교민들이 철수선을 타고 귀환 중인 시점에서 나온 朴 대통령의 담화는 국민들에게 안보 위기감을 실감시켰다. 내용도 비장했다.

"우리에게 어떤 약점이 생기거나 우리가 약하다고 그들이 보았을 때는 지금까지 체결한 협정이니 하는 것은 하루아침에 휴지처럼 내동댕이치고 武力(무력)을 가지고 덤벼드는 것이 바로 공산주의자들입니다.

兵力(병력)이나 장비가 우세했던 월남은 집안싸움만 하다가 패전을 당한 것입니다. 만약에 앞으로 북한 공산집단이 전쟁을 도발해 온다면,

우리가 사는 首都(수도) 서울은 절대로 철수를 해서는 안 됩니다. 全시민이 이 자리에 남아서 死守(사수)해야 합니다.

정부도 650만 시민 여러분들과 같이 死守를 할 것입니다. 전방은 우리 군인들이 일보도 양보하지 않고 국토를 死守할 것이고, 서울은 우리 시민들이 死守해야 할 것이고, 후방은 후방에 사는 국민들이 제각기 내 고장, 내 마을, 내 가정을 死守해야 합니다. 겁부터 집어먹고 나만 살겠다고 보따리를 싸 가지고 얌체 없는 행위를 하는 국민들이 있다면 이 전쟁에서 우리는 이길 수 없습니다. 그 사람 자신도 살 수 없습니다. 우리는 이 중대한 시국을 에누리 없이 정확하게 인식해야 하겠습니다.

과장할 필요도 과소평가할 필요도 없습니다. 60만 국군, 주한미군, 270만 향토예비군, 3,500만 국민들이 있는데 왜 우리가 나라를 지키지 못하겠는가, 지키지 못할 이유가 하나도 없습니다."

월남 패망은 朴 정권을 민주화 세력의 도전으로부터 구해 낼 뿐 아니라 그 뒤 4년간 정국을 안정시킨다. 월남 패망 과정을 추적해 본다.

## 朴 대통령의 예언: "1년도 어렵다"

1973년 1월 24일 키신저 안보보좌관은 백악관에서 월남 휴전협정을 보고하면서 이런 말을 했다.

"이 협정은 관련 당사자들의 권위와 자존심을 지켜 줄 것이고 인도지나의 상처를 치유함과 더불어 미국의 상처를 치유하게 될 것이다."

키신저는 나중에 자신의 회고록에서 이런 요지의 고백을 한다.

"내가 이 말을 할 때, 나는 워터게이트 사건이 미국의 상처를 치유한다는 희망을 망치게 될 것이고, 월맹이 평화협정을 새로운 攻勢(공세)로 가는 휴식기로 사용할 것이란 것을 몰랐다. 미국의 反문화·反戰운동가들은 우리가 자유민들을 보호해야 한다는 1945년 이후의 외교정책을 부패한 사회의 오만이라고 몰아세웠다. 3代에 걸친 미국 정부가 막으려고 했던 인도지나 赤化는 이들에게는 바람직한 국가적 스트레스 해소였다. 문제는 이런 여론이 언론과 미국 의회를 흔들어 대어 월남에 대한 방위 공약을 실천할 수 없게 했다는 점이다."

1968년부터 미국과 월맹 사이에서 시작된 파리평화협상은 월남의 티우 정부를 회담 당사자 자격에서 제외했다. 미국과 월맹은 침략피해자의 운명을 당사자의 참여 없이 결정하게 된 것이다. 이는 처음부터 월맹의 함정에 빠진 회담이었다. 월맹은 4년간 줄기차게 월남 赤化에 대한 방해물의 제거를 시도했다. 그들이 미국에 제시한 뒤 양보하지 않은 조건은 '駐越미군의 철수, 미국의 괴뢰인 구엔 반 티우 대통령의 교체, 그런 뒤에 左右聯政(좌우연정)을 수립하여 베트콩과 협상한다' 는 것이었다. 이는 월남 정부에 대해 자살하라는 처방에 불과했다.

1973년 10월 월맹은 닉슨 대통령이 아홉 달 전에 제안한 휴전안을 거의 그대로 수용한다는 발표를 했다. 대통령 선거 직전이었다. 닉슨 행정부로서는 받지 않을 수 없는 逆제의였다. 그 내용은 '티우 월남 정부의 존속, 駐越미군의 철수, 휴전, 월맹군의 월남 침투 중지, 포로 교환, 정치협상 계속' 이었다. 형식상으로는 월맹 측이 대폭 양보한 모습이었다. 미국의 여론은 닉슨이 이를 받아들여야 한다는 방향으로 돌아갔다.

키신저와 닉슨은 越盟의 이런 제안을 받아들이더라도 군사적 강제수단을 유지하지 않으면 월맹이 협정을 지키지 않을 것이라고 생각했다.

그때 駐越미군은 철수를 개시하여 한때 50만 명에 달하던 병력이 3만 명으로 줄었고, 육상전투에는 참여하지 않고 있었다. 닉슨의 안보보좌관 키신저는 미국이 월남 정부에 군사·경제원조를 계속하고, 월맹이 협정을 위반하여 월남을 침공할 때는 海空軍力(해·공군력)으로 응징할 경우 월남에서 군사적 균형은 유지될 수 있다고 판단했다.

朴正熙 대통령의 판단은 달랐다. 1972년 10월 21일 駐韓 미국대사 하비브가 키신저와 만나고 와서 朴 대통령에게 협정안을 보고하자 그는 반론을 제기했다. 이미 월남으로 침투해 있던 월맹 정규군의 철수에 대한 규정이 없다는 점을 朴 대통령은 맨 먼저 문제 삼았다. 당시 약 14만 명의 월맹군이 월남에 들어와 베트콩으로 위장하여 싸우고 있었다. 미국과 세계의 많은 언론은 이들이 自生的(자생적)인 反독재 투쟁조직이라고 오보했다. 월남 침투 월맹군에 대해서는 잔류를 허용하고 駐越 미군은 철수시키고, 휴전협정에 대한 국제감시는 불가능한 이런 협정을 어떻게 믿을 수 있느냐고 朴 대통령은 목소리를 높였다.

그는 越南戰 참전국 元首(원수)로서 발언권을 행사하고 있었을 뿐 아니라 비슷한 처지의 한국 상황과 대비하여 보고 있었다. 朴 대통령은 이런 협정을 맺으면 티우 정부와 월남 국민들의 사기가 떨어질 것이고, 미국을 비롯한 자유진영의 막대한 희생이 수포로 돌아가게 되며 월남 정부는 1년을 지탱하기 어려울 것이라고 경고했다.

朴 대통령은 나흘 뒤엔 駐越 한국대사 柳陽洙 씨를 불러 歸任(귀임)하면 티우 대통령을 만나 자신의 걱정을 전해 달라고 부탁했다.

티우 대통령도 미국의 키신저가 들고 온 협정안을 거부했다. 1972년 10월 22일 대통령궁에서 있었던 회담에서 티우 대통령은 키신저를 향해서 "귀하는 월남을 팔아넘길 작정인가"라고 소리쳤다고 한다. 키신저는 급했다. 11월 7일로 예정된 대통령 선거에서 닉슨은 反戰평화운동세력의 지지를 받고 있던 민주당 조지 맥거번을 꺾기 위해 월남 휴전협정을 맺고 싶어 했다. 이런 타이밍을 계산하여 월맹이 양보하는 척하면서 함정을 깐 휴전안을 제의했던 것이다.

柳陽洙 대사를 만난 티우 대통령은 키신저와 만나 나눈 대화를 전해주었다. 티우는 월남 내에 침투한 월맹군을 철수시키지 않고 휴전하는 것의 부당성을 지적했다. 그는 또 1954년의 제네바협정의 再확인을 요구했다. 그래야 앞으로 월맹이 침략할 때 국제여론에 고발할 수 있다. 티우는 공산주의자들과 어떤 형태의 연립정부도 반대한다고 했다. 월맹측은 중앙정부에서 마을단위까지 티우 정부와 베트콩 사이의 연립을 주장하였으니 이는 左右합작으로써 월남 정부를 허수아비로 만들려는 고전적인 술책이었다.

키신저는 월남 정부를 압박하여 字句(자구) 수정 정도만 한 뒤 10월 26일에 협정안을 발표하고 31일 파리에서 조인할 계획이었으나 티우의 거부로 霧散(무산)되었다. 키신저에게 티우는 거의 막말 수준의 말을 했다고 한다.

"우리는 공산당과 직접 대화하지 않고 귀하가 중계를 했는데 귀하는 누구 편인가. 왜 적에게 호의적이고 우방을 희생시키려 드는가. 왜 월남의 외국 군대는 60일 이내에 철수한다고 해 놓고 들어와 있는 월맹군에 대해서는 철수를 요구하지 않는가."

小國이 자신을 도와준 大國의 요구를 거절한다는 것은 매우 어려운 일이다. 李承晩 대통령은 1953년 휴전협정 때 미국이 서둘러 협정을 맺고 한국에서 물러나려 한다고 판단하여 北進(북진)통일 선언과 反共포로 석방으로써 미국 정부를 압박하였다. 미국은 李承晩 정부를 달래기 위하여 韓美상호방위조약, 국군현대화 계획, 주한미군 유지 등을 약속했다. 이것이 오늘날까지 계속되는 한반도 평화와 한국 번영의 울타리가 되었다. 티우 대통령은 그러나 닉슨을 상대로 그런 게임을 할 수 없었다. 그가 李承晩만큼 유능하지 못해서라기보다는 미국의 여론과 언론이 反戰, 反티우로 돌아서 있어 미국 안에서 지지세력을 동원할 수 없었기 때문이다.

닉슨은 티우에 대해서 월맹이 협정을 위반하여 침공하면 미국은 군사력을 동원하여 응징할 것이고 경제·군사적 원조를 계속할 것임을 문서로 보증하겠다고 설득했다. 그래도 티우가 동의하지 않자 1973년 1월 16일 닉슨은 티우 대통령에게 최후통첩을 보낸다.

그는 이 편지에서, 티우 정부가 휴전협정안에 동의하지 않으면 미국과 월맹이 조인을 강행할 것이며 자신은 "월남 정부가 평화를 방해하고 있다"고 美 국민들에게 설명하지 않을 수 없을 것이라고 위협했다.

1월 21일 티우는 결국 굴복한다. 그는 닉슨 대통령에게 보낸 친서에서 '미국이 사이공 정부를 월남의 정통정부로 인정한다는 것, 월맹은 월남에 병력을 잔류시킬 권리가 없다는 것을 일방적으로 聲明(성명)해 줄 것' 을 요청했고 미국은 이를 받아들였다. 휴전협정은 1월 23일 파리에서 가조인되었다.

이 협정은 이때부터 휴지 조각이 되었다. 휴전협정 이후 1975년 4월 30일 사이공이 공산군에 떨어질 때까지 월남 내의 전투는 더 치열하게 계속되었다.

파리휴전협정은 월맹 협상전술의 완벽한 승리였다. 그들은 戰場(전장)에서 얻을 수 없었던 것을 협상 테이블에서 얻었다. 월맹은 미국 여론을 反戰, 反티우로 돌려놓기 위해서 전투를 하고 협상을 했다. 미국 여론이 한번 돌아가 버리니 월맹의 월남적화 전략을 결정적으로 도와주는 것은 미국의 언론과 의회였다.

월맹이 월남을 赤化하기 위해서 반드시 제거하지 않으면 안 되는 것은, 닉슨 대통령이 티우에게 약속했던 군사적·경제적 원조 및 협정 위반 時의 군사적 응징조치 약속이었다. 국가원수의 이런 약속은 조약에 준하는 효력을 갖는데 美 의회가 월맹이 할 일을 대신해 준다.

1973년 6월 미국 의회는 美 군사력을 인도지나의 육상이나 상공에서 사용하는 것을 금지하는 법안을 통과시켜 닉슨 대통령의 발목을 묶어 버렸다. 월남에 대한 군사원조액도 의회에 의해 깎여 나갔다.

1974년 8월 워터게이트 사건으로 중도 사임한 닉슨을 이어 포드 대통령이 취임한 이후에도 의회와 언론의 反戰행태는 계속되었다.

휴전협정을 어겨도 아무런 제재를 받지 않는다는 자신을 가진 월맹은 월남 내의 공세를 강화하여 협정 이후 20개월 사이 2만 6,000명의 월남 군인이 戰死(전사)했다.

휴전협정 이후 1년 반 사이 월맹은 13만 명의 월맹 정규군을 월남으로 침투시키고 결전에 대비한 도로망 정비, 보급품 쌓아두기를 계속했다. 휴전협정이 금하고 있는 탱크, 장갑차, 로켓포, 장거리포, 對空砲(대공포)까지도 남쪽으로 내려가기 시작했다. 키신저는 회고록 《再生의 시기》에서 이렇게 요약했다.

〈월맹군의 침투와 협정 위반이 계속되는 동안 미국은 월남의 목을 죄고 자신의 응징능력을 마비시켜 갔다. 이 비극은 월맹정규군이 월남을 침공하는 사이 미국은 국론이 분열하여 이를 방관하는 것으로 끝나고 말았다〉

미국 CIA는 1974년 5월 23일자 '국가정보평가서'에서 '월남군은 주도권을 회복할 수 없을 것이다. 미국의 해·공군이 전투에 참여하지 않으면 월남군이 버티기 어려울 것이다. 미국의 대규모 지원만이 공산군의 공세를 저지하는 최소한의 조건이다'라고 예측했다.

월맹은 이런 사태를 지켜보면서 1975년의 작전을 준비해 갔다. 월맹 지휘부는 자신들이 월남에 대한 총공세를 시작할 경우 미국이 약속대로 월남을 돕기 위해 해·공군력을 동원할 것이냐의 여부를 놓고 고심했다. 이들은 미국이 개입하지 못할 것이라고 판단했다. 월맹공산당 서기장 레 두안은 이렇게 말했다고 한다(월맹군 사령관 반 틴 등의 회고록).

"미국 행정부의 내부 갈등과 정당 사이의 분열이 깊어지고 있다. 워터게이트 사건은 미국 전체를 혼란에 빠뜨렸다. 사이공 괴뢰정권에 대한 미국의 원조는 줄고 있으며 미국은 사이공 정권의 파멸을 막을 수 없을 것이다."

월맹은 1976년을 決戰(결전)의 해로 정하고 1975년 攻勢(공세)로써 미국의 의지를 시험하기로 했다.

## 反戰 여론에 춤추는 美 의회

1975년 월맹군은 푸옥롱省의 省都(성도)인 푸옥빈을 점령했다. 월남전 사상 省都가 공산군에게 점령되고도 탈환하지 못한 경우는 이것이 처음이었다. 하노이의 월맹 지휘부는 미국이 이에 어떻게 대응하는가를 보고 다음 단계의 작전을 전개하기로 했다. 2년 전의 의회 결의로 인해 포드 행정부는 이런 중대한 협정 위반행위에 대해서도 군사력을 사용할 수 없었다. 답답한 키신저는 월맹 상공에 대한 정찰비행을 강화하고 필리핀 수빅만을 출항하여 인도양으로 향하게 되어 있는 항공모함 엔터프라이즈號(호)를 월맹의 통킹만으로 접근시켜 월맹 측에 경고하는 방안을 내놓았다. 월맹이 즉각적으로 반응했다.

중대한 협정 위반을 한 월맹은 오히려 미국 측이 휴전협정을 위반하여 정찰비행을 강화하고 있다고 비난했다. 여기에 미국의 언론과 의회가 편승하여 포드 행정부에 대해 해명을 요구했다. 의회와 언론은 더 큰 협정 위반자인 월맹에 대해서는 비판하지 않고 자신의 정부에 덤벼들었다. 미국 국방장관이 나서서 변명해야 할 판이었다. 미국 국방부는 의회로부터 국방예산 심의를 받아야 할 시점에 말썽을 일으키지 않으려고 했다.

엔터프라이즈호가 수빅만을 출항하자마자 하노이는 또다시 미국이 침략의도를 드러내고 있다고 외쳤다. 美 국방성은 엔터프라이즈호의 통킹만 접근계획을 취소했다.

이런 사태를 지켜보던 하노이의 월맹 지휘부는 미국의 포드 대통령이 월남 방어 의지를 실천하기가 불가능하다는 판단을 했다. 총리 팜 반 동은 "우리가 미국에 뇌물을 주어서 개입하라고 해도 하지 않을 것이다"고 농담을 했다고 한다.

포드 대통령과 키신저 국무장관은 월남을 구해 보려고 했다. 그들은 탄약이 떨어져 가는 월남 정부에 대해서 3억 달러의 긴급지원을 하려고 美 의회에 승인을 요청했다. 공화당과 민주당은 움직이지 않았다. 포드 대통령이 공산주의자들에게 너무 부드럽게 대한다고 비난해 오던 反共의 보루 헨리 잭슨 상원의원도 "인도지나의 문제는 3억 달러의 무기구입비로 해결되지 않는다"고 거부했다.

티우 대통령은 이때 전략적 부대 배치 전환을 단행한다. 중부고원 지대를 지키던 정예 공수부대들을 해안의 다낭기지 부근으로 옮기도록 한 것이다. 방어력을 집중시키기 위해서 戰線(전선)을 축소하기 위한 전략적 후퇴였다. 이것이 월맹 지휘부에 나쁜 신호를 보냈다. 하노이는 이 기회를 놓치지 않았다. 그들은 다음해로 예정했던 사이공 진격을 이 기회에 해치우기로 결단했다. 참모총장 반 틴 둥이 월남으로 내려와 월맹군 사령관을 맡았다.

이 침략행위를 덮기 위해서 월맹 정부는 전형적인 위장 평화공세에 나선다. 그들은 정치협상을 제안한 것이다. 그 내용은 '미국의 개입을 중단시키고 파리협정을 실천하기 위한 새 정부를 사이공에 수립하자'는 것이었다.

키신저는 그제야 이 제안이 무엇을 의미하는지 알았다. 3년 전 그는 파리협상의 상대자인 레둑토가 표정도 바꾸지 않고 '티우 암살'을 제안했던 것을 기억했다고 한다. 정규군을 동원하여 월남을 침공함으로써 파리휴전협정을 휴지 조각으로 만든 월맹이 '휴전협정을 실천할 수 있도록 티우 정부를 교체하자'는 취지의 제안을 해도 미국의 언론은 '온건한 제안'이라고 환영했다.

《로스앤젤레스 타임스》는 1975년 3월 6일자 사설에서 포드 대통령이 신청한 3억 달러의 긴급지원에 반대했을 뿐 아니라 이미 통과된 對월남원조액의 삭감을 주장하면서 이렇게 덧붙였다.

〈구엔 반 티우 대통령이 자신의 권력을 강화하지 못하도록, 또 그가 타협하고 양보하지 않을 수 없도록 군사지원을 줄여야 한다〉

미국의 敵이자 협정 위반자인 월맹에는 침묵하고 우방이자 피해자인 월남에 대해서는 잔인하게 대한 것이 당시 언론과 의회였다. 대중정치 시스템에선 여론이 '反戰평화'로 돌아 버리니 언론과 의회도 휩쓸려 들고 행정부도 발이 묶여 버린 것이다. 월맹은 이때 미국 내의 언론과 反戰단체, 그리고 의회를 자신들의 편으로 조종하고 있었던 셈이다. 월맹은 월남 내에서는 월맹 정규군과 베트콩, 그리고 순진한 민주투사들을 조종하고 있었다. 티우와 포드 대통령은 이런 월맹 전략에 의해 여론과 언론과 의회에서 정치적으로 고립되었다.

월맹을 북한의 金正日 정권, 월남의 티우 정권을 한국의 보수세력, 그리고 당시 反戰무드에 조종당하던 미국의 언론과 의회를 지금 反美·親北 바람에 나부끼는 한국의 언론과 국회로 놓고 비교하면 여러 시나리오를 쓸 수 있을 것이다.

1975년 3월 월맹 정규군이 탱크와 대포를 앞세워 월남의 중앙고원을 공격하자 티우 월남 대통령은 측근인 트란 반 람을 워싱턴으로 보내 긴급지원을 요청했다. 이에 답이라도 하듯이 민주당 상원의원총회는 3월 12일 월남에 대한 어떤 추가지원도 반대한다는 결의를 했다. 실망한 티우 대통령은 중앙고원 방어부대와 공수부대를 후방으로 철수하여 다낭 근방에 포진하도록 지시했다.

이 철수 부대가 쓸 수 있는 도로는 루트 7B 하나뿐이었다. 도로의 정비상태가 매우 불량했다. 이 도로로 약 6만 명의 군인들과 약 40만 명의 민간인들이 쏟아져 들어와 거대한 人波(인파)의 강을 만들었다. 당시 월남군인 가족들은 부대 근방에서 숙식하고 있었다. 이 군인가족들도 군인들과 함께 이동해야 했다. 철수 소문이 퍼지자 많은 월남인들이 또 피란길에 올랐다. 소수민족들은 월남 정부가 자신들을 방치한다고 난동을 부리기도 했다.

도로를 꽉 메운 인파 속에서 군인들은 약탈을 자행했다. 거대 인파에 대한 식량배급도 불가능해지고 軍紀(군기)가 무너지더니, 월남 전투기는 후퇴하는 부대를 월맹군으로 오인하고 폭격했다. 이 혼란상태에서 이동하던 군대는 거의 해산되고 말았다. 그야말로 부대가 증발해 버린 것이다. 중부고원 지대로 들어온 월맹군은 이 사태를 보고 사이공까지 진격하여 통일한다는 계획을 실천에 옮기기 시작했다.

1975년 4월이 되면서 키신저 국무장관은 월남의 멸망을 아무도 막을 수 없다는 무력감에 빠졌다. 이제 미국의 목표는 월남의 보호가 아니라 월남內 약 6,000명의 미국인과 그동안 미국에 협조했던 월남인들을 안전하게 철수시키는 일이었다. 이 철수작업이 진행되는 중에는 티우 정부가 기능하고 있어야 했다.

티우 정권이 월남과 함께 침몰하고 있다는 것이 확실해지자 미국 언론은 미국 정부가 티우를 포기하고 즉시 철수할 것을 요구하기 시작했다. 당시 美 CIA 국장 윌리엄 콜비는 미국이 티우를 퇴진시키는 대신 월맹 측으로부터 미국인들의 안전한 철수를 보장받도록 하자는 건의를 했다가 키신저로부터 거절당했다.

포드 대통령이 하루속히 월남을 포기하는 선언을 해야 한다는 압력이 의회와 언론, 그리고 자신의 백악관 참모들로부터 쏟아져 들어왔다. 포드는 이를 거부했다. 4월 10일 美 양원 합동회의 연설에서 그는 월남에 충분한 원조를 하지 못했고, 월맹의 협정 위반을 응징하지 못한 것은 미국이었다고 강조했다. 反戰여론의 포로가 된 美 의회와 언론으로부터 손발이 묶인 채 월남의 최후 몸부림을 지켜보아야 하는 포드 대통령의 고통에 찬 호소였으나 의회는 이를 묵살했다.

## 두 척의 LST, 출항하다

1965년부터 월남戰에 참전하여 한때 5만 병력을 투입했고 延(연) 30만 명의 파병 실적을 쌓았던 朴 정권으로서는 월남의 침몰이 對岸의 불이 아니었다. 한국 정부는 비교적 일찍부터 교민 철수작업을 준비했다. 朴 대통령부터가 월남사태에 대해서 비관적인 전망을 하고 있었기 때문일 것이다.

1975년 2월 27일부터 3월 1일까지 亞洲(아주)지역 공관장 회의가 자카르타에서 열렸다. 이 자리에서 金榮寬 駐越 한국대사는 金東祚 외무장관에게 "이미 보고 드린 월남 공관원 및 교민 철수계획을 빨리 승인해 달라"고 요청했고 3월 15일부터 준비작업에 들어갔다. 대사관이 파악한 교민 수는 처음에는 1,200명이었으나 실제로 전국에 흩어져 있던 교민 수는 불법체류자를 포함하여 이보다 훨씬 많았다. 북쪽의 월남군이 사이공을 향해 후퇴를 시작하면서 한국 교민들도 사이공으로 집결하기 시작했다.

해군참모총장 출신인 金대사는 撤收船(철수선)을 요청했고 이에 따라 4월 9일 두 척의 해군 LST 수송선이 부산항을 떠났다. 두 배의 함장들은 사병들에게는 '남중국해상 훈련'을 하러 간다고 알렸다. 이 철수선이 월남을 향해 가고 있을 때에도 사이공에서는 월남이 망하리라고 보는 이들은 소수였다. 전쟁에 오랫동안 익숙해져 있는 사람들이 서울에 있던 사람들보다 대체로 사태를 낙관했다.

교민 철수선 파견을 결정한 것은 1975년 4월 3일 金正泰 외무부 차관 주재로 열린 관계부처 대책회의에서였다. 이 회의는 교민 철수에 관한 결정권을 駐越 한국대사에게 일임키로 하고 自費(자비) 퇴거가 불가능한 교민들을 위해서는 전세기를 투입하기로 하는 등의 방침(나중에 이 계획은 해군수송선 파견에 의해 취소됨)을 정해 4월 4일 국무회의에 보고했다.

대책회의에서 월남 근무경력이 있는 李熺性 국방부 기획국장(나중에 육군참모총장 겸 계엄사령관)은 한 참석자가 "아직 월남군이 건재하고 있지 않느냐"고 위기론에 의문을 제기하자 이렇게 말했다고 한다.

"월남군은 벽돌로 지은 집과 같습니다. 기초가 제대로 되어 있지 않아 벽돌이 하나 빠져 기초가 기울기 시작하면 걷잡을 수 없이 무너집니다."

駐越 한국대사관에서는 해군 LST를 기다리면서 우선 대사관 가족들과 상사주재원들을 여객기편으로 내보내고 교민들에 대한 철수 권유, 월남 정부와의 교섭에 나섰다. 언제 망할지 모르는 상황에서도 월남 정부는 '적법 출국수속'을 요구했다. 출국비자를 받으라는 뜻인데 수년간 불법체류한 사람들과 세금을 안 낸 사람들이 문제였다.

4월 22일 우리 해군 LST 두 척이 구호물자를 싣고 사이공 외항인 뉴포트에 도착했다. 駐越 한국대사관은 구호품 전달행사를 거창하게 거행했다. 월남 사람들의 협조를 받기 위함이었다. 23일 오전부터 구호물자 하역작업이 시작되었다. 대사관이 철수 교민들의 승선시기를 26일로 잡아 놓았기 때문에 하역 시간을 천천히 끌어야 했다. 4월 25일 상부에서 두 척의 LST를 지휘하고 있던 權尙虎 대령에게 指示電文(지시전문)이 내려왔다.

'즉시 하역을 중지하고 교포를 탑승시킨 뒤 귀국하라' 는 것이 요지였다.

본부에서 본 월남사태는 급속도로 악화되고 있었으므로 한국 해군함정이 월맹군에 억류되는 사태를 막아야 한다는 생각이 앞섰다. 金榮寬 대사와 權尙虎 대령은 현지 지휘관의 판단으로써 이 전문을 무시하고 교민들을 다 태워 가기로 결심했다. 26일 본부에서 즉시 귀국명령이 또 내려왔다.

"귀 분대가 사이공에 체류한 채 메콩강이 봉쇄될 때 이에 따른 문제의 중요성과 그 결과를 감안하면 한시라도 체류할 수 없는 실정임을 명심하여 軍 통수계통의 지시에 의거 행동하라."

金榮寬 대사는 權 대령에게 "여기까지 온 이상 대사의 지휘를 받으라. 나를 대사로 생각하지 말고 해군참모총장으로 생각하라"고 말했다고 한다. 朴 대통령도 국방부에 대해서 "현지 대사의 의견대로 하라"고 정리해 주었다.

일부 교민들은 대사관이 피말리는 철수작전을 하고 있는데도 철수선을 탔다가 도로 내리고, 일부러 뒤로 빠지는 등 한심한 행동을 보였다. 이 광경을 본 해군 장병들은 "위기 때 협조하지 않는 사람들을 보고 울화통이 치밀었다"고 한다.

26일 오후 6시 30분 두 해군함정은 뉴포트항을 출발했다. 한 섬으로 데려다줄 월남 난민을 포함하여 약 2,500명을 실었다. 한국 교민들 외에 교민들과 결혼한 월남 여자들도 많았다. LST 두 척은 메콩강을 따라 내려가 바다로 나가는 야간 항해를 시작했다. LST 815 함장 李允道 중령은 나중에 이렇게 회고했다.

"우리는 전쟁의 한복판에 있었으나 별다른 정보가 없었다. 메콩강 주변은 미군이 싹 쓸어버렸기 때문에 레이더도 별 쓸모가 없었다. 어둠 속에서 강줄기를 대충 보면서 항로를 잡아 나가야 했다. 갑판에 불을 전부 켜고 난민 텐트도 쳤다. 이 배에 대한 포격을 면해 보려는 것이었다. 보통 5~6시간 걸리는 메콩강 하류 항해에 아홉 시간이 걸렸다. 새벽에 파도가 치는 바다를 만나니 그렇게 기쁠 수 없었다."

한국 해군함정이 교민들과 난민들을 싣고 떠난 다음날 27일 아침 뉴포트항은 월맹군의 포격을 받고 크게 부서졌다. 두 해군함정 편으로 교민들이 떠난 시점에서 사이공에는 한국 공관원 10여 명과 교민 164명이 남은 것으로 집계되었다.

駐越 한국대사관은 4월 중순부터 비상대책위원회를 가동했다. 참석자는 金 대사 외에 공사 李大鎔(준장), 무관 정순영(대령), 정치참사관 이규수, 공보관 김기원 씨였다. 이 회의는 李 공사를 철수대책본부장으로 임명했다. 어느 날 정순영 무관이 월남군 총사령부에 갔다 오더니 이런 보고를 했다.

"신문에 보면 戰況(전황)이 시시각각으로 바뀌고 있는데 총사령부에 가 보니 전투서열(Order of Battle)이 변하지 않고 있습니다."

이는 월남군 총사령부의 현황판이 마비되었다는 의미, 즉 전쟁수행 의지를 버렸다는 뜻이었다. 李 공사는 티우 대통령과는 미국에서 군사교육을 받을 때부터 아는 사이여서 사이공에서 고급정보를 쉽게 수집했다. 그는 미국 CIA 사이공 지부장을 통해서도 많은 정보를 수집해 와서 알려 주었다.

4월 21일 저녁 金基源 공보관은 NHK 지국장으로부터 "키신저와 레둑토가 4월 30일에 미국이 완전히 손을 떼는 데 합의했다고 한다. 일본 대사관도 극히 일부만 남겨 놓고 철수하고 있다"는 이야기를 들었다.

다음날 대책회의에서 金 공사는 이 정보를 보고한 뒤 "대사관의 직원을 더 줄이고 몸을 가볍게 한 뒤 만일의 사태에 대비하자"고 말했다. 李 공사는 "아직은 월남군이 건재하고 있으니 그럴 시기가 아니다"라고 반론했다고 한다. 두 사람의 견해가 맞서 결론을 내리지 못한 金대사는 金 공보관에게 그 정보를 대사의 私信(사신) 형식으로 朴 대통령에게 보고하도록 지시했다.

당시 아주국장 대리였던 孔魯明 前 외무장관도 "본부에서보다 현지 외교관들이 월남 정세를 낙관적으로 보려는 경향이 있었다"고 말했다. 월남을 잘 알수록, 그 속에서 생활한 사람일수록 급작스런 붕괴를 믿으려 하지 않았다는 것이다.

간밤에 두 해군함정으로 교민들을 태워보낸 다음날 4월 27일 날이 밝자 대사관 뜰로 한국인들이 몰려들었다. 어디서 나타났는지 보따리를 싸 들고 와서 웅성거리고 있었다. 새로운 사태가 전개된 것이다.

4월에 들어서 월남의 再起(재기)가 불가능하다고 판단한 키신저 美 국무장관은 4월 18일 그레험 마틴 駐越 미국대사에게 미국인들과 월남인들의 철수를 서둘러 4월 22일까지 미국 공관원 수를 1,250명까지 줄여 놓으라고 지시했다. 이 수는 미국 대사관 뜰에서 항공모함까지 헬리콥터로 실어 나를 수 있는 1일분의 수송인원이었다.

마틴 대사도 월남의 생존 가능성을 높게 보았다. 그는 월남군이 중부 고원 지방을 내주고도 후방으로 물러나 저항선을 설정하여 버틸 수 있을 것이라고 생각했다. 월남 정부의 붕괴가 눈앞에 다가오자 마틴 대사는 사이공에 연립정부를 만들어 권력을 월맹 측에 이양하는 동안 많은 월남인들을 철수시킬 수 있는 시간을 벌 수 있다고 생각했다. 키신저 장관은 그런 판단은 월맹의 무자비한 행태를 잘 모르는 순진한 착각이라고 일축한 뒤 철수작전을 서둘 것을 지시했다.

4월 14일 미국 상원 외교분과위원회 소속 의원 全員(전원)이 포드 대통령을 찾아왔다. 이런 일은 우드로 윌슨 대통령 시절 이후 처음이었다. 그들은 월남 사람들을 많이 구출해 주기 위하여 미국인들의 철수를 소홀히 해서는 안 된다고 경고했다. 포드 대통령은 자신의 회고록에서 이렇게 전했다.

〈아이다호 출신 프랭크 처치 의원은 "우리에게 충성했던 월남 사람들을 다 구출하려다가는 또 다른 큰 전쟁에 휘말려 들지도 모른다"고 했다. 나는 정중하게 그러나 단호하게 말했다.

"와주셔서 감사합니다. 우리는 다만 며칠이라도 시간을 벌어야 합니다. 결정은 내가 합니다. 그 결과에 따른 책임도 내가 집니다."〉

인도지나 반도의 공산화를 막는다는 거대한 명분으로 월남戰에 들어갔던 미국의 목표는 이제 미국인과 월남인의 철수를 위해 며칠간이나마 시간을 버는 것으로 줄어들었다. 월맹군이 주도권을 잡은 戰場(전장)의 결과가 이런 수모를 강대국에 강요했다.

키신저는 4월 19일 워싱턴 주재 소련대사 도브리닌을 통해서 포드 대통령의 구두 메시지를 문서로 정리하여 브레즈네프 서기장에게 전달한다. 요지는 미국인들과 親美 월남인들을 철수시키기 위해서는 휴전이 필요한데 중재를 좀 해달라는 것이었다.

포드는 필요하다면 티우 정권을 물러나게 할 수도 있다는 것을 암시했다. 메시지는 또 사이공에서 탈출구로 쓰고 있는 탄손누트 공항이나 여객기를 월맹이 포격하면 위험한 결과를 초래할 것이라는 경고와 함께 월맹에 대해서 영향력을 행사하여 미국이 명예롭게 철수할 수 있도록 해달라는 부탁도 곁들였다.

〈現 상황이 우리 양국의 관계를 위기에 빠뜨리지 않는 방식으로, 또 미국인들이 다른 국제문제를 보는 시각에 악영향을 끼치지 않는 방향으로 종결되기를 바란다〉

## 키신저의 '악어의 눈물'

다음날(4월 20일) 마틴 美 대사는 티우 대통령을 찾아가 "사임을 고려해 달라"고 말한다. 마틴은 "이 말은 개인 자격으로 하는 것이다"고 했지만 포드 대통령이 승인한 것이었다. 티우 대통령은 냉정하게 답했다.

"내가 알아서 국가를 위해 최선의 행동을 취할 것이다."

마틴은 자신에게도 너무나 치욕적인 이 惡役(악역)을 수행한 다음 워싱턴에 電文을 보냈는데 이런 말을 덧붙였다.

〈나는 집에 돌아왔다. 그리고 워싱턴으로부터 온 요약문들을 다 읽었다. 샤워를 했다. 가장 강력한 비누로 내 몸을 세게 문질렀지만 소용이 없었다〉

4월 21일 티우 대통령은 사임했다. 성명에서 그는 미국의 배신을 공격했다. 미국의 언론, 특히 〈워싱턴 포스트〉와 〈뉴욕 타임스〉는 월남의 평화를 가로막던 장애물이 제거된 것처럼 티우의 사임을 환영했다. 두 신문은 미국에 대한 티우의 공격은 '신뢰를 잃고 울분에 차 있는 월남 정치인의 헛소리'라고 말했다. 키신저 국무장관은 "오랜만에 진보적인 신문이 정부를 옹호해 주는구나"라고 생각하면서 이런 후회를 했다고 회고록에 썼다.

〈티우는 미국의 행동을 미워할 만한 모든 근거를 갖고 있었다. 그는 내가 미국의 군사적 지원을 종료시킨 책임자라고 하여 나를 누구보다도 미워했으나 나는 그가 용기와 명예심을 가지고 조국을 위해 봉사한 애국자라고 생각한다. 反戰 운동가들이 그를 평화의 장애물이라고 비판했지만 이는 사실과 달랐다. 그와 그의 조국은 더 좋은 운명을 맞았어야 했다. 만약 미국 의회가 고립된 우리의 우방(월남)에게 원조를 중단할 것을 결의할지 모른다고 예측했었다면 나는 1972년의 마지막 협상 때 그를 그토록 몰아붙이지 않았을 텐데 하는 후회를 했다〉

티우 대통령과 朴正熙 대통령은, 월맹군의 월남內 잔류를 허용한 채 미군을 철수키로 한 휴전협정이 월남을 무너뜨릴 것이라고 미국 측에 경고했었다. 키신저는, 미국은 월맹이 중대한 협정위반을 한다면 해·공군력으로 응징하고 월남에 대한 경제·군사적 원조를 계속하겠다고 안심시켰다.

이 약속은 미국 대통령의 약속이었지만 미국의 약속으로 집행되지 못했다. 反戰여론과 언론의 영향을 받은 美 의회가 미국 대통령이 쓸 수 있는 손발을 묶어버렸기 때문이다. 키신저의 때늦은 후회는 그의 양심을 드러낸 것일 수는 있어도 진실로 느껴지지는 않는다.

미국의 정치적 필요에 의해서 월남은 포기되었다. 월남은 미국의 지원 없이도 자신을 지켜 낼 수 있는 힘을 만들지 못했다. 金正日이 反美·親北 세력을 이용하여 한국인을 反美로 돌려놓고 이를 지켜본 미국 여론과 언론이 反韓으로 돌아 韓美동맹이 와해된 뒤 월맹군이 했던 식으로 북한군이 전면 남침을 한다면, 바로 그때 盧武鉉 정권과 같은 좌파 정권이 들어서 있다면 한국은 자신을 지켜 낼 수 있을까. 월남에서도 反美운동이 거셌지만, 적어도 盧 정권 같은 정권은 없었다. 티우 정권은 강력한 反共이었다. 그래도 무너졌다.

물론 당시 월남군보다 지금의 한국군은 월등히 강력하고 깨끗하다. 당시 월남엔 중산층이 거의 없었지만 한국엔 건전한 중산층이 있다. 이렇게 서로 다른 점과 비슷한 점들을 잘 비교하면 월남의 패망으로부터 한국의 미래를 내다볼 수 있는 암시를 얻을 수 있을 것이다.

## 탄손누트 공항 포격

4월 24일 워싱턴 주재 소련대사 도브리닌은 키신저 국무장관에게 전화를 걸어 포드 대통령의 구두 메시지에 대한 소련 측의 답변을 읽어주었다. 그 요지는 "월맹이 미국의 명예에 타격을 줄 생각은 하지 않고 있다"는 것이었다. 도브리닌의 답변은 또 "월맹은 파리협정에 따른 정치적 결과를 추구한다"고 했다.

키신저는 이 답변이 미국의 철수작전에 대해서 월맹군이 적극적으로 방해하지 않겠다는 뜻으로 해석할 수 있다고 판단했다. 미국은 네 시간 뒤 소련 측에 재차 메시지를 보냈다. 포드 대통령은 "우리는 상황이 우호적일 것이라는 전제하에서 철수를 진행하고 있다"고 못박아 소련의 안전보증을 은근히 촉구하면서 "철수작전을 방해하지 않는 한 미국은 사태를 악화시키지 않을 것이다"라고 했다.

4월 24일 티우의 뒤를 이어 대통령이 된 트란 반 홍은 두옹 반 민 장군을 총리로 추대했다. 민 장군은 이를 거부하고 국회가 자신을 대통령으로 임명해 줄 것을 요청했다. 민 장군은 권력투쟁에서 티우 대통령에게 진 뒤에는 親共的(친공적)인 성향을 보여 왔다. 그는 월맹이 자신을 상대해 줄 것이라고 착각했다.

4월 27일 민 장군은 대통령에 취임하자마자 월맹에 대해 휴전과 정치협상을 제의했으나 거절당했다. 4월 29일 그는 모든 미국인이 24시간 내에 철수할 것을 명령했다. 월맹은 민 대통령의 존재가 다 끝난 상황을 복잡하게 만들 위험이 있다고 보고 29일 사이공에 대한 최후 공세를 개시했다.

4월 29일 탄손누트 공항에 대한 월맹군의 포격이 시작되자 포드 대통령은 최후의 철수령을 내린다. 탄손누트 공항에 모여서 철수를 대기하고 있던 미국인들 400명과 월남인들 8,000명은 포격이 시작되자 활주로를 뛰어다니면서 공황상태에 빠졌다. 포격은 곧 중단되었으나 비행기를 이용한 철수도 중단되었다.

키신저가 마틴 대사에게 전화를 걸어 철수령을 전달하자 마틴 대사는 "나는 자원봉사자와 함께 마지막까지 남아 뒷수습을 다하겠다"고 고집을 피웠다. 대사가 월맹군에게 포로가 되는 사태를 막기 위해서 키신저는 대통령의 명령이라고 하면서 그의 제의를 거부했다.

마틴 대사는 아들을 월남전에서 잃었다. 키신저는 1885년 영국 장군 골든이 수단의 카르툼에서 철수명령을 거부하고 남았다가 피살된 경우를 생각하면서 마틴 대사가 그런 영웅이 되려고 하는 것이 아닌가 걱정했다.

그는 마틴 대사에게 "우리의 영웅은 워싱턴에 돌아와야 한다"고 말했다. 마틴 대사는 2주 동안 약 5만 명의 월남인과 약 6,000명의 미국인을 철수시켰다. 이 철수기간 중 다친 사람은 네 명뿐이었다. 마틴 대사는 또 8만 명의 월남인들이 그들 나름대로의 방법으로 탈출하는 것을 도왔다.

## 최후의 헬기

1975년 4월 28일 駐越 한국대사관은 비상대책회의에서 대사관 폐쇄와 철수를 결정했다. 오전 9시 미국대사관으로부터 긴급 연락이 왔다. 한국 대사관원들의 철수를 위해서 탄손누트 공항에 비행기를 마련해 놓았고, 거기까지 갈 버스를 보낼 테니 두 시간 이내에 떠날 준비를 해달라는 것이었다. 우리 대사관원들의 철수편은 처음부터 미국의 도움을 받기로 되어 있었다.

한국대사관 국기를 내리는 의식이 있었다. 한국 특파원으로서는 유일하게 남은 안병찬 〈한국일보〉 기자가 이 장면을 카메라에 담았다. 이어서 통신장비를 파기해야 했다. 오전 9시 20분 한국대사관이 마지막으로 보낸 電文은 철수민을 싣고 항해 중인 해군 수송분대 사령관 權尙虎 대령 앞이었다.

이날 독립궁에서 민 대통령 취임식이 열리고 있을 때 월남 공군 전투기 한 대가 폭격을 하고 달아났다. 오전 11시 40분경 미국대사관 직원이 한국대사관으로 찾아와 "내일 중으로 버스를 준비하겠다. 시간은 미정이다"고 통보하고 가 버렸다.

金榮寬 대사는 "이제 우리가 할 일은 없다. 개인적으로 나갈 수 있는 사람은 나가도 좋다"고 직원들에게 말했다.

金基源 공보관은 최병훈 건설관과 함께 탄손누트 공항으로 갔다. 金씨는 에어 베트남 항공권을 갖고 있었고 최씨는 항공권이 없었으나 뇌물을 쓰고 보세구역 안으로 들어가는 데까지 성공했다. 비행기 한 대가 사전 통보도 없이 계류장 안으로 들어오고 있었다. 보세구역에서 기다리고 있던 사람들이 어디로 가는 비행기인지도 모른 채 달려갔다.

그 순간 월남 전투기 한 대가 날아오더니 폭격을 하고 달아나 버렸다. 亡國(망국)이 가까워오자 배신자들이 속출했다. 金·崔 두 사람은 엎드려 있다가 조종사가 여객기 쪽으로 가는 것을 보았다. 두 사람은 달려가 트랩에 올랐다. 비행기 표를 보자는 사람이 없었다. 이륙한 뒤 보니 여객기는 방콕을 향해 날아가고 있었다. 金 공보관은 벨트를 풀고 일어나 "여기 한국인들이 있으면 주소와 소속을 적어 달라"고 말했다. 방콕 공항에 도착하자 金 공보관은 명단을 AP 기자에게 주어 4월 29일자 한국 신문에 보도되도록 했다. 모두 34명이었다.

4월 29일 아침이 밝았을 때 이날이 월남 정부의 마지막이 될 것이라고 생각하는 이들은 철수하는 대사관원들을 포함해서도 별로 없었다. 사이공 시내는 아직 월남 정부의 통제하에 있었다. 나름대로의 질서도 유지되고 있었다.

이날 아침 월맹군은 탄손누트 공항을 포격하면서 사이공에 대한 최후

공세를 시작했다. 29일 오전 11시경 미국대사관 경내에는 약 3,000명이 몰려 있었다. 공항으로 탈출하는 것이 불가능하자 이곳으로 온 것이다. 미국대사관에서는 옥상 헬기장을 이용해 탈출편 헬기를 띄우고 있었는데 불어난 인원들을 위해 마당에 급히 헬기장 두 개를 만들었다.

옥상 헬기장을 통해서는 각국 대사와 월남 高官(고관)들을 태웠고 마당을 통해서는 일반인들을 태웠다. 金榮寬 대사는 대사관 3층에서 대기하고 있었고 나머지 공관원들과 교민들은 6,000평쯤 되는 마당에서 기다렸다. 이때 치안본부에서 파견 나와 있던 서병호 총경은 사이공 감옥에 붙들려 있던 한국인 일곱 명을 빼내서 마당으로 데리고 왔다. 金대사는 대사관 3층에서 기다리고 있다가 마당으로 내려왔다. 담장을 넘은 사람들이 계속해서 마당으로 들어오고 있었다.

金 대사는 美 해병대 경비 지휘관에게 신분을 밝힌 뒤 바깥에 있는 사람들에게 "여기 한국인들이 있으면 여권을 높이 드시오"라고 이야기했다. 그는 직접 그들을 이끌고 마당으로 들어왔다. 金 대사는 옥상에서 미군 헬기를 타기 직전에 마틴 대사 대기실에서부터 백지 위에다 비망록을 남기고 있었다.

〈대사관 정원의 나무를 자르고 헬리포트를 만든 후 첫 헬기가 이륙한 시간 16시 05분, 2차 16시 15분, 3차 16시 51분, 4차 16시 54분, 5차 17시 25분, 6차 17시 54분. 그동안 옥상에서는 계속해서 20인승 헬기가 이륙했다. 마침내 18시 5분 우리더러 떠나라고 독촉. 아래쪽에 내려가 한 번 더 확인코자 하였으나 이미 층별로 비상구에 셔터가 내려져 출입이 통제되고 있었고, 길은 오로지 옥상으로 탈출하는 통로만이 열려 있었다. 아래쪽의 철수가 원만하게 진행되고 있음을 확인한 후 철수 헬기

에 오르다. 항공모함 핸코크호 갑판에 내린 시간은 19시 19분〉

金榮寬 대사가 이상훈 참사관과 함께 먼저 미군 헬기를 타고 항공모함 헨코크호로 날아가고 있을 때 미국대사관 뜰에서는 대사관 직원들과 교민들이 헬기를 기다리고 있었다. 金 대사는 마틴 미국대사에게 한국인들을 우선적으로 헬기에 태워 줄 것을 부탁하고 또 약속을 받고 떠났다고 한다. 아래 사정은 그렇지 않았다. 金 대사가 떠나고 남은 공관원들 중에 선임자는 李大鎔 공사였다.

李 공사는 밤이 되어도 한국인들 차례가 오지 않아 불안했다. 헬기에 의한 철수작전은 너무 느리게 진행되고 있었다. 그는 평소 잘 아는 미국대사관의 베넷 공사를 찾아가 한국인들에게 탑승 우선권을 달라고 부탁했다. 그는 난색을 보이면서 "金 대사는 먼저 떠났다. 당신도 대사관 옥상에서 헬기를 타라"고 권했다. 그는 이를 거절하고 내려와 직원들과 상의했더니 한국인들이 먼저 헬기를 타려면 줄을 통제하는 미군을 설득하는 길밖에 없다는 결론에 이르렀다. 미군 통제관도 양해했다.

李大鎔 공사의 지휘하에 한국인만은 별도로 헬기탑승장으로 통하는 출입문에 가까운 곳에 서게 되었다. 통제관과 한 약속은 '절대로 질서를 지키고 조용히 할 것' 이었다. 차례가 되자 문이 열리고 한국인들은 출입문을 향해 슬그머니 걸어갔다.

이때 뒤쪽 대기장소에 앉아 있던 한국인들과 월남인 부인들이 일어나더니 문을 향해 뛰어나오는 것이 아닌가. 그러자 그때까지 묵묵히, 그러나 부러운 눈초리로 이를 지켜보던 다른 나라 사람들이 줄을 이탈하여 문을 향해 우르르 몰려들었다. 줄은 없어지고 수라장이 되었다. 통제관은 출입문을 닫아 버렸다. 그는 헬기수송을 일시 중단한다고 선언했다.

李大鎔 공사는 나중에 "한 사람의 잔류자 없이 전원이 철수할 수 있는 기회를 한국인은 스스로 버렸다. 슬픈 일이었다"고 회고했다.

헬기가 대사관 정원의 착륙장에 내리고 뜨고 하는 사이에 자정을 넘겨 4월 30일이 되었다. 아직 헬기를 타지 못한 10여 명의 대사관 직원들은 불안해지기 시작했다. 李 공사는, 현역군인들이 억류되는 사태를 막아야 한다는 생각에서 정영순 육군대령 등 다섯 명이 군복으로 갈아입고 미군 통제관에게 이야기하여 본관 건물의 헬기장 쪽으로 들어가도록 했다. 李大鎔 공사(준장)는 뒤에 남기로 했다. 李達華 소령이 안쪽으로 들어가니 친면이 있는 미국대사관 무관 서머스 중령이 보였다.

李소령은 "밖에 우리 상관인 육군준장이 대기하고 있다"고 말하니 서머스 중령은 "걱정말라. 철수는 일시 중단되었다. 곧 철수작전이 재개된다"고 말했다. 곧 본관 헬기장으로 통하는 출입문이 활짝 열리고 기다리던 사람들이 전원 들어갔다. 두 대의 헬기가 30분 간격으로 사람들을 실어 나르고 있었다. 李大鎔 공사도 안심했다.

4월 30일 새벽 4시 50분경 한국인 집단 바로 앞줄 사람들과 한국인 일부(安炳璨 〈한국일보〉 기자도 포함)가 헬기를 타고 미국 항공모함 쪽으로 날아갔다. 다음은 李 씨의 회고이다.

"다음은 우리 차례라고 안도하고 있는데 대사관 경비와 민간인 철수를 통제하던 美 해병들이 수상한 거동을 보이더니 기상천외한 일이 일어났다. 우방 국민들 450명을 향해 최루탄을 터뜨려 놓고 등을 돌려 대사관 본관 현관 쪽으로 달아나는 것이었다. 나는 '대한민국 공사이다. 장성이다. 너희들 지휘관은 어디 있나' 라고 소리치면서 뒤따라 달렸다. 혼자서 본관 건물로 들어갈 수는 있었다. 그렇게 하면 屋上(옥상)을 통해 헬기를 탈 수 있었다. 그러나 한국인 140명이 남아 있고, 지휘관이 없다는 생각이 났다. 나는 발길을 돌렸다."

李 공사는 "마틴 미국대사가 사태를 오판했다. 아마 새벽에 敵軍이 사이공江을 건너왔다는 허위보고를 받고 정신이 나갔던 모양이다. 그러지 않고서야 새벽 4시 50분에 어떻게 철수를 중단시킬 수 있는가"라고 말했다.

월맹군이 탱크를 몰고 사이공 시내로 들어온 것은 4월 30일 정오 무렵이었다. 미국대사관에서 마지막 헬기가 떠나고도 여덟 시간의 여유가 있었다. 李大鎔 공사를 비롯한 9명의 공관원들과 140명의 민간인들(나중에 165명으로 늘었다)은 일단 한국대사 관저로 갔다. 李 공사는 일본대사관과 프랑스대사관 등을 轉轉(전전)하면서 숨을 곳을 찾아다녔다. 일본대사관에서 李 공사는 한국 외무장관 앞으로 '아직 월맹군이 들어오지 않았으니 구출해 달라'는 요지의 전문을 보냈다.

5월 1일 오전 李 공사 앞으로 金東祚 장관이 보낸 답신이 일본대사관 와타나베 참사관을 통해서 전달되었다. '정부는 외교경로를 통해 구출에 최선을 다하겠다'는 요지였다. 와타나베 참사관은 "북한이 월맹 정부와 협의하여 한국 외교관 전원을 평양으로 끌고 가려고 한다는 정보가 있으니 주의하라"고 말했다. 李 공사는 38구경 5연발 리볼버 권총을 꺼냈다고 한다. 그는 "북한 요원들이 나타나면 이 권총으로 자결하겠다"고 말했다.

당시 외무부 본부에서 월남 철수를 담당했던 孔魯明 당시 아주국 심의관(뒤에 외무부 장관)은 "완전철수에 실패한 원인은 교민들의 이기심과 공관원들의 과도한 동포애"라고 분석한 적이 있었다.

그는 "해군 LST를 타지 않고 남아 우리 대사관에 짐이 된 200~300명의 교민들에 대한 원망스러운 생각을 지울 수 없고, 敵에게 붙들려서는 안 되는 공관원들이 교민들을 너무 생각하다가 잔류하게 되었다. 일부에서 金 대사가 먼저 떠났다고 비판하는 것은 옳지 않다. 金 대사는 대사의 행동지침에 따랐다"고 정리했다.

## "지키지 못하는 날에는 다 죽어야 한다"

朴 대통령 면담일지에 따르면, 金東祚 외무장관은 4월 30일 오후 5시 31분부터 6시 25분까지 朴 대통령에게 월남 교민 철수상황을 보고한 것으로 되어 있다. 이때 金 장관은 金榮寬 대사를 비롯한 공관원들과 교민들이 무사히 철수했다고 보고한 듯하다. 이 자리에서는 이런 대화가 오고 갔다고 전한다.

朴 대통령: "金대사가 들어오거든 즉시 다른 곳에 대사로 내보내시오."

金장관: "현재로서는 자리가 나지 않습니다."

朴 대통령: "거 왜 있잖아요. 韓丙起(한병기·칠레 대사)를 불러들이고 그쪽으로 보내면 되지 않소."

마침 그 하루 전에 朴 대통령은 일시 귀국한 사위 韓丙起 대사를 청와대로 불러 저녁식사를 함께 했었다. 다음날 李大鎔 공사가 駐越 일본대사관에서 金東祚 외무장관 앞으로 보낸 구출요청 電文이 朴 대통령에게 보고되었다. 화가 난 대통령은 金 대사의 귀임인사를 받지 않았다. 金 대사는 도의적 책임을 지고 대사직을 사임했다. 朴 대통령은 李大鎔 공사 일행을 구출해 올 것을 정보부 등 관계기관에 강력히 지시한다.

미국대사관을 통한 철수작전을 현장에서 지휘한 것은 마틴 대사였고, 이를 워싱턴에서 감독한 것은 키신저 국무장관이었다. 1999년에 나온 그의 두 번째 회고록 《再生의 시기》(Years of Renewal)에는 마틴 대사가 마지막 헬기를 타고 대사관을 떠났고 그때가 4월 30일 새벽 4시 58분으로 되어 있다. 이때 워싱턴에 긴급보고가 들어왔다. 美 대사관 철수작전을 통제하던 美 해병 9상륙여단의 병력 129명이 남아 있다는 것이었다. 다시 헬기가 투입되었다.

이 해병대까지 대사관 옥상을 통해 철수한 두 시간 뒤에 월맹군이 사이공 시내에 들어왔다는 것이 키신저의 기록이다.

키신저는 이 회고록을 쓸 때까지도 수백 명의 한국인과 월남 사람들이 마지막 철수 헬기를 타지 못했다는 사실을 몰랐다고 한다. 케이블 TV 프로그램에서 잘생긴 대령이 "우리는 대사관 뜰에 400명의 베트남 친구들을 남겨 놓고 떠났다"고 증언하는 것을 보고서 키신저는 그 대령을 수소문했다. 그는 육군대학에서 근무하고 있었다. 키신저는 회고록에서 이런 요지로 설명했다.

〈나는 아직도 그 사태를 이해할 수 없다. 나는 19번째의 마지막 헬기에 마틴 대사가 탔다는 보고를 받았고 이것으로 철수가 완료된 줄 알았다. 누군가가 대사관 출입문을 열어 주어 다른 그룹의 사람들이 들어와 당초 철수 예정인원을 초과한 것이 아닌가 추측할 뿐이다〉

키신저는 회고록에서 월남 정부가 망한 뒤에 親共(친공) 세력과 베트콩이 사라져 버린 점을 강조했다.

〈민 대통령과 각료들은 전원 체포되고 사라졌다. 서방세계에서 월남

민주연합정부의 중심이 되어야 할 세력으로 선전되었던 베트콩도 민 대통령과 함께 사라졌다. 통일 이후 월남지역에 대한 자치권은 전혀 주어지지 않았다〉

월맹의 선전술에 속았든지, 자신들의 僞善(위선)에 스스로 넘어갔든지 세계 언론은 월남戰에 대해 큰 오보를 했다. 기자들은 베트콩이 월남에서 自生한 反독재 민주화 세력이란 선전을 믿었다. 이 베트콩이 월맹의 지휘를 받고 있었고, 나중에는 14만 명의 월맹군이 내려와 베트콩 부대를 장악했으며, 70% 이상의 병력이 월맹군인이었다는 점을 미국 언론은 제대로 보도하지 않았다.

1975년 4월 30일 월맹 탱크가 사이공의 월남 대통령 관저인 독립궁 철문을 부수고 들어가 월맹 깃발을 올리고 있을 때 朴正熙 대통령은 중앙청에서 수출진흥확대회의를 주재하고 있었다. 그는 이 자리에서 이렇게 말했다.

"월남이 무조건 항복하는 과정을 똑똑히 목격했을 줄 압니다. 그동안 월남에서 反정부 운동을 하던 인사들이 지금 피란길을 걸으면서 과연 무엇을 생각하고 있는지 궁금합니다. 공산군은 처음에는 티우 대통령만 물러나면 모든 것이 해결된다고 하더니 후임인 홍 대통령도 물러나라고 했고, 그런 뒤 민 대통령이 들어서자 그와는 협상을 하지 않겠다고 했습니다.

월남의 反정부 인사들이 공산주의자가 아니라면 지금 피란길을 걷고 있으면서 그들 자신의 행동을 반성하고 있는지 어떤지 궁금합니다. 앞으로 공산치하에서 그 反정부 인사들이 지금까지 했던, 인권과 자유를 달라는 그 주장을 계속 할 수 있을지 주의깊게 지켜봅시다."

이날 밤 朴正熙 대통령은 비장한 日記(일기)를 남겼다.

〈월남공화국이 공산군에게 무조건 항복. 참으로 비통함을 금할 수 없다. 한때 우리 젊은이들이 파병되어 월남 국민들의 자유수호를 위하여 8년간이나 싸워서 그들을 도왔다. 延 파병 수 30만 명. 이제 그 나라는 멸망하고 월남공화국이란 이름은 지도상에서 지워지고 말았다. 참으로 비통하기 짝이 없다.

자기 나라를 자기들의 힘으로 지키겠다는 결의와 힘이 없는 나라는 생존하지 못한다는 엄연하고도 냉혹한 현실과 진리를 우리는 보았다. 남이 도와주려니 하고 그것만을 믿고 나라 지키겠다는 준비를 갖추지 못하고 있다가 망국의 비애를 겪는 역사의 교훈을 우리 눈으로 보았다.

조국과 민족과 나 자신을 지키기 위해서는 여하한 희생도 불사하겠다는 결의와 힘을 배양하지 않으면 망국하고 난 연후에 아무리 후회해 보았자 후회막급일 것이다. 충무공의 말씀대로 '必死卽生 必生卽死(필사즉생 필생즉사)' 다. 이 강산은 조상들이 과거 수천 년 동안 영고성쇠를 다 겪으면서 지켜 오며 이룩한 조상의 나라이다. 조국이다. 우리가 살다가 이 땅에 묻혀야 하고 길이길이 우리의 후손들에게 물려주어서 지켜 가도록 해야 할 소중한 땅이다. 영원히 영원히 이 세상이 끝나는 그날까지 지켜 가야 한다. 저 무지막지한 붉은 오랑캐들에게 더럽혀서는 결코 안 된다. 지키지 못하는 날에는 다 죽어야 한다. 죽음을 각오한다면 결코 못 지킬 리 없으리라〉

5월 2일 국무회의에서도 朴 대통령은 안보 위기를 이야기했다.

"동서고금의 역사를 뒤돌아보면 한 나라의 흥망성쇠는 거의 비슷한 과정을 밟았다는 것을 알 수 있습니다. 建國(건국) 초기에는 국민들의 사기가 왕성하고 건설에 대한 의욕이 높아 外敵(외적)의 위협이 있더라도 능히 이를 격퇴할 수 있으나 위협이 없어지면 국민이 방심하여 사치해지고 그 같은 사치가 만성화될 때 쇠잔의 길을 걸었습니다. 지금 우리 눈앞에는 위기가 도사리고 있습니다. 침략자의 뜻이 성취될 경우 우리 민족사의 反轉(반전)을 초래할 비극적인 결과를 가져올 것이기에 무슨 일이 있더라도 우리는 이를 극복해야겠습니다."

4월 30일 월맹군 탱크가 사이공의 독립궁(대통령 관저) 철문을 밀어버리고 진입함으로써 월남전이 종결되고 인도지나 반도의 赤化가 현실화되자 다음 차례는 한반도가 아닌가 하는 불안감이 국민들 머리 위로 깔렸다.

5월 13일 월남 교민들을 태운 두 척의 해군 LST가 부산항에 들어왔다. 이날 오후 朴 대통령은 계엄령에 준하는 긴급조치 9호를 선포한다. 그는 이로써 일체의 反정부 운동에 종지부를 찍으려고 했다. 긴급조치 9호 시대가 열린 것이다.

9호가 금지한 행위는 유언비어 유포에서부터 유신헌법 부정 반대 선동 왜곡행위와 학생들의 정치적 집회 및 시위에 이르기까지 일체의 反정부 활동이었다. 국회의원이 한 발언은 면책이 되지만 이를 보도하거나 전파한 행위는 처벌할 수 있게 했다. 이 조치를 위반한 자에 대해서는 영장 없이도 체포 구금할 수 있다고 했다.

朴 대통령은 선포에 즈음한 특별 담화에서 "북한 공산집단이 작금의 비극적인 印支 사태에 편승하여 남침이 가능하다고 오판할 우려가 증대되었다. 미증유의 난국에 처해서 국민 각자가 해야 할 일은, 불필요한 국력 낭비와 국론 분열, 그리고 국민총화를 저해하는 일체의 행위에 종

지부를 찍는 일이다"고 말했다. 이 조치에 대한 야당의 반대는 보도조차 될 수 없었다. 여론도 조용했다.

朴 대통령은 월남사태로 야기된 안보 위기를 반대세력을 잠재우는 데 이용했다. 그 효과는 1979년 초까지 갔다. 약 4년간의 정치적 안정이 월남사태와 긴급조치 9호로 가능했다. 이 기간 朴 대통령은 중화학공업 및 방위산업 건설을 기반으로 하는 자주국방력 건설에 매진한다. 그는 또 건설회사들이 중동에 진출하여 이곳으로 몰린 오일머니를 가져와 국내 경제 건설에 사용하도록 독려한다.

中東 건설시장에 한국 기업이 조직적으로, 대규모로 진출할 수 있었던 것은 월남전선에서 벌어진 각종 공사와 용역을 소화해 본 경험이 있었기 때문이었다. 한국인 최초의 집단적 해외진출이었던 월남전은 끝났으나 거기서 배태된 한국인의 조직력과 야성이 또 다른 활동무대를 만든 셈이었다.

# 제42장
## 核개발 좌절

朴正熙

## "절간 같은 데 오래 살 생각 없다"

1975년 5월 21일 오전 10시 30분부터 두 시간 동안 金泳三 신민당 총재와 朴 대통령의 회담이 있었다. 金 총재는 李宅敦 대변인을 데리고 청와대로 왔다. 朴·金 회담에는 아무도 배석하지 않았다. 두 사람은 요담이 끝난 뒤 청와대 관계자들이 참석한 가운데 점심을 함께 했다.

金正濂 비서실장에 따르면 두 사람은 표정이 아주 밝았으며, 화제도 발랄했다고 한다. 식사 후 朴 대통령은 金 실장과 수석비서관들에게 회담 내용을 다음과 같이 설명했다.

〈나는 金 총재에게 한국과 미국 정보기관이 파악한 북한의 남침 준비 상황을 자세히 설명했다. 만약 북한이 남침하면 韓美 양국 대통령이 승인한 '서울 死守(사수) 7일 작전', 또는 '9일 격퇴작전'을 시행할 것이라고 했다. 월남의 멸망 원인이 국론분열에 있었음을 지적하고 초당적 총력안보에 협력해 줄 것을 요청했고, 金 총재도 약속했다.

金 총재는 유신헌법의 개정을 요구했다. 나는 이미 국민투표에 의해 투표자의 73%가 유신헌법 존속을 지지했음을 상기시켰다. 金 총재는 계속하여 유신헌법 개정을 주장하기에 나는 "북한으로부터 남침 위협이 현저히 줄어들면 헌법도 개정할 수 있다"고 말하고 영수회담을 마쳤다〉

金泳三 당시 총재가 나중에 필자 등에게 설명한 회담 내용은 약간 다르다.

〈朴 대통령은 커피를 내어 왔다. 창 밖을 보니 새가 한 마리 날아와 있었다. 나는 작년에 陸 여사가 당한 사고에 대해 조의를 표했다. 朴正熙는 창 밖의 새를 가리키면서 "金 총재, 내 신세가 저 새 같습니다"라고 말했다. 그는 앞주머니에서 손수건을 꺼내 눈물을 닦았다. 인간적으로 참 안됐다는 생각을 했다.

朴 대통령은 아시아 지도를 꺼내 놓고 한반도와 그 주변정세를 내게 들려주었다. 설명이 끝나자 나는 유신헌법 개정을 요구했다. 대화가 길어졌다. 내가 거듭 "민주주의 하자"고 요구하니 朴正熙는 "金 총재"하고 불러놓고는 한동안 말을 끊었다.

"金 총재, 나 욕심 없습니다. 집사람은 공산당한테 총 맞아 죽고, 이런 절간 같은 데서 오래 살 생각 없습니다. 민주주의 하겠습니다. 그러니 조금만 시간을 주십시오."

朴正熙가 눈물을 보이지 않았더라면 나는 "그럼 언제 할 거냐"고 따지고 들었을 것이다. 그의 눈물 때문에 그를 몰아세우려던 내 마음도 다소 풀렸다. "꼭 민주주의 하겠다"는 그의 말은 "이번 임기를 마지막으로 물러나겠다"는 뜻으로 들렸다. 朴正熙는 뒤이어 "金 총재, 이 이야기는 절대 우리 둘만의 비밀로 합시다" 하며 말을 꺼냈다.

"조선 사람들은 문제가 있어요. 내가 정권을 내놓는다고 미리 알려지면 금방 이상한 일들이 생겨날 겁니다. 대통령으로 일하는 데 여러 가지 문제가 생깁니다."

나는 金大中 씨 문제를 제기했다. 朴正熙는 金大中이 해외에서 비겁하게 反韓운동을 벌였다고 격렬하게 비난했다. 나는 金大中이 납치되어 왔으므로 원상회복시켜 주어야 한다고 주장했다. 〈동아일보〉에 대한 광고탄압 문제도 심각하게 제기했다. 회담이 있기 며칠 전 金相万 동아일보 회장이 나를 만나자고 하더니 朴 대통령에게 광고탄압건을 이야기해 달라고 부탁했다. 朴正熙는 "동아일보 광고사태를 풀어야 한다고 말한 사람은 金 총재뿐이다"고 하더니 상기된 표정으로 동아일보를 비난했다. 그는 "金 총재의 뜻을 잘 알겠으니 나에게 맡겨 주시오"라고 했다. 광고사태가 풀릴 것이라는 인상을 받았다〉

金泳三 총재는 그날 신민당으로 돌아와서는 당직자들에게 회담내용에 대해 자세한 설명을 해주지 않아 오해를 많이 샀다. 金 총재는 회담 뒤 상당히 고무된 표정이었다고 한다. 그는 친밀한 언론인을 만나자 "이제 金大中이는 끝났어"라고 좋아하더라고 한다. 그는 朴 대통령이 1978년에 임기를 끝내기 전에 유신헌법을 개정할 것이며, 다음 대통령 直選(직선)에서는 金大中 씨가 출마하지 못할 것이라고 생각했을 가능성이 있다.

朴 대통령이 金大中 씨를 격렬하게 비난하는 이야기를 듣고 그런 오판을 했을지 모른다. 어쨌든 이 영수회담 이후 신민당은 유신체제에 대한 도전을 포기한 듯했다. 긴급조치 9호로 해서 일체의 改憲(개헌)운동이 불법화되었기 때문이기도 했다. 金泳三 씨는 회고록에서 속았다고 고백했다.

金泳三 총재가 朴 대통령으로부터 돈을 받았다는 說(설)에 대해서 당시 정치자금을 관리하던 金正濂 비서실장은 "절대로 그런 일이 없었다"고 강조했다.

朴 대통령은 긴급조치 9호 선포에 이은 金泳三 총재와의 회담을 통해서 야당을 온순하게 만들어 놓는 데 성공했다. 그 다음해에는 朴 대통령과 인간적으로나 이념적으로 가까웠던 李哲承 씨가 신민당 당수로 선출되었다. 朴 정권은 야당과는 일종의 밀월기에 들어갔다.

1975년 5월부터 金 총재가 再등장하는 1979년 5월까지의 4년간 朴

대통령은 국내의 민주화운동에 신경 쓰지 않고 오로지 경제개발에 집중할 수 있었다. 이 기간 朴 대통령이 고심한 것은 韓美관계의 악화였다. 한국의 핵무기 개발 시도, 미국에서 駐韓미군 철수론의 대두, 카터의 철군 추진에 이어 朴東宣의 對美로비 내막이 미국 언론에 의하여 폭로되어 코리아게이트 사건으로 확대되었다.

미국으로 달아난 金炯旭 前 정보부장이 美 의회 증언대에 서서 朴 대통령과 관계된 민감한 사안에 대해서 폭로하고, 워싱턴 政街(정가)에서 反朴(반박) 여론이 드세졌다. 1979년에 들어가면 韓美관계의 파탄이 국내정치로 돌아 들어와서 결국 10·26 사건으로 연결된다. 그런 의미에서 이 침묵의 4년간은 1979년의 대폭발을 향해 발화온도가 상승해 간 기간이기도 했다.

## "우리는 비 오는 날에 대비해야"

이 4년간 한국은 中東 건설 시장에 진출하고 중화학공업 건설과 새마을운동에 성공하여 1960년대의 輕量級(경량급) 국가에서 中量級(중량급) 국가로 업그레이드되었다. 이 기간에 朴 대통령이 정력적으로 밀고 나간 자주국방력 강화 정책도 결실을 보기 시작하여 연간 국방비 지출 면에서 한국은 1976년부터 북한을 앞서기 시작한다. 1977년부터는 의료보험이 직장에서부터 도입되었다.

朴 대통령이 유신을 선포하면서 노렸던, 국력의 조직화와 능률의 극대화에 의한 富國强兵(부국강병)이란 목표는 달성했으나 권력구조의 심층부에서는 자기파괴의 씨앗이 자라고 있었다.

야당이 정권도전 세력으로서는 무력화되고, 여당은 擧手機(거수기) 역할로 전락했다. 정치로부터 오는 낭비요인은 거의 사라졌으나, 朴 대통령의 통치이념인 한국식 민주주의를 신념화하여 대중 속에 뿌리 내릴 수 있는 이념적 보수정당은 만들어지지 못했다. 공화당과 유정회는 지식인 층과 국민 속으로 들어가지 못하고 대통령과 정보부의 명령만 수행하는 권력기생 조직이 되어 버렸다. 朴 대통령은 야당을 무력화시킴으로써 결국은 여당도 약화시켰다.

유신의 심장이던 朴 대통령이 죽자 自生力(자생력)이 결여되었던 권력기생적 체질의 공화당과 유정회는 정규육사 출신 장교단에게 권력을 넘겨주었다. 朴 대통령이 全斗煥, 盧泰愚로 대표되는 정규육사-하나회 출신 將校(장교)들을 총애하여 이들을 軍內의 엘리트 집단으로 키운 것이, 결국은 10·26 이후 권력공백기 때 이들이 진공상태를 메우게 했던 것이다.

결과적으로 朴 대통령은 정규육사 출신 장교단을 자신의 정치적 후계자로 예비한 셈이었다. 특히 그가 1979년 초에 정규육사 출신의 대표인 全斗煥 소장을 비상시 국군의 신경망을 장악할 수 있는 국군보안사령관으로 임명한 것은 결정적 선택이었다.

1975년 3월 4일 헨리 키신저 美 국무장관은 망해 가는 월남 대책에 바쁜 가운데서도 서울·캐나다·프랑스·일본·오스트리아 주재 미국대사 앞으로 電文을 보내 한국 정부의 비밀 핵무기 개발계획을 반드시 막아야 한다고 지시한다. 이 훈령은 구체적으로 이런 정책들을 제시했다.

〈1. 미국은 국제적 공급 국가들과의 공조 속에서, 한국이 민감한 기술과 장비에 접근하는 것을 막아야 한다. 한국에 대한 원자로 판매에 완전한 IAEA(국제원자력기구)의 안전 규칙을 적용하는 것은 물론, 한국이 자체적 핵무기 개발에 이용할 가능성이 있다고 판단되는 민감한 기술과 장비들의 판매를 제한해야 한다. 우리는 한국이 (캐나다에서) 캔두(CANDU)형 원자로를 획득하는 것이 再처리 기술의 확대로 이어지지 않을까 하는 점에 특히 관심을 갖고 있다.

2. 한국으로 하여금 핵확산금지조약(NPT)에 가입토록 압력을 가해야 한다. 캐나다는 이미 그렇게 하고 있다.

3. 한국의 핵시설에 대한 우리의 첩보 및 감시능력을 높이고, 관련 분야에서 한국의 기술적 상태에 대한 정보를 확대해야 한다. 우리는 핵에너지 관련 기관들에 대한 정기적 방문조사를 더 자주 할 계획이며 훈련된 기술자들로 하여금 사찰 횟수를 늘리도록 할 생각이다〉

駐韓 미국대사관도 1975년 3월 12일 국무부에 보낸 다음의 電文에서, 한국이 핵무기 개발을 하는 데는 10년이 채 걸리지 않을 것이라고 분석했다.

〈우리는 한국이 핵무기를 개발하는 데 필요한 시간은 10년이 훨씬 안 될 것으로 판단한다. 우리가 확보한 여러 정보들에 따르면, 한국의 지도부는 핵무기 개발에 높은 우선 순위를 두고 있으며 1980년대 초에 그 결과가 나타나기를 기대하고 있다. 한국인의 저돌적 추진력과 그들이 이미 확보하고 있는 높은 기술 수준, 그리고 외국의 전문 인력을 불러들일 수도 있다는 사실과 상부로부터의 강한 독려 등을 감안할 때, 그것은 결코 불가능한 일이 아니다.

우리는 또한 제3국으로부터 핵무기 관련 장비와 기술을 도입할 수 있는 한국의 구매력에 대해서도 과소평가해서는 안 된다. 핵무기 개발에 따른 정치적·경제적 부담이 한국의 움직임을 저지할 것이라는 견해에 대해서 우리는 의구심을 품고 있다. 한국이 제3국으로부터 (관련 물질과 기계) 구입을 선택할 경우, 한국에 대한 우리의 통제력은 크게 약화될 것이다.

이 분야에 관한 한 한국은 아주 위험한 목적을 가진, 끈질기고 거친 고객이다. 우리가 早期(조기)에 단호하게 행동하는 것만이 최상의 성공 기회를 가져다 줄 것이라고 믿는다〉

핵무기 개발을 둘러싸고 벌어지던 韓美 간의 긴장관계 속에서 중요한 역할을 한 인물이 스나이더 駐韓 미국대사였다. 그는 朴 대통령과 직접 면담하여 미국의 우려를 전달하는 위치에 있었고, 본부에 대해서 한국의 의도를 적극 개진하고 자신의 대안을 설명했음이 최근 공개된 미국의 외교문서에서 나타난다.

다음 電文에서 주목되는 것은, 미사일과 핵무기 등을 개발해야겠다는 朴 대통령의 의지가 미국의 안보 공약에 대한 불신에서 출발하고 있다는 스나이더 대사의 지적이다.

바로 하루 전 사이공으로 월맹군이 진주하여 베트남戰이 공산진영의 승리로 끝나 서울이 위기감에 휩싸여 있을 때인 1975년 5월 1일, 스나이더 駐韓 미국대사는 키신저 국무장관에게 이런 보고서를 올렸다.

〈요지: 어제 스나이더와의 면담에서 朴 대통령은 한국형 미사일을 개발하겠다는 확고한 의지를 밝혔다.

朴 대통령은 미국 정부가 (미사일 기술에 대한) 한국과 록히드社의 계약을 승인해 주지 않은 문제를 거론했다. 이에 대해 나는 미국 정부가 그동안 한국의 미사일 개발과 관련된 여러 차례의 지원 요청을 받았으나,

이는 미국 정부가 일본이나 西유럽 국가들 같은 선진국에도 개방을 통제하는 첨단 기술의 수출 문제이며, 미국은 이 분야에서 강력한 독점적 경쟁력을 유지하기를 바라고 있다는 점을 지적했다. 한국의 요청에 대해서는 우리가 韓美 양국 간 상호 협력의 기반이 되는 한국의 장기적 계획을 제대로 파악하지 못한 실정이며, 분명히 알려준다면 개별 항목들에 대해서는 수출허가가 이루어질 수도 있을 것이라고 말했다.

朴 대통령은 향후 수년간의 계획에 대해 설명해 주겠다고 하면서, 국방과학연구소장을 나와 접촉토록 조치하겠다고 말했다. 그는 미군이 한국에 주둔하는 향후 3~5년 이내에 단거리 미사일을 개발하도록 지시해 놓고 있다고 밝혔다. 만약 미국이 도와줄 태세가 되어 있지 않다면 한국으로서는 제3국으로부터라도 지원을 받아야 할 형편이라고 덧붙였다.

朴 대통령은 그로 인한 한국의 재정적 부담을 인정하면서도 "우리는 비 오는 날에 대비해야 한다"고 말했다. 미국이 駐韓미군의 철수 계획을 한국 정부에 정식으로 통보할 때까지 미사일 개발을 늦춘다면 그것은 너무 늦기 때문에 한국으로서는 '有備無患'의 자세를 취할 수밖에 없다고 그는 말했다.

나는 朴 대통령에게 미사일 개발비가 결코 낮지 않다는 점을 강조하며, 바람직한 방법은 미국과 협력하는 길이라고 지적했다.

朴 대통령은 결론적으로 한국 정부는 군수품 조달에서 自立(자립)을 목표로 하기로 결심했다며, 특히 미군이 철수할 경우에 대비하여 미사일 개발을 중시하고 있으니 미국이 이 분야에서 가능한 모든 지원을 제공해 주기를 기대한다고 강조했다.

나는 駐韓미군 철수에 관한 朴 대통령의 우려를 다시 한 번 누그러뜨리기 위해 그의 미사일 전략을 더 이상 거론하지 않고, 그처럼 중차대한 전략적 결정은 상호 합의가 따라야 하니 향후 안보협의회에서 다루자고 제안했다. 朴 대통령은 한국의 국방장관으로 하여금 내가 워싱턴에 신속히 보고할 수 있도록 이 문제에 대해 좀더 상세히 브리핑하도록 지시하겠다고 말했다.

의견: 지금까지 수차에 걸친 면담에서 朴 대통령은 駐韓미군 철수에 대비한 한국의 자주국방 계획을 구체적으로 밝혀 왔다. 이번 면담에서 그는 다시 한 번 駐韓미군 철수를 기정사실로 받아들이며, 그래도 미군이 한국에 주둔해 있는 동안 자립적인 군수산업을 신속히 건설하겠다는 자신의 계획을 털어놓았다.

朴 대통령의 국방 정책에 대해 충분하고도 조속한 검토가 이루어져야 한다는 것을 다시 한 번 촉구한다. 현재 美 의원들의 태도를 감안할 때, 주한미군 철수에 대한 朴 대통령의 우려도 무시할 수 없으며, 다른 대안을 모색하는 그의 계획도 무시할 수 없다〉

이 電文에서 보듯이, 朴 대통령은 이날 3~5년 이내에 地對地 미사일을 개발하겠다고 스나이더 대사에게 밝혔는데, 그 3년 4개월 뒤인 1978년 9월, 사정거리 180km의 국산 地對地 미사일인 '백곰' 의 시험발사에 성공한다. 朴 대통령이 목표달성의 시기를 밝힌 계획들은 거의 이뤄진다. 그는 말을 아꼈지만 公言(공언)한 것은 지켰다.

駐韓 미국대사 스나이더에게 朴 대통령이 직설적으로 주한미군 철수를 예상하고 있다고 밝힌 점은 인상적이다. 朴 대통령은 월남이 망해 가는 과정을 가까이 지켜보면서 미군이 파리휴전협정에 따라 월남에서 철수한 뒤엔 對월남 방위공약을 지키지 않고 월맹의 명백한 협정위반을

방치한 사실을 잊을 수 없었을 것이다.

미국을 휩쓸고 있는 反戰여론에 휘둘리는 美 의회가 미국 대통령의 발목을 잡고 있는 한 대통령의 對韓 방위공약도 믿을 수 없다고 그는 생각했다. 닉슨의 對월남 방어공약을 무력화시킨 것이 美 의회의 '인도지나 반도 무력사용不可 결의'가 아니었던가.

駐韓미군이 수년 내 철수할 것이라는 朴 대통령의 예상은 적중했다. 그 다음해(1976년) 대통령 선거에서 카터 후보는 駐韓미군 철수를 공약으로 내걸고 당선하여 철군계획을 추진하게 된다. 朴 대통령이 월남 패망과 駐韓미군 철수의 예감 속에서 추진한 핵무기 개발은 그러나 再처리 시설 도입 교섭 단계에서부터 미국의 정보망에 걸려 외교적 압력을 받게 된다.

朴 대통령도 굳이 핵무기 개발의지를 숨기려 하지 않았다. 거의 半공개적으로 추진한 것이다. 물론 당시 한국은 核비확산조약(NPT)에 가입하지 않아 국제법적으로는 핵무기 개발을 막을 명분이 미국엔 없었다. 그렇더라도 1974년에 인도가 핵실험을 하는 것을 보고 놀란 미국이 작심하고 한국의 핵무기 개발을 저지하기로 결심한 것을 모를 리 없는 朴 대통령은 핵무기 개발을 아주 비싼 값에 포기하는 代案(대안)도 생각한다.

프랑스製 사용後 핵연료 再처리 시설 도입계획을 둘러싼 韓美 간의 갈등이 깊어지는 가운데 朴 대통령은 1975년 6월 7일 오전 10시 30분부터 두 시간 동안 미국의 시사평론가 로버트 D 노박과 인터뷰했다.

朴 대통령은 "우리는 핵무기 개발능력을 갖고 있으나 개발계획에는 착수하지 않았다"면서도 "만약 미국의 핵우산이 철수된다면 자구책으로서 핵무기 개발에 들어갈 것이다"고 말했다.

朴 대통령의 이 발언이 미국 언론에서 보도된 직후 작성된 美 국무부의 정책건의서가 최근 공개되었다. 이 문서는 미국 정부가, 한국 정부는 물론 프랑스(재처리 시설 도입 대상국)와 캐나다(NRX 연구로 도입 관련)에 대해서도 압력을 가했음을 확인해 주고 있다.

1975년 7월 2일, 브렌트 스코우크로프트 대통령 안보보좌관에게 보낸 로버트 잉거솔 국무장관 代行의 정책 건의서 요지.

〈한국의 핵무기 획득은 극도로 위험하며 미국의 주요한 이해관계에 대해 직접적 타격을 줄 것이다. 이같은 위기를 막기 위해서는 한국이 再처리 시설 및 플루토늄을 보유하는 것을 저지해야 한다.

한국은 미국으로부터 두 번째 원자로인 고리 2호기를 도입하기 위해 미국 수출입은행에 1억 3,200만 달러의 차관을 요청했고, 추가적으로 1억 1,700만 달러의 신용을 요구했다. 수출입은행의 케이시 총재는, 한국內 사용後 핵연료들의 문제에 우리가 안심해도 좋다고 통보할 때까지 이 차관에 대한 청문회를 연기하기로 의회와 합의했다. 우리가 의회에 대해, 한국이 再처리 시설 계획을 포기했다고 확인해 주지 않는 한 이 차관을 집행할 수 없게 되었다.

캐나다와 프랑스의 태도: 지난 3월의 정책 지침에 따라 우리는 캐나다 정부와 접촉했다. 캐나다는 향후 한국에 대한 원자력 지원 문제에서 우리와 긴밀히 협의키로 했다. 우리는 또 최근 런던에서 열린 (핵 관련 기술 및 장비) 공급자 회의에 앞서 프랑스와 접촉했다. 우리는 프랑스에 대해서, 한국이 프랑스로부터 再처리 시설을 도입하려는 계획을 포기하도록 하는 방안을 검토 중이라고 알려 주었다.

프랑스는 우리의 관심에 이해를 표시했고, 再처리 시설 판매는 큰 상업적 이해가 걸린 것은 아니며, 만약 프랑스 회사가 계약 종결에 따른 비용을 보상받을 수만 있다면 우리의 계약 포기 요구에 반대하지 않을 수도 있다고 암시했다.

한국에 대한 접근: 우리는 현재 진행 중인 한국 측 원자력 분야 인사들과의 협의에서 미국이 제공한 원자로에서 나오는 사용後 핵연료의 再처리 계획에 대해서는 미국이 거부권을 갖고 있다는 사실을 상기시켰다. 우리는 이에 대한 그들의 확인을 다시 요청했으며, 그들의 확인을 들은 후에라야 (짓고 있는) 고리 1호 원자로에 대한 美 핵통제위원회의 수출 허가를 요청할 것이다〉

## 禪문답 같았던 朴·슐레진저 회담

위의 문서는 미국이 국가적인 의지를 실어 한국에 대해서 핵포기 압력을 넣기 시작했다는 증거이다. 우선 고리 2호 원자로 건설계획과 관련하여 한국 측이 신청한 약 2억 5,000만 달러의 미국 차관 및 신용대출을 약점으로 잡아 묶어 두기로 한 것이다. 미국은 이와 함께 프랑스와 캐나다에 압력을 넣어 핵무기 개발에 이용될 것이 뻔한 再처리 시설과 연구용 원자로 판매를 중지하도록 설득하기 시작했다.

미국 측은 또 韓美 원자로 협정에 의거하여, 한국에서 미국 회사가 지은 원자로에서 나오는 사용後 핵연료를 再처리할 경우의 모든 계획에 대해서는 미국이 최종결정권을 갖고 있음을 상기시키기도 했다. 이런 법적 권한에 대해서 한국 측의 확인을 받고 나서야 당시 건설 중이던 고리 원자력 1호기에 대한 미국 측의 사용승인이 떨어질 것이라고 협박했다. 미국은 2중 3중으로 한국을 압박하기 시작한 것이다.

스나이더 駐韓 미국대사는 朴 대통령에게 직접 압력을 넣으면 오기가 센 대통령의 반발을 부를 것이라고 판단하여 아래로부터 계통을 밟아 올라가기 시작했다. 그는 먼저 원자력 기술 관련 업무를 관장하는 과기처 장관·외무 장관을 만나고, 金正濂 실장에게 미국의 입장을 전달했다. 청와대의 관례에 따라 스나이더 대사를 주로 상대한 사람은 金正濂 실장이었다. 金 실장은 정기적으로 스나이더 대사의 관저에 가서 점심을 들면서 韓美 간의 공통 관심사에 대해서 의견을 나눴다.

스나이더 대사는 核개발 포기를 위한 설득의 창구로 金正濂 실장을 활용했다. 金 실장은 "스나이더 대사로부터 핵폭탄이란 말이 나온 적이 한 번도 없다"고 했다. 스나이더 대사는 다만 프랑스로부터 사용後 핵연료 再처리 시설을 도입하는 것을 취소해 달라는 요구만 했다고 한다.

再처리 시설이 없으면 아무리 원자력 발전소가 많아도 핵폭탄의 원료가 되는 플루토늄을 뽑아낼 수 없다. 그래서 스나이더 대사는 '핵개발' 이란 직설적 단어를 사용하지 않고 再처리 시설 포기만 요구했던 것이다.

스나이더 대사의 핵개발 포기 설득 작전을 지원하러 나선 것은 포드 대통령의 신임이 두터운 제임스 슐레진저 국방장관이었다. 그는 1975년 8월 26일, 27일 양일 간 서울에서 열린 韓美 연례안보협의회에 참석했다. 美 국방장관이 이 회의에 참석한 것은 1971년 이후 처음이었다. 슐레진저 장관은 8월 27일 徐鐘喆 국방장관과 함께 가진 공동 기자회견에서 중요한 언급을 했다.

"駐韓미군의 地上軍이 막강하므로 핵무기를 쓸 기회가 없겠지만 핵무기를 최후 수단으로 보유하고 있는 것은 사실이다."

이는 朴 대통령이 걱정하는 미국의 핵우산이 건재함을 밝히고 핵무기 개발을 포기하도록 설득하기 위한 언명이었다.

8월 27일 오전 11시부터 오후 2시 42분까지 거의 네 시간 동안 슐레진저 장관은 청와대에서 朴 대통령을 만났다. 朴 대통령은 처음 한 시간 20분 동안은 소접견실에서 슐레진저 장관, 스나이더 대사, 브라운 美 합참의장, 스틸웰 駐韓 유엔군사령관, 위컴 군사보좌관, 徐鐘喆 국방부 장관, 盧載鉉 합참의장, 金正濂 비서실장, 崔侊洙 의전수석과 환담했다. 이들은 점심을 함께 했다. 그 직후 슐레진저 장관과 스나이더 대사는 朴 대통령과 40분간 만나 심각한 이야기를 나눴다.

슐레진저는 朴 대통령과 일종의 禪(선)문답을 했다고 한다. 朴 대통령은 비밀 핵개발계획을 인정하지 않았고, 슐레진저는 한국의 핵개발계획을 알고 있다는 이야기는 한마디도 하지 않았다. 슐레진저는 그러나 "朴 대통령이 내가 알고 있다는 사실을 눈치 챈 듯했다"고 나중에 술회했다. 슐레진저가 이 자리에서 분명히 한 것은 '한국이 핵무기 개발을 강행할 경우 韓美관계가 와해될 수 있다' 는 암시였다.

이 해 가을과 겨울에 걸쳐서 워싱턴에서는 필립 하비브 東아시아·태평양담당 국무차관보가 咸秉春 駐美 한국대사를 통해서 압력을 넣었다. 하비브는 스나이더의 전임 한국대사였다. 하비브는 프랑스로부터 再처리 시설을 도입하려는 계획을 취소해 줄 것을 요구했다. 咸 대사로부터 보고를 받은 朴 대통령은 '국가적 신의에 관한 문제' 라면서 미국 측의 요구를 거절했다.

다음은 1975년 10월 31일, 미국 국무부에 보낸 駐韓 미국대사관의 電文.

〈한국 정부는 프랑스로부터 실험용 再처리 시설의 구입을 취소하라는 우리의 요구를 두 번째로 거절했고, 현재 우리는 이 문제를 놓고 곤경에 처해 있다. 한국의 이 같은 거절은 朴 대통령의 주관下에서 심사숙고 끝에 결정된 것이 분명하다.

프랑스로 하여금 계약이 최종적으로 체결되기 전에 판매 계획을 중단토록 하는 경우를 제외하면, 우리가 선택할 수 있는 방안은 다음의 네 가지이다.

(1) 더 이상 추가적인 대응을 하지 않음으로써 한국 정부로 하여금 核(원자력 발전 등) 분야에서는 미국의 지원 없이는 일 추진이 어렵다는 것을 스스로 깨닫도록 하는 방안.

(2) 재처리 시설의 판매 문제는 묵인하고, 국제적 사찰뿐만 아니라 미국과의 쌍무적 사찰을 받아들이겠다는 한국의 방안을 허용하는 방안.

(3) 再처리 시설 구입 계약의 일시 중단이라는 중재안을 가지고 다시 한 번 朴 대통령을 직접 접촉하는 방안.

(4) 非타협적 태도로 계속 朴 대통령에게 압력을 행사하는 방안.

(1)案과 (2)案의 경우, 계산된 부담을 감수하면서 상황을 방치하면, 그 결과 미국에서는 한국에 적대적인 여론이 형성되고 美 의회는 군사원조의 삭감은 물론 고리 2호기 건설을 위한 차관도 부결시키려 할 것이다. 이런 압력을 받게 되면 한국은 결국 굴복하게 될지도 모른다. 그러나 우리 역시 그런 여론에 시달릴 것이며, 그것은 한국에서 우리의 이해관계에 적대적 영향을 미칠 것이다. 뿐만 아니라 한국의 再처리 시설 확보가 기정사실화됨으로써 그것을 다시 뒤집는다는 것은 아주 어려워질 것이다.

(2)案은 한국 정부의 제안을 받아들이되 용도 변경을 막기 위해 査察을 굳혀 나가는 방안이다. 그러나 (2)案의 약점은 한국이 NPT 또는 IAEA의 사찰이나 제3국의 사찰을 거부하려 들 경우 확실한 대응책이 없다는 것이다. 그보다도 더욱 큰 문제는 韓美 양국 사이에 심리적으로 되돌이킬 수 없는 상황이 벌어지면 장차 이곳에서 우리의 이해관계는 치명적인 손실을 입을 수밖에 없다는 점이다.

앞서 지적한 대로 (3)案과 (4)案, 즉 朴 대통령을 직접 접촉하는 방안만이 성공의 전망이 있다고 믿는다. 우리에게는 다양한 카드가 있으며, 朴 대통령도 결국은 현실주의자다. 따라서 우선은 朴 대통령을 접촉하는 경우가 가장 바람직하다. 문제는 그에게 도전장을 던질 것이냐, 아니면 중재안을 갖고 그를 만날 것이냐이다〉

고리 2호기 차관 중단, 군사원조 지원 중단 등의 압력에도 굴복하지 않던 한국 정부는 1975년 12월부터 프랑스로부터의 再처리 시설 도입을 포기하는 쪽으로 방향을 선회하기 시작했다. 다음에 소개되는 駐韓 미국 대사관의 電文들은 한국 정부가 물러서는 명분으로 미국으로부터 원자력 관련 협력을 받는다는 代價를 선택, 미국의 요구에 응하는 과정을 보여 주고 있다.

1975년 12월 10일, 국무부로 보내는 스나이더 駐韓 미국대사의 電文.

〈워싱턴에 있는 咸秉春 駐美 한국대사를 가급적 빨리 우리 측의 고위급 인사가 만나 우리의 관심 사항을 전달해 주기 바란다. 그 만남의 내용이 朴 대통령에게 충분히 전달된 후 나는 다음주에 朴 대통령을 만날 것이다. 나는 金鍾泌 국무총리를 만난 자리에서, 한국이 만약 프랑스로부터 再처리 시설 도입을 강행할 경우 韓美 관계에 미칠 엄청난 악영향에 대해 언급했다.

따라서 咸 대사와의 면담에서도 우리는 그것이 단지 원자력 분야에서의 협력만이 아니라, 美 의회의 한국에 대한 안보지원에 대해서도 부정적 행동을 미칠 가능성이 있다는 점을 분명히 밝혀야 한다. 우리는 부정적 측면뿐만 아니라 궁극적인 방향과 목표도 함께 제시함으로써 韓美 양국의 관계를 유지, 강화시키기 위해 협력하도록 요구해야 할 것이다〉

같은 날, 국무부로 보내는 駐韓 미국대사의 또 하나의 電文.

〈12월 10일 南悳祐 부총리는, 12월 9일 이 문제와 관련하여 총리 주재의 고위 대책회의가 있었으나, 자신은 국회 출석 관계로 이 회의에 참석하지 못했다고 말했다. 그는 우리의 제안에 대한 반응이 그리 좋지 않은 것으로 생각하는 것 같았다. 나는 다시 한 번 한국이 우리의 요청을 거부할 경우 초래될 부정적 영향들에 대해 언급했고, 그는 사안의 심각성을 고려하여 총리와 상의해 보겠다고 말했다〉

金鍾泌 씨는 최근 "朴 대통령은 이때 핵개발을 강행하면 韓美관계가 결딴날 수 있다는 위험성을 충분히 인식하고 있었다. 그래서 일본처럼 핵무기를 당장 만들지 않되 만들 수 있는 기술을 연구, 비축해두는 쪽으로 방향 선회를 하기로 했던 것이다"고 말했다.

1975년 12월 16일, 국무부로 보내는 駐韓 미국대사관의 電文.

〈국무총리의 지시로 과기처 장관 대신 과기처 차관 등이 스나이더 대사를 면담했다. 이들은 만약 한국이 프랑스로부터 再처리 시설 도입을 포기할 경우 미국이 원자력 분야에서 구체적으로 어떠한 협력을 제공할 용의가 있는가를 문의했다. 그들의 질문은 다음과 같다.(생략)

스나이더 대사가 "한국의 이런 질문에 대한 미국의 구체적 답변이 있을 때까지 한국은 프랑스로부터의 再처리 시설 도입 문제에 대해 결정을 미룰 것이냐"고 묻자, 과기처 차관은 "한국은 공식적으로 再처리 시설을 포기하겠다고 약속한 적이 없다"고 답변했다.

대화 과정에서 한국의 과기처 차관은, 미국의 기술적 지원이 아주 바람직한 것은 사실이지만 한국은 더 이상 과거와 같이 기술적 지원을 미국에만 의존할 수 없다며, 한국 정부가 앞으로는 그 기술 제공자를 다원화할 필요가 있다고 언급했다.

그는 우리가 제시할 수 있는 구체적인 지원 내용을 파악하라는 지시를 받고 있는 것 같았다.

좀더 명확한 답을 얻기 위해 나는 金正濂 대통령 비서실장을 접촉했는데, 현안 문제에 대한 최종 결정은 우리 측 답변이 도착할 때까지 연기되리라는 것이 그의 말이었다. 그는 또한 우리를 접촉한 사람들의 보고를 받았다며 朴 대통령도 이 사안의 정치적 중요성을 충분히 인지하고 있다고 말했다. 그는 우리의 답변이 도착하면 朴 대통령의 주관下에 문제를 다시 한 번 심사숙고하게 될 것이라며, 그때까지는 내가 朴 대통령을 직접 만나는 것을 연기해 달라고 요청했다.

어쩌면 이것은 우리를 함정에 빠뜨리기 위한 책략일지도 모른다. 그러나 우리에게도 작은 희망의 빛이 생긴 것도 사실이다. 나는 물론 이 문제를 놓고 金東祚 외무 장관과도 접촉해 왔다. 그는 이 문제의 정치적 중요성을 아주 잘 인지하고 있다〉

프랑스로부터의 再처리 시설 도입 계획이 취소되는 쪽으로 대세가 굳혀짐에 따라 駐韓 미국대사관은 비교적 여유 있는 태도를 보이게 되었다. 1976년 1월 우리 정부는 프랑스의 SGN社와 맺었던 再처리 시설 건설 계약의 파기를 프랑스에 요청했으며 프랑스도 이를 받아들여 핵개발 계획은 외형상 좌절하게 된다.

1976년 1월 5일, 국무부로 보낸 駐韓 미국대사의 電文.

〈요지: 한국의 프랑스 再처리 시설 도입을 취소시킴으로써 核 확산을 막고자 하는 미국 정부의 목표는 朴 대통령과의 정면 대립을 불사하거나 또는 그의 체면과 위신을 손상시키지 않고서도 달성될 수 있다. (중간 부분이 대거 삭제됨) 따라서 나는 본부의 훈령을 다음과 같이 수정해 줄 것을 제안한다.

(A) 미국 정부는 한국이 프랑스와 맺은 계약에서 再처리 시설 도입을 再검토키로 한 결정을 높이 평가하며 환영한다.

(B) 우리는 한국이 미국의 깊은 우려감을 인식하고, 이 문제가 향후 韓美관계 전반에 갖고 있는 중대한 의미를 인식하고 있음을 높이 평가한다.

(C) 미국의 희망은 바로 이 시점에서 再처리 시설 계약의 완전한 취소이다.

(D) 이 계약이 완전히 취소되지 않을 경우 美 의회와 미국인들의 의혹은 더욱 더 증폭될 것이다. 따라서 미국 정부는 고리 2호기의 차관 문제에 대해 의회의 승인을 받으려 노력하지 않을 것이다.

(E) 그럼에도 불구하고 한국 정부가 우리의 합의 도출 능력을 신뢰한다면 미국은 상호 협력의 범위에 대해 조속히 합의한다는 목표 아래 원자력의 평화적 이용 분야에서의 협력에 관한 협의를 진행시킬 태세가 되어 있다.

(F) 따라서 우리는 한국과 원자력의 평화적 이용 분야에서 韓美 양국의 상호 협력 문제를 협의하기 위해 가급적 빠른 시일 안에 미국의 대표

단을 파견할 태세가 되어 있다. 또한 원자력의 평화적 이용 분야에서 한국·프랑스·캐나다 사이의 협력을 방해하지 않을 것이다〉

〈워싱턴 포스트〉 기자 출신인 돈 오버도퍼는 《두 개의 한국》이란 책에서 "이 에피소드는 미국이 마음만 먹으면 남한 정부가 아무리 완강한 의지력으로 추진하는 일이라도 능히 저지할 수 있음을 보여주었다"고 평했다.

사태가 일단락된 후 스나이더 대사는 브렌트 스코우크로프트 안보보좌관에게 보낸 電文에서 "가장 걱정스러운 것은 한국이 핵무기와 미사일을 개발하여 독자적인 생존을 추구하고 자주성을 회복하고자 하는 朴 대통령의 열망과 의지"라고 지적했다. 그는 朴 대통령이 이런 모험을 하게 된 데는 미국 측의 태도에도 문제가 있다고 했다.

스나이더 대사는 1975년 6월 미국 정부에 대해서 韓美관계를 전면적으로 再검토하여 새로운 관계 정립을 할 필요가 있다는 12페이지 보고서를 제출한 바 있었다. 이 보고서에서 그는 "미국의 불확실한 태도 때문에 朴 대통령은 언젠가 닥쳐올 주한미군 철수에 대비하고 있고, 그 대책으로서 남한內에서 반대자 탄압과 핵무기 개발을 추진하고 있다"고 분석했었다.

柳炳賢 당시 합참본부장은 "朴 대통령은 핵무기 개발을 중지하라는 지시를 내릴 때 깔끔하게 했다. 관련 서류나 시설을 숨겨놓고 비밀개발을 계속하라는 식의 지저분한 지시가 아닌 깨끗한 단념이란 느낌을 받았다"고 했다. 물론 그 뒤 朴 대통령은 원자력 발전의 기술 사이클을 완성한다는 목표를 세우고 핵무기 개발에도 쓰일 수 있는 관련기술을 개발하고 미사일 발사에도 성공하지만, 핵폭탄을 직접 제조한다든지 플루

토늄을 밀수입하는 식의 시도는 해본 적이 없다. 미국 측도 플루토늄 再처리 시설이 없다면 핵무기는 만들 수 없다는 것을 잘 알고 있었으므로 핵개발 문제는 이로써 종결된 것으로 이해하게 되었다.

미국의 경제학자 리처드 M. 스티어즈가 쓴 鄭周永 현대그룹 창업자의 전기 《메이드 인 코리아》에는 이런 대목이 있다.

〈기업인들에게 朴正熙 정권은 경제개발에 대해서 실현성이 있는 계획을 명확히 제시했다. 규칙과 원칙은 투명했고, 기업은 합리성과 자신감을 갖고 투자할 수 있었다. 朴 정권의 권위주의적인 스타일에도 불구하고 정부는 대체로 부정부패하지 않았다. 朴 대통령이 자신이 아니라 나라를 부강하게 만드는 데 헌신하고 있다는 것을 알 수 있었기 때문에 기업인은 그를 신뢰했다. 그들은 동시에 朴 대통령을 겁냈다. 기업에 대한 朴 대통령의 요구조건은 오직 하나였다. 무조건 納期(납기)를 맞추라는 것이었다. 이에 실패하면 朴 대통령의 눈 밖에 나고 정부 차관이나 공사를 얻을 수 없게 된다〉

스티어즈는 京釜고속도로를 닦을 때 朴 대통령을 보좌했던 한 기술자의 이야기를 이렇게 소개했다.

〈朴 대통령은 매우 까다로운 사람이다. 나는 그가 오케스트라의 지휘자였다고 생각한다. 그의 지휘봉은 타고 다니던 헬리콥터였다. 그는 헬리콥터를 타고 올랐다 내렸다를 되풀이했다. 어느 날은 지질학자들을 태우고 현장에 와서 왜 터널공사를 하는 데 산사태가 났는가를 묻고, 다른 날엔 유엔의 水理(수리)학자들을 데리고 나타나서 왜 우리 기술진이 수량자료를 잘못 계산했는지 따졌다. 화요일에 해답이 나오지 않으면 그는 목요일에 또 나타났다〉

1973년부터 시작된 중화학공업 건설은 그 규모가 경부고속도로 건설에 비교할 수 없을 정도로 컸다. 호주국립대학의 김형아 교수는 朴正熙의 근대화 전략을 연구한 책에서 朴 대통령은 정보수사기관을 국가운영의 지휘봉처럼 이용했다고 썼다. 朴 대통령이 유신체제가 제대로 기능할 수 있도록 하는 지휘봉 또는 채찍으로 사용한 기관은 비서실 이외에 중앙정보부·감사원·국군보안사·검찰·경찰·경호실이었다. 朴 대통령은 이들 기관들을 직접 지휘했고 이 기관들끼리 서로 감시, 견제하도록 독려했다.

## 경제부통령 金正濂 비서실장

朴 대통령을 가장 오래 모신 金正濂 비서실장은 "나·중앙정보부장·경호실장은 비서실의 사전허가 없이 언제든지 대통령에게 보고할 수 있었으나, 나의 재임 중에는 경호실장의 보고는 극히 드물었다. 법무 장관과 검찰총장의 중요한 수사보고 및 보안사령관의 긴급보고도 당일 청취하는 것이 원칙이었다. 정보부장과 경호실장은 비서실장이 보고한 뒤에 하는 것이 불문율이었다. 정보부장·보안사령관·검찰총장이 보고할 때는 비서실에서 배석하지 않았다"고 말했다.

유신 시절에 여당은 사실상 정보부에 종속되어 있었다. 朴 대통령은 정당·군대·치안·정보기관은 자신이 직접 관리하면서 경제는 金正濂 비서실장에게 거의 전담시켰다. 1969~1978년까지 9년 3개월간 金실장은 사실상 경제담당 부통령이었다.

그는 청와대 경제 비서관들과 경제장관(경제기획원 장관 겸 부총리 포함) 및 금융기관과 경제연구소들을 총괄적으로 지휘했다. 全斗煥 정부 시절 金在益 경제수석 비서관이 全 대통령의 신임을 받아 경제정책 수립 집행에 큰 역할을 한 것은 잘 알려져 있다. 金正濂 실장의 역할은 그보다 훨씬 컸고 오래였으며, 범위가 넓었다.

다만, 金 실장은 자신을 '도승지' 라고 부르면서 철저하게 드러내지 않고 일했고, 朴 대통령이 죽은 이후에도 자랑하지 않았기 때문에 지금까지 그의 막강했던 역할이 제대로 알려지지 않고 있다.

金 실장은 특히 정부고위직 人事에 대해서 대통령 다음으로 큰 영향력을 행사했다. 改閣(개각) 때 朴 대통령은 국방·법무·내무장관, 무임소장관을 제외한 全부처의 장관에 대해서는 金 실장에게 후보자를 복수로 건의할 것을 지시하곤 했다. 金 실장이 명단을 올리면 朴 대통령은 이를 기초로 하여 총리와 상의에 들어갔다. 총리의 건의로 명단에 없는 사람이 임명되기도 했지만 거의 명단에 오른 사람들 중에서 임명되었다고 한다. 공화당과 유정회 의장에게는 사전 통보를 하는 정도였다.

朴 대통령은 차관 인선은 대체로 장관에게 맡겼으나 국세청장·관세청장·철도청장·항만청장을 직접 지명했다. 軍 인사의 경우엔 장성급 이상에 한하여 국방장관이 각군 참모총장을 데리고 와서 朴 대통령에게 보고해서 재가를 받았다. 이 자리엔 비서실장도 배석하지 않았다. 법무부와 검찰 고위간부에 대한 인사도 법무부 장관이 검찰총장과 함께 대통령에게 보고하여 재가를 받았다.

金正濂 실장은 한국은행 조사부 출신이었다. 금융계를 잘 아는 그는 자연히 은행권 인사에 절대적인 영향력을 행사했다. 그는 재무장관이 금융기관의 인사에 대해서 朴 대통령에게 품신할 때는 꼭 한국은행 총

재의 의견을 묻도록 부탁했다고 한다.

큰 금융사고나 부실기업이 발생했을 때 朴 대통령은 최종 수습책으로서 후임자를 결정하는데 이때 金 실장의 의견을 반드시 물었다. 金 실장은 "내가 잘 알고 있는 금융인은 한국은행에서 같이 근무한 선배나 동료들뿐이었기 때문에 그들 중에서 천거했고 그대로 결정이 났다"고 말했다.

外柔內剛(외유내강)한 金正濂 비서실장은 朴 대통령에게 지시받을 때는 항상 不動자세를 취했다고 한다. 아주 부드러운 인상을 가진 그는 公的인 일에 대해서는 차가울 정도로 냉정하고 엄격했다. 金 실장은 점심은 항상 청와대 식당에서 들었다. 朴 대통령의 취향 때문에 청와대의 점심은 국수일 경우가 많았다. 그는 청와대 참모들을 군대식으로 지휘했다. 金 실장은 유신의 통치철학을 청와대 비서실의 운영에서부터 실천했다.

유신의 모토였던 '국력의 조직화, 능률의 극대화'를 대통령 이상으로 실천한 것이 金 실장이었다. 그는 금융인 출신 경제관료로 유명했지만 日帝시대엔 일본군 장교 생활도 짧게 했다. 강경상업을 졸업한 그는 규슈(九州)의 오이다 高商에 들어갔다. 이 학교를 졸업한 이후에는 구마모토 예비사관학교에 입학하여 1년간 장교교육을 받았다. 그때의 심정을 그는 회고록 《한국경제정책30年史》(중앙일보)에서 이렇게 썼다.

〈이왕 징집된 이상 인간답게, 남아답게, 씩씩하게 그리고 한국 출신 아무개는 일본인보다 더 훌륭했다는 평을 듣고 죽어 가겠다고 생각했다. 이왕 죽을 바에는 조국의 독립에 조금이라도 도움이 되도록 값있게 죽어야겠다는 것이 나의 생각이었다.

훈련·작업·내무반 생활 등 모든 생활 및 행동 면에서 '조센징이지만 돼먹었다' 는 소리를 듣고자 노력했다. 朝夕(조석)의 완전군장 軍歌(군가)구보 때는 나도 힘이 들었지만 낙오하려는 동료의 소총을 대신 메고 뛰었고, 숙제와 시험준비를 하는 시간에도 늘 기꺼이 사역에 자원했으며, 동료의 몫까지 거들었다. 육체적 고통은 격심하였지만 정신적으로는 홀가분한 나날을 보냈다〉

1970년대 유신체제의 사령탑에 앉아 있었던 朴 대통령과 金 실장은 일제 때 장교생활을 하면서 국가주의적인 정신력을 단련했던 사람이고, 이런 자세가 체제의 운영 면에 반영되었다. 두 사람으로 대표되는 당시의 한국 지도층은 크고 작은 차이는 있으나 일제 시대의 교육과 체험을 통해서 독립정신·鬪志(투지)·국가관·公人의식의 소양을 갖춘 이들이 많았다.

지금 일부 左派세력들이 이런 사람들을 親日派로 매도하는 것은 위선적인 형식논리이다. 식민지 시대에 宗主國(종주국)이 제공하는 선진문물을 배워서 기필코 독립을 쟁취하고 되찾은 조국을 위해서 배운 지식을 바치겠다는 생각을 가진 사람들이 제3세계의 독립과 건국의 지도자가 된 것은 戰後 세계적인 추세였다. 인도의 네루와 간디, 아프리카 대부분의 독립·혁명 지도자들, 그리고 싱가포르의 李光耀(이광요)나 말레이시아의 마하티르 같은 이들이다.

유신체제의 참모장 역할을 했던 '군인적 민간인' 金正濂은 1945년 8월 6일 아침 히로시마에 있었다. 그의 생생한 증언은 역사적 가치가 있다.

〈히로시마 軍管區 교육대에서 견습사관으로서 再교육을 받고 있던 우리는 그날 아침 교육대 교정에 모이고 있었다. 열중의 누군가가 "저기 B29가 간다"고 소리치기에 상공을 쳐다보니 구름 한 점 없는 푸른 하늘에 하얀 飛行雲(비행운)을 끌면서 거의 30도 각도로 상승하는 B29 한 대가 보였다. 아침의 강한 햇살을 받아 그 B29는 반짝반짝 빛났다.

그 전날 하루 종일 파상내습으로 공습경보가 계속 발령 중에 있었으므로 사이렌도 울리지 않았으며, 폭음도 들리지 않았다. 정찰비행이겠지 하는 순간 사진 찍을 때 터지는 마그네슘의 광선보다 더 강한 황백 광선이 번쩍 하더니 갑자기 천지가 암흑으로 변했다(그때가 오전 8시15분이었다).

새카만 밤이 된 것이다. 동시에 불덩어리가 등에 붙은 듯하더니 몸이 공중에 떴다가 땅에 떨어졌다. 이 순간 나는 소이탄의 집중공격을 받은 것으로 생각했다. 암흑 속에서 "소이탄이다! 대피, 대피!" 소리치면서 지면을 구르며 옷에 붙은 불을 끄고 방공호로 뛰어갔다.

그러나 폭탄은 떨어지지 않았다. 잠시 지평선에서부터 암흑이 걷히기 시작했다. 아침이 다시 오는 것 같았다. 사방을 둘러보니 교육대 바로 뒤의 거대한 히로시마城이 돌과 흙과 목재의 더미로 변해 있었다. 교육대 교사는 廢목재를 쌓아 놓은 모양으로 변해 있었고, 해안 방면을 보니 큰 연돌 몇 개와 철근 콘크리트組 고층건물의 골조가 몇 개 보일 뿐 히로시마 시내의 건물은 모두 파괴되어 가라앉아 있었다.

나는 등에 화상을 입었다. 눈·코·입만 남겨 놓고 얼굴 후두부와 목에 화상을 입어 피부가 떨어져 나갔으며, 좌우의 손에도 화상을 입었다. 새끼 손가락 부분은 살점이 날아가 뼈만 앙상하게 보였다. 그래도 나는 中 정도의 상처에 속했다. (중략)

한참 걸으니 강둑에 다다랐다. 人山人海(인산인해)인데 화상과 부상을 당한 시민과 군인들이었다. 이때 기차가 철교를 지나가는 것과 같은 굉음이 들리기에 사방을 살펴보았더니 불덩어리의 회오리바람이 선풍을 일으키면서 돌진해 오는 것이었다. 나는 둑 아래로 뛰어내렸다. 불덩어리의 회오리바람은 방향을 바꾸었다〉

金 소위와 원자폭탄을 맞은 교육대는 폭탄이 터진 爆心(폭심)에서 2km 이내에 있었다. 金 소위는 오카야마 연대에서 50명의 견습사관을 인솔하여 교육대에 왔기 때문에 동료들이 피폭당한 뒤 어떻게 되었는지 행방을 찾아다녔다고 한다. 히데히라 마코토라는 동료 견습사관과 함께 아수라장이 된 히로시마 시내 여기저기를 돌아다니면서 절반 정도를 찾아내 오카야마로 보냈다. 金 소위는 인솔자의 사명을 다하기 위해 4일간 방사능이 남아 있는 시내를 돌아다닌 것이다. 그는 오카야마 원대에 복귀한 뒤에야 병원에 입원했다.

이 병원에서 그는 본격적으로 원자병을 앓기 시작했다. 머리카락이 몽땅 빠지고 열이 40℃까지 올랐다. 옆 병상에서는 환자들이 하나둘씩 죽어 가고 있었다. 일본이 항복한 후 그래도 질서가 유지되던 軍 병원도 서서히 무너지기 시작했다. 의사들과 간호원들이 하나둘씩 고향으로 돌아가고 있었다.

이때 원자폭탄이 투하될 때 함께 인솔자의 의무를 다했던 히데히라 사관이 아버지와 함께 金 소위를 찾아와 자신의 고향에 함께 가자고 했다. 오카야마 山地(산지)에 있는 히데히라의 본가는 양계농장이었다. 이 집에서 金正濂 씨는 친구와 함께 치료와 간호를 받았다. 히데히라의 아버지는 의사를 데리고 와서 아들과 金 소위를 최선을 다해서 치료해 주었다. 원자탄 피폭자에 대한 치료법이 알려지지도 않은 상황인 데도 의사는 스스로 개발한 혈청주사 치료를 해주었는데, 이것이 결과적으로 金 소위를 살렸다고 한다.

10월에 金 소위의 형이 찾아와 그를 데리고 귀국했다. 히데히라는 그 해를 넘기지 못하고 죽었다. 1954년 한국은행에 근무하던 金 소위는 히로시마에 들른 길에 거기에 있던 미국의 원자폭탄 희생자 병원에서 진료를 받아 보았다고 한다. 의사들은 金 소위가 爆心 가장 가까운 곳에서 생존한 사람이란 측면에서 매우 흥미를 가지고 진료했다. 진료 결과 金 소위는 아무 이상이 없는 것으로 밝혀졌다.

金 실장이 살아날 수 있었던 것은 원자폭탄이 떨어진 날 일본장교와 함께 뒷수습을 했고, 그것이 인연이 되어 그 일본인의 집에서 당시로서는 최선의 치료를 받았기 때문일 것이다.

이런 정신력을 가진 사람들이 朴 대통령을 중심으로 뭉쳐서 1970년대 격동기에 중화학공업과 자주국방 건설사업을 밀고 나갔다는 점을 놓치는 경우가 많다.

1970년대 한국의 지도층은 일제 식민지 시대와 6·25 전쟁기를 온몸으로 겪었던 40~50代였다. 이들로부터 단련된 당시의 20~30代도 대단한 투지와 생존력을 갖고 있었다. 식민지와 전쟁기를 통해서 국가의 소중함을 알게 된 한국인들은 북한의 남침위협을 저지하는 '둑'을 빨리 쌓지 않으면 먹힌다는 강박관념도 갖고 있었다.

朴 대통령은 월남 패망 이후엔 3~5년 이내에 駐韓미군이 철수할 것이라고 확신하고 그 전에 자주국방력을 갖추어야 한다면서 핵무기와 미사일을 개발하고 방위산업을 건설하는 등 시간에 쫓기면서 일했다. 이

런 분위기가 결과적으로는 유신시대를 한국 역사상 가장 생산적인 전환기로 만들었던 것이다.

6·25 전쟁에서 살아남은 사람의 심리특성에 대하여 미국의 저명한 동양학자 루시안 파이는 《아시아의 권력과 정치》에서 이렇게 쓴 적이 있다.

〈전쟁에서 살아남은 사람들은 처음에는 죽은 친척과 친지들 때문에 죄책감을 느낀다. 이런 죄의식을 극복하기 위하여 그들은 자신들이 특별한 존재이기 때문에 살아남을 수 있었다고 생각하려 한다. 이런 생각은 위험에 처해서도 '나만은 무사할 것'이라는 자신감으로 변하고 어떤 모험도 감수하려는 공격적 태도를 갖게 한다.

한국의 공무원들과 민간인들 모두는 항상 자신들은 예외적으로 運(운)이 좋을 것이라고 생각하면서 위대한 과업을 수행하도록 운명지워진 인간이라는 확신을 갖고 있다. 전쟁 체험은 그들에게 어려운 과업은 어떻게 조직적으로 대처하면 극복할 수 있는가 하는 방법을 가르쳐 주었다.

한국 사회 전체가 의무·희생·책임감에 기초한 군사문화의 효율성에 길들여진 가운데 한국인들은 살아남은 인간답게 무엇이든지 과감하게 생각하고 거창한 일을 해낼 수 있는 능력의 소유자라는 생각을 하도록 고무되었다〉

## 권력의 관리자들

1975년 5월 일체의 反정부 행위를 금지시킨 긴급조치 9호가 발동된 이후 야당 언론과 학생·종교인들이 다시 목소리를 높이는 1979년까지의 4년간이 朴 대통령 집권기간 중 가장 안정된 시절이었다. 이 기간에 중화학공업 건설을 핵심으로 하는 한국의 경제발전이 비약적으로 이뤄졌다.

朴 대통령을 즐겁게 만든 것은 새마을운동이었고 괴롭힌 것은 韓美관계의 악화였다. 이 4년간은 정치의 침묵 시대이자 경제 개발과 관련된 행정의 전성 시대였다. 이 시기 朴 대통령은 총리·비서실장·정보부장 세 사람을 중심으로 國政을 이끌었다. 총리에게는 국내의 시국사건과 행정의 조정, 비서실장에겐 경제 조정, 정보부장에겐 정치 조정을 맡기고, 자신은 국방외교를 중심으로 한 安保(안보)를 직접 챙겼다. 朴 대통령은 공화당과 유정회를 정보부의 아래 기관 정도로 인식했다.

1971년에 임명되어 1975년 12월에 사임할 때까지의 4년 반 동안 金鍾泌 국무총리의 역할이 매우 컸다. 金 총리는 1973년 12월 李厚洛 정보부장이 물러나고 申稙秀 씨가 후임으로 임명된 이후에는 제2인자에 가해지는 질시와 견제로부터 해방되어 강력한 지도력을 발휘할 수 있었다.

反정부 시위 등 시국사건에 대한 대책회의를 정기적으로 주재한 것도 金 총리였다. 다른 총리였다면 정보부장이 고분고분 따르지 않았을 터인데 申稙秀 부장은 오래 전부터 金 총리와 가까웠다. 이 대책회의에는 대통령 비서실장(나중엔 정무수석)과 정보부장도 참석하였고, 金 총리가 결론을 내렸다. 金正濂 씨는 "金 총리는 민주적으로 의견을 개진케 하고 단호하게 결론을 내렸다. 자신만만한 일처리가 참으로 인상적이었다"고 말했다.

金正濂은 1969년 비서실장으로 취임할 때부터 경제문제에 대해서는 朴 대통령으로부터 거의 全權(전권)을 위임받았다. 형식상으로는 경제기획원 장관 겸 부총리가 경제팀의 팀장이었으나, 부총리와 경제장관들을 이끌고 조정해 간 것은 金正濂 씨였다. 그는 권한을 강제적으로 행사하기보다는 조정하고 유도하는 방향으로 사용했다.

"저는 장관들이 기분 나쁘지 않게 일하도록 하는 데 신경을 썼습니다. 朴 대통령에게는 장관들이 잘하는 것을 꼭 보고하여 그 장관들을 칭찬하도록 했습니다. 장관들도 내가 그들을 돕는 사람이지 방해하는 사람이 아니라고 믿어 주었기 때문에 협조했습니다. 관련 부처의 의견이 다를 때 제가 조정하는 역할을 했습니다. 물론 중대 사안은 朴 대통령에게 보고하여 최종 승인을 받았습니다.

朴 대통령은 경제에 관해서는 저에게 많은 권한을 위임해 주셨지만 직접 챙기시는 방법이 있었습니다. 朴 대통령은 매월 열리는 월간경제동향보고회와 수출진흥확대회의, 그리고 분기별로 한 번씩 열리는 심사분석보고회의와 방위산업진흥회의를 주재했고, 수시로 개발현장을 찾아 확인했습니다. 연두의 각 부처 및 지방순시도 현장확인의 한 방법이었습니다."

'朴 대통령은 경제개발이란 교향악의 지휘자였고, 지휘봉은 헬리콥터였다' 는 말도 있듯이 헬기를 많이 이용했다. 朴 대통령 전용헬기의 副조종사로 일했던 한 공군장교 출신은 이렇게 말했다.

"그분의 자리엔 항상 지도와 쌍안경이 있었습니다. 쌍안경으로 내려보다가 공사현장이나 개발현장이 나타나면 수행자들에게 설명을 해주고 모르면 묻기도 했습니다. 앞자리에 있는 두 조종사는 朴 대통령이 물을 경우에 대비하여 공부를 해두지만 그래도 모를 때는 해당 부서에 전화를 걸어 사실을 확인한 뒤 보고하기도 했습니다.

헬리콥터에 타면 흔들리는 리듬으로 해서 졸리게 됩니다. 대통령을 수행한 장관들은 꾸벅꾸벅 졸고 가끔은 조종사도 졸음이 와서 멍이 들 정도로 허벅지를 꼬집습니다. 朴 대통령은 한 번도 조는 모습을 보이지 않았습니다. 항상 무엇을 보고 생각하고 확인하는 등 깨어 있었습니다."

朴 대통령은 자동차나 집무실에서도 토막잠이나 낮잠을 자지 않았다고 한다. 측근들에게 그는 '늘 깨어 있었던 사람', '늘 사색하는 超人(초인)'이었다.

朴 대통령은 '조직운영의 귀재'라는 평을 받고 있다. 복잡하고 긴박한 사건들이 연속해서 터지는 가운데서도 朴 대통령은 좀처럼 당황한다거나 낭패한 모습을 보이지 않았다. '有備無患(유비무환)'이란 말은 국정 지표이기도 했지만 그의 생활철학이기도 했다. 그는 앞을 내다보면서 만약의 사태에 늘 대비했다.

그는 무엇보다도 자신의 시간이 많았다. 국정의 대강을 국무총리·비서실장·정보부장에게 맡겨놓고 각부의 행정은 장관에게 일임했다. 차관 인사는 장관이 재량껏 하도록 하고 공동책임을 지웠다. "朴 대통령이 자신의 시간을 많이 가지고 굵직한 사안에 대해서 사색에 사색을 거듭할 수 있었던 것은 適材適所(적재적소)의 원칙에 따라 당시 최고의 엘리트들을 부렸기 때문"이라고 金正濂 씨는 말했다.

朴 대통령은 유능하게 보이는 관료는 과장 시절부터 눈여겨 보면서 경력관리를 하고 적극적으로 밀어 주었다. 吳源哲·金龍煥 등 장관·수석으로 발탁된 사람들은 朴 대통령이 과장·국장 시절부터 그 능력을 인정하고 시험도 해보면서 人材(인재)로 키웠던 이들이 대부분이었다. 그런 사람을 適所에 배치했기 때문에 믿고 맡길 수 있었고, 자신은 몇 가지 정

기점검의 고삐를 장악하여 여유 있게 국가조직을 끌고 갈 수 있었다.

朴 대통령에게 있어서 정보부는 야당과 언론을 감시하고 규제하는 기관일 뿐 아니라 국가조직의 고삐이자 채찍이기도 했다. 정보부는 대통령의 시각에서, 국가적 관점에서 사안을 판단할 수 있었기 때문에 부처이기주의에 함몰된 행정관료들이 놓치기 쉬운 국정의 문제점을 발견하여 이를 시정하도록 조정하곤 했다. 이런 경우엔 국가의 윤활유 역할을 했다.

낡은 청와대 본관 2층의 반은 朴 대통령의 숙소였고, 나머지 반은 비서실장 사무실이었다. 金正濂 실장은 오전 8시에 출근하여 30분에서 한 시간 정도 수석비서관 회의를 주재했다. 오전 9시에 朴 대통령이 2층에서 계단을 통해 내려와 서재로 불리는 집무실에 들어갔다는 연락이 오면 金 실장은 곧바로 朴 대통령에게 보고차 들어갔다. 관계 수석비서관을 데리고 들어가기도 했다. 金 실장의 보고는 항상 口頭(구두)였다. 경호실장이 보고할 것이 있을 경우에도 비서실장이 한 뒤에 하도록 규율을 잡아 놓았다고 한다.

이런 질서는 金 실장이 그만두고 金桂元 씨가 실장이 된 뒤로는 문란해졌고, 이것이 10·26 사건의 한 원인이 되었다. 朴 대통령은 읽고 난 정보보고서 가운데 주요인사의 부정부패나 스캔들과 관련된 정보철만 뜯어내 보관한 뒤 나머지 보고서를 비서실장에게 주어 관련부처에 통보하도록 했다.

한번은 車智澈 경호실장이 집에 에스컬레이터를 설치했다는 정보가 朴 대통령에게 보고되었다. 朴 대통령은 金 실장에게 알아보라고 지시했다. 車실장은 홀어머니를 모시고 있었다. 이 老母(노모)가 관절염이

심해 2층을 올라가기가 힘들어 에스컬레이터를 설치한 것이었다. 보고받은 대통령이 양해했다고 한다.

金 실장에게 정기적으로 올라오는 보고서가 하나 있었다. 金鍾泌(JP) 씨에 대한 동향보고였다. 민정수석 비서관이 어떻게 수집했는지 소스를 밝히지 않은 채 주로 JP에 대한 나쁜 정보보고서를 朴 대통령에게 올리는 것이었다. 이 보고서 결재란엔 비서실장 난이 없었다. 민정수석이 직접 대통령에게 갖다 바치는 문서였는데, 실장도 알아두라는 뜻으로 보여주는 것이었다. 金 실장은 이 보고서를 읽고서 의심이 생겼다고 한다. 보고서는 金鍾泌 씨 바로 옆에서 그의 一擧手一投足(일거수일투족)을 지켜본 사람이 쓴 것 같았다. 영화를 보고 해설하는 식의 보고서인데, 그 眞僞(진위)를 확인할 방법이 없는 듯했다.

주로 金鍾泌 씨가 朴 대통령의 후계를 노리고 있고, 그 주변에 이를 부추기는 인물들이 많다는 내용이었다. 이런 보고서를 朴 대통령이 계속해서 받아 보면 JP를 나쁘게 보지 않을 수 없을 것 같았다. 金 실장은 이 'JP 동향보고'를 중단시켰다. 朴 대통령도 왜 보고가 올라오지 않느냐고 재촉하지 않았다.

1975년 말 朴 대통령 주치의와 金鍾泌 총리 주치의가 같이 金 실장을 찾아왔다. 두 사람은 심각한 표정을 지으면서 건의했다. 그 요지는 金 총리에게 신경마비 증세가 생겼는데 절대적인 요양이 필요하고, 만약 무리하면 목숨이 위태롭다는 것이었다. 金 실장은 즉시 朴 대통령에게 보고했다. 朴 대통령도 매우 놀라는 것이었다.

즉각 金 총리를 들어오라고 했다. 金 총리는 朴 대통령을 만나고 나오더니 대기 중이던 金 실장을 향해 싱긋 웃으면서 "실장이 보고했구먼.

그동안 신세 많이 졌어요"라고 악수했다. 그해 12월 朴 대통령은 崔圭夏 특별보좌관을 총리로 발령하는 등 대폭적인 개각을 했다.

## 崔太敏이란 골칫거리

1975년부터 金正濂 비서실장의 골칫거리가 하나 생겼다. 퍼스트 레이디 역할을 하던 朴槿惠 씨가 구국봉사단 총재 崔太敏(최태민)에 대한 지원을 金 실장에게 부탁하는 것이었다. 朴 씨가 모 건설업자에게 융자를 해주었으면 좋겠다는 뜻을 전해 알아보면 崔太敏과 관련 있는 업자였다. 金 실장은 박승규 민정수석에게 "큰영애에 대해서 오점이 생기면 안 되니 주의 깊게 관찰하라"고 시킨 뒤 朴 대통령에게 건의했다고 한다.

"큰영애가 필요한 돈이 있다고 하면 각하께서 저한테 이야기해 주십시오. 소리 안 나게 돈을 만들어 각하께 드리겠습니다."

朴 대통령도 그렇게 하겠다고 했으나 崔 씨에 대한 정보 보고가 끊이질 않았다. 수석비서관 회의에서도 자주 거론되었다. 崔 씨는 구국봉사단을 이끌고 새마을사업의 하나로서 새마음갖기 운동을 한다고 했기 때문에 새마을 담당 장관이던 金致烈 장관도 崔 씨를 지원했다.

崔太敏이란 이름이 언론에 처음 등장한 것은 1975년 12월 31일자 〈조선일보〉이다. 1975년 送年(송년)소감을 밝히는 난에 그는 대한구국선교단 총재로서 이런 글을 썼다.

〈印支사태를 계기로 더욱 절실해진 국방력 강화를 위해 우리 기독교인들이 생명을 바칠 각오로 구국십자군을 창설한 것, 이와 더불어 기독교인들이 더욱 단합하게 된 것, 그리고 가난한 이들을 위한 봉사의 한

방법으로 야간무료진료센터를 개설한 것들이 뜻 깊은 일이다〉

1976년 9월 22일 朴槿惠 씨는 구국여성봉사단의 수원·화성지부 결성대회에 참석하여 격려사를 했다. 수원시민회관에서 열린 이 대회에는 趙炳奎 경기도지사 등 지방유지와 봉사단원 2,500명이 참석했다. 대통령 영애의 지원을 받는 이 단체가 準관변단체처럼 움직이기 시작했다는 증거이다.

그때 崔太敏 씨를 조사했던 한 경찰고위 간부는 朴槿惠·崔太敏 두 사람의 인연을 이렇게 설명했다.

〈崔太敏은 1975년 1월쯤 朴槿惠 씨 앞으로 편지를 썼다.

'어젯밤 꿈에 국모님을 뵈었습니다. 국모님 말씀이 내 딸을 보살펴 달라고 부탁하시는 것이었습니다….'

槿惠 양의 비서실에서 이 편지를 넣어 주었다. 朴槿惠는 편지를 다 읽고는 崔 씨에게 연락을 취했다. 그때 나이 칠십을 바라보던 崔太敏은 늙은 아내와 장성한 여러 자녀를 두고 있었는 데도 얼굴의 피부가 팽팽한 童顔(동안)이었다. 몸집은 작으면서도 다부져 보였다. 朴槿惠 씨가 최초의 사회활동(구국여성봉사단)을 하게 된 계기는 崔太敏의 권고에 의해서였다.

1975년 2월 朴槿惠 씨는 나에게 崔太敏에 대해 알아봐 달라고 부탁했다. 내가 崔太敏을 만나러 갔더니, 崔 씨는 당황한 모습이었다. 내가 槿惠 양의 부탁으로 왔다고 했더니 崔 씨는 갑자기 거만해졌다. 나는 뒷조사를 시켰다. 崔 씨가 자유당 시절에 경찰관을 지냈다는 것, 정규과정을 밟은 목사가 아니라는 사실 등이 드러났다. 나는 직접 朴正熙 대통령에게 이 사실을 보고했다. 朴 대통령은 이 정보를 槿惠 양에게 알려 주고,

주의를 주었다.

朴 대통령은 으레 그러듯 '누가 그러더라' 는 식으로 정보의 소스를 밝혔다. 朴槿惠 씨는 나에게 전화를 걸어 "그럴 수가 있느냐"고 섭섭해했다. 나는 그 뒤로 대통령과 槿惠를 만날 수 없게 되었다〉

崔太敏과 朴槿惠씨의 관계가 세상에 알려진 것은 10·26 이후였다. 朴 대통령을 죽인 金載圭가 재판과 수사과정에서 朴 대통령과 관련된 이야기를 하면서였다. 그 요지는 이러했다.

〈1978년 무렵 金載圭 정보부장은 구국여성봉사단을 실질적으로 움직이는 崔太敏의 비행을 검사 출신인 白光鉉 수사국장에게 조사시켰다. 朴升圭 민정수석 비서관이 여러 차례 비행보고를 朴 대통령에게 올렸는데도 먹혀들지 않아 그가 나섰다는 것이다. 崔 씨가, 여러 재벌 총수들이 구국봉사단에 기탁한 수십억 원을 변칙적으로 관리한 사실, 여성 관련 스캔들이 드러났다.

金 부장이 조사결과를 보고하자 朴 대통령은, 상식적으로는 이해할 수 없는 방법으로 확인작업을 벌였다. 옛 임금의 親鞫(친국)을 연상시키는 방식이었다. 朴 대통령은 한쪽에 金 부장·白 국장, 그 반대편에 朴槿惠를 앉히고 신문하기 시작했다. 딸은 울면서 "그런 일이 없다"고 했다. 판단이 서지 않았는지 朴 대통령은 검찰에 또 수사를 지시했다. 검찰의 조사결과도 金 부장의 그것과 같았다. 그러나 崔太敏은 구국봉사단에서 손을 떼지 않았다. 그는 명예총재로 뒤로 물러난 것 같았지만 총재가 된 朴槿惠에게 계속 영향을 끼쳤다〉

10·26 사건 뒤 金載圭는 姜信玉 변호사에게 朴 대통령에게 말한 내용을 털어놓았다.

"각하, 일본도 보십시오. 큰영애는 적십자사 같은 데나 관여하도록 해야지 이런 데서는 손을 떼게 해야 합니다."

朴槿惠 씨는 金 부장에게 "왜 남의 프라이버시 문제까지 조사하느냐"고 항의했다는 것이다. 金 부장은 공정하게 조사했고, "돈이 필요하면 내가 주겠다"면서 제발 손을 떼도록 부탁했다고 한다. 金載圭는, 명예총재로 물러나서도 구국여성봉사단에 대해 계속 영향력을 행사하고 있는 崔太敏에게 집요한 관심을 두었다.

1979년 5월에 "崔 목사가 계속해서 대통령 큰딸에게 영향력을 행사하고 있다"는 보고가 들어오자, "그자는 백해무익한 놈이다. 교통사고라도 나서 죽어 없어져야 할 놈이다"고 화를 냈다고 한다. 5 · 17 직후 계엄사에서는 崔 씨를 붙들어 가 부정사실과 축재사실을 확인했으나, 朴 대통령의 가족과 관련된 사안이라 덮었다는 것이다.

金載圭의 범행 동기를 수사한 한 관계자는 "金 부장은 이 사건 처리로 대통령에 대해 실망했고, 존경심이 약해지기 시작했다. 이 사건이 시해 동기의 하나다"라고 했다.

朴槿惠 씨는 지금까지 일관되게 崔 씨를 전폭적으로 변호하면서 그에 대한 부정적인 정보는 음해라고 말하고 있다. 이제부터는 증거를 찾아 나서야 한다.

鮮于煉 당시 공보비서관은 자신의 업무가 아닌 데도 朴槿惠 씨의 일을 돕고 있었다. 그가 생전에 남긴 비망록에 이런 구절이 보인다.

〈1977년 9월 20일.

지난 9월 12일 밤, 대통령은 槿惠 양과 金載圭 중앙정보부장 및 白光鉉 정보부 7국장을 배석시킨 가운데 구국봉사단 崔太敏의 부정부패와 뇌물수수 혐의에 대해 親鞫을 했다. 朴 대통령은 오늘 나에게 큰영애인 槿惠 양과 관련해 물의를 일으켰던 崔太敏 구국봉사단 총재를 거세하라는 지시를 내렸다. 朴 대통령이 나에게 지시한 내용은 세 가지였다.

"崔太敏을 거세하고, 향후 槿惠와 청와대 주변에 얼씬도 못 하게 하라. 구국봉사단 관련 단체는 모두 해체하고."

朴 대통령의 지시를 받은 나는 곧 槿惠 양에게 가서 이 사실을 알렸다. 槿惠 양은 얼굴이 하얘지더니 낙담한 표정으로 눈물을 지었다. 안쓰러운 생각이 들었다.

"제가 각하께 다시 보고드릴 테니 기다려 봐요."

며칠 뒤 다시 朴 대통령을 만난 자리에서 槿惠 양 문제를 여쭈었다.

"각하, 큰영애가 영부인이 돌아가신 뒤 퍼스트 레이디 역할을 대리하고 있는데, 하고 있던 단체를 모두 해체하면 영애의 체면이 깎입니다. 구국여성봉사단만은 계속 할 수 있도록 허락해 주십시오."

朴 대통령은 한참 동안 생각에 잠겨 침묵을 지키더니 무겁게 입을 열었다.

"자네, 崔太敏을 가까이 안 하게 할 수 있나? 崔와 槿惠를 접근시키지 않는다는 조건을 붙여서 자네에게 허락할 테니, 그건 따로 의논해서 계속 일하도록 하게. 사실 지난번에 내가 특명을 내리고 나서도 槿惠가 엄마도 없는데 일까지 중단시켜서 가엾기도 하고, 나도 마음이 아팠어.

자네가 구국여성봉사단만은 허락해 달라고 하니 나로서도 괴롭지만, 어떤 의미로는 내 마음이 편안해지네. 내 뜻을 알아서 정말 잘해주기 바라네. 이제는 절대 잡음이 나지 않겠지. 내가 그간 새마음봉사단에 관해 崔太敏과 관련한 보고가 올라올 때마다 가슴이 찢어지듯 아팠네. 늘그

막에 애들이라도 잘 돼야 내가 마음이라도 편안하지 않겠는가. 나를 좀 도와주게.”〉

〈조선일보〉 1977년 12월 8일자 사회면에는 ‘대통령 영애 朴槿惠 양이 사단법인 구국여성봉사단의 총재로 취임했다’ 는 1단짜리 기사가 실렸다.

救國여성봉사단과 救國봉사단은 그동안 임의단체로 활동해왔는데 이번에 구국봉사단은 해체하고 구국여성봉사단은 문공부 장관의 설립인가를 받은 사단법인체로 발족하게 되었다는 것이다. 이 봉사단은 앞으로 忠孝(충효)에 바탕을 둔 새마음갖기 운동과 사회봉사활동 및 문화사업을 추진하게 된다고 했다.

鮮于煉 씨는 또 이런 후일담을 비망록에 남겼다.

〈朴 대통령이 돌아가시고 國葬(국장)이 끝난 직후에 槿惠 양 등이 신당동 집으로 옮기기 위해 집수리를 하고 있을 때, 나는 신당동 집에 갔다가 全斗煥 합동수사본부장을 만났다. 그는 신당동 집수리를 직접 감독하고 있었다.

“全 장군, 내가 부탁할 것이 있소. 3년 전에 朴 대통령이 나에게 崔太敏을 거세하라는 지시를 내렸었는데, 그게 몇 달 못 가서 흐지부지되고 말았소. 崔太敏이 다시 영애를 따라다니는 것을 朴 대통령에게 보고해서 깨끗하게 처단해야 했었는데, 영애가 부탁하는 통에 내 마음이 아파 보고를 못 하고 오늘에 이르렀소. 그게 이제는 朴 대통령의 언명이 아니라 유언이 되고 말았소. 합수본부장이니 그 힘으로 崔太敏을 영애에게 접근 못 하도록 해주시오. 방법은 全 장군이 알아서 해주시고.”

그런 부탁을 하고 난 이틀 뒤에 나는 다시 全 장군을 만났다.

“鮮于 의원, 崔太敏 문제는 나도 해결하지 못하겠습니다. 鮮于 의원

얘기를 듣고 영애에게 崔太敏 처리의 양해를 구하기 위해 말씀을 드렸더니, 영애가 '崔太敏은 내가 처리할 테니 나한테 맡겨 달라' 고 부탁하더군요. 각하도 계시지 않은데 내가 어떻게 영애의 부탁을 거역하겠습니까."

"여보, 영애가 崔太敏에게 현혹돼 그를 거세하라는 건데 그걸 영애에게 말하는 사람이 어디 있소!"

全 장군의 말을 들은 나는 어이가 없어서 면박을 주었다. 몇 달 뒤 확인해 보니 全 장군은 결국 崔를 강원도 산골로 쫓아냈다는 것을 알게 되었다〉

鮮于煉 씨의 비망록을 읽어 보면 朴 대통령이 金載圭 주장대로 무턱대고 딸을 감싼 것은 아니란 사실을 알 수 있다. 어머니를 잃고서 퍼스트 레이디 역할에 재미를 붙인 딸에게 매정하게 대하지 못하는 아버지의 심정이 잘 드러나 있다. 이 비망록의 정확성을 알아보기 위하여 대통령의 親鞠이 있었다는 1977년 9월 12일자 대통령 면담록을 찾아내 확인했다.

이날 오전 10시 20분부터 11시 25분까지 金載圭 정보부장, 白光鉉 수사국장이 서재에서 朴 대통령에게 보고를 올린 것으로 되어 있다. 아마 이 자리에 朴槿惠 씨가 불려 들어간 것으로 추정된다. 면담록에 따르면 오전 11시 25분부터 10분간 金載圭 정보부장이 따로 朴 대통령에게 보고했고, 이날 오후 5시 35분부터 20분간 또 朴 대통령을 만나고 갔다. 이 문서는 문제의 親鞠을 확인해 주는 유일한 증거물일 것이다.

全斗煥 당시 대통령의 가장 가까운 측근이었던 許和平 씨는 5공화국 초기에 새마음봉사단을 해체하는 일을 맡았다고 한다. 그는 朴槿惠 씨

를 찾아가 "우리는 朴 대통령의 명예를 지켜 드려야 하는데 새마음봉사단이 대통령의 명예에 累(누)가 되었다. 그러니 이를 해체시키는 것을 양해해 달라"는 취지로 통보했다고 한다.

朴 대통령 시절 정보기관에 몸담았던 사람들은 朴 대통령이 정보부의 보고를 왕조시대의 친국式으로 처리한 데 대해서 이해할 수 없다고 평한다.

朴槿惠 씨는 崔 씨에 대한 어떤 비판에 대해서도 음해론이라며 그를 철저하게 옹호하는데, 이는 다른 객관적인 증언들과 부합되지 않는다.

우선, 당시 퍼스트 레이디 역할을 하고 있던 朴槿惠 씨에 대해서 음해할 만한 세력이 없었다. 정보부도 비서실도 대통령과 딸을 아끼는 마음에서 直言(직언)을 했다고 봐야 한다. 다만, 崔 씨를 둘러싸고 있던 사람들 사이에 갈등이 빚어져 상당히 과장된 정보가 올라갔을 가능성은 있다.

朴槿惠 씨는 崔太敏 씨가 하려던 게 모두 좋은 일뿐이니 '다소 문제가 있다 하더라도 떠들 일은 아니다'라는 식으로 매우 주관적 판단을 했을지 모른다. 구국여성봉사단에 돈을 가져다 주는 기업 쪽에서도 압력을 받아 마지 못해 낸다고 했을 리는 없고, "제발 받아 달라"는 식으로 자진 기부 방식을 취했을 것이다.

朴槿惠 씨처럼 정상적 생활인과는 다른 체험에 익숙해 바닥 民心(민심)을 잘 모르는 권력의 심장부 사람으로서는 문제의식을 느끼지 못했을 수도 있다. 권력의 한복판에 있는 사람은 의외로 그 권력이 보통사람에게 어떤 영향을 끼치는지를 잘 모르는 경우가 많다. 자신을 위한다면서 惡役을 맡겠다고 달려드는 사람을 멀리 하기란 그렇게 쉽지 않다.

한나라당의 전 대표인 朴槿惠 씨에게 崔太敏 건이 문제가 될 수 있는 것은, 崔 씨에 대한 그때의 誤判(오판)이 金正日에 대한 침묵과 어떤 관련성이 있는 것이 아닌가 하는 의혹이다. 2002년 당시 한나라당을 탈당한 朴 의원은 金正日이 내준 특별기를 타고 가서 그를 만났으며, 판문점을 통해 돌아왔다. 파격적인 특별대우였다. 이후 지금까지 朴 대표는 金正日에 대한 비판을 한마디도 하지 않고 있다. 책임자인 金正日을 비판하지 않고서는 북한 정권의 非行도, 盧 정권의 굴욕적인 對北 정책도 견제할 수 없다.

국민행동본부는 광고를 통해서 '어머니를 죽인 원수와 만나 오누이처럼 사진을 찍고 와서는 한나라당까지 끌고 들어가서 金正日에 대해 침묵하도록 하고 盧 정권의 對北정책 비판도 포기했다' 고 비판한다.

金正日은 朴 의원을 만난 자리에서 朴 대통령을 칭찬했고 "국립묘지에 가서 묘소에 참배하고 싶다"는 말까지 했다고 전한다. 崔太敏과 金正日에 대한 朴 대표의 납득하기 힘든 태도는 20代 처녀의 몸으로 퍼스트레이디役을 했던 사람의 '인간 본성과 세상 물정에 대한 순진한 오판' 때문인가?

崔 씨에 대한 오판이 朴 대통령의 운명에 다소간의 영향을 끼쳤다고 하더라도 국가적인 사안은 아니었다. 체제수호 정당을 자임하는 巨大야당의 유력자인 朴씨의 현재진행 중인 金正日에 대한 오판과 침묵은 국가적 문제이다. 대한민국 수호세력의 챔피언이 되어야 할 자리에 있는 사람이 민족반역자에게 침묵함으로써 救國운동이 결정적 장애를 일으키고 있기 때문이다.

## 咸秉春의 자주적 對美觀

유신조치 후 朴 대통령이 與野 정치인들과 만나는 횟수가 줄어들고 정부 쪽 인사들하고만 주로 접촉한 것이 대통령의 민심동향 파악에 지장을 주어 세상 돌아가는 것에 대한 감각이 무디어지지 않았을까, 하는 생각도 든다. 특히 1974년 8월 15일 文世光의 저격으로 陸英修 여사가 사망한 다음 새로 경호실장이 된 車智澈은 경호를 강화하여 朴 대통령과 일반인들 사이에 장벽을 만들었다. 朴 대통령이 골프장에 나가면 그 앞뒤를 봉쇄하여 거의 혼자서 치도록 한 점이 그러하다.

金正濂 당시 비서실장은 "대통령의 외부접촉이 줄어들었지만 특보 10명이 바깥 민심을 전하고 자신의 전문영역 안에서 直言을 서슴지 않았기 때문에 민심 파악에는 문제가 없었다"고 말했다.

대통령 특보로 지명된 사람들은 咸秉春·朴振煥·朴鍾鴻 씨처럼 자신의 분야에서 성공한 사람들이고, 동시에 할 말을 하는 사람들이었다. 이들은 각자의 인맥이 있어 그 네트워크를 통해서 수집한 정보를 대통령에게 아주 편한 입장에서 건의할 수 있었다고 한다. 특보들은 대통령과 함께 한담을 할 기회가 많았다고 한다.

金正濂 씨는 특히 咸秉春 씨의 역할을 높게 평가했다. 연세大 교수를 하다가 특보로 임명되었던 咸秉春 씨는 미국의 정치와 역사에 대해서 해박한 지식을 갖고 있었다. 그는 韓美관계가 나빠져 가는 과정에서 朴 대통령을 말리기도 하고, 격려하기도 했다고 한다. 咸秉春 특보는 "미국이 한국에 대해서 아무리 압력을 넣고 비난을 해도 절대로 한국을 버릴 수는 없다. 한국은 중국과 소련을 견제하는 데 꼭 필요한 미국의 不沈航

母(불침항모) 역할을 하고 있다"고 朴 대통령에게 말했다.

그는 또 "미국이 한국의 인권문제를 트집잡고 있는데 미국의 역사를 살펴보면 그럴 자격이 없다. 서부개척 시대에 인디언들에게 한 짓, 링컨이 남북전쟁 때 영장 없이 사람들을 구속한 것, 제2차 세계대전 때 수십만 명의 일본계 미국인들을 수용소로 보낸 일들을 생각해 보면 그들이 한국의 인권문제를 거론할 자격이 있는지 의심스럽다"고 말했다.

咸秉春 씨는 그러나 朴 대통령이 미국의 압력에 대해서 감정적으로 대응하는 것은 극구 말렸다고 한다.

咸秉春 씨는 駐美 한국대사로 가서도 미국의 정치인·언론인들을 상대로 한국의 입장을 설득하는 역할을 열심히 했다. 咸秉春 씨는 미국에서 공부한 사람답지 않게 한국의 입장을 역사적 관점에서 주체적으로 설명하는 사람이었다. 법학을 전공한 그는 한국의 역사·민속에 대해서 조예가 깊었다. 조국이 처한 현실과 전통을 이해한 바탕에서 미국식 문물을 주체적으로 흡수한 사람이란 점에서 朴 대통령의 철학과 맞았다. 金正濂 실장은 朴 대통령의 자주정신을 논리적으로 뒷받침한 사람으로서 咸秉春 씨와 철학자 朴鍾鴻 씨를 꼽았다.

朴正熙 대통령은 권력을 잡고도 영혼의 순수성이 오염되지 않은 드문 인물이었다. 그는 집권한 뒤에도 권력과 금력을 남용하는 실력자들에 대해서는 가혹하게 대했다. 한편으로는 가난하고 소외된 사람들에 대한 애정이 식지 않았다. 이런 성향은 그의 출신과 한때 사회주의에 홀렸던 前歷(전력)과도 무관하지 않을 것이다. 그는 사회주의와 결별한 뒤에도 버리지 않았던 좌파적 성향(반골적·평등지향적·약자보호의식 등)을 우파적 근대화의 동력으로 쓴 사람이었다.

朴 대통령 밑에서 공화당 의장과 정책委 의장을 지낸 朴浚圭(박준규) 씨의 증언이다.

〈1977년도 예산안을 확정하기 위한 당정회의가 열렸을 때이다. 南悳祐 부총리가 당시 공화당 정책委 의장이던 朴浚圭에게 부탁했다.

"우리가 아무리 각하께 이야기를 드려도 소용이 없으니 朴 의장께서 꼭 진언해 주십시오. 내년에 너무 많은 농가개량을 하게 되어 있습니다. 그렇게 하면 인플레가 생깁니다. 줄였으면 좋겠다고 말씀해 주세요."

朴 의장은 회의 도중 주문대로 발언했다. 朴 대통령은 "그건 그대로 해"라고 잘라 버렸다. 회의가 끝나고 나오려는데 朴 대통령이 朴 의장을 불렀다.

"아까 그 이야기는 공화당 생각이 아니지? 그 관료들에게 맡겨 두었다가는 아무 것도 안 돼!"

朴 의장은 "농민들도 부담이 크다고 울상입니다"라고 했다. 朴 대통령이 말했다.

"농민들이 언제 스스로 자기들 생활을 개선하고자 나선 적이 있나요. 당장은 좀 어렵겠지만 일단 해놓으면 이익이 되는 거야."〉

朴 대통령이 재벌을 늘 감시하면서 지나치지 못하게 하려 했다는 증거로서 朴浚圭 씨는 이런 일화를 소개했다.

"어느 날 朴 대통령이 불러서 갔더니 '재벌들이 문화재단을 만들어 돈을 많이 빼돌리고 탈세를 하는데 그것 규제 좀 하지' 라고 해요. '그건 정부입법으로 하시죠' 라고 대답했더니 '朴 의장이 유정회 具泰會 정책委 의장하고 상의해서 법안을 만들어' 라고 하는 거예요.

나는 종고모의 남편이 李秉喆 회장이고, 具 의장은 금성(지금의 LG)

그룹 집안이 아닙니까. 그런 사람들을 시켜 재벌규제법안을 만들게 한 朴 대통령은 무서운 분입니다. 종고모가 호암문화재단에 들어가 있는 집에서 살고 있었는데 법이 통과된 이후 그 집을 문화재단에 넘겨 주고 나왔어요. '하나밖에 없는 종고모를 못살게 하려고 준규가 집까지 빼앗아 내쫓았다' 고 원망을 많이 했어요."

朴 대통령은 재벌이 너무 비대해진다고 걱정하는 사람들에겐 이렇게 말했다.

"알아. 그래도 경제발전에는 이게 가장 빠른 길이야. 이렇게 어느 정도 가고 그때 가서 재벌을 규제하자. 내가 재벌들을 속속들이 다 알아. 내가 거기 안 넘어갈 거야. 걱정하지 마."

朴 대통령은 월간경제동향보고회가 끝나면 꼭 표창받은 새마을지도자 및 모범 근로자들과 식사를 함께 하면서 실무적인 대화를 나누었다. 1975년 5월 8일 경제기획원에서 있었던 대화를 소개한다.

〈朴 대통령: (국제화학 梁正模 사장에게) "요즈음 수출이 어떻습니까?"

梁 사장: "어렵습니다. 조금씩 나아지고 있습니다."

朴 대통령: "조업단축은 안 하시오?"

梁 사장: "직공이 많아 오더가 없으면 운영이 곤란합니다. 그러나 조업단축은 하지 않고 있습니다."

朴 대통령: "손해 볼 때는 적자를 내더라도 조업단축을 하지 말고 열심히 일해야 합니다. 그래야만 이 다음 경기가 좋아진 뒤에도 종업원이 열심히 일할 게 아니겠습니까? 梁 사장, 金 여사 같은 장기근속 사원에겐 아파트 같은 것이나 마련해 주시오. 지금 셋집에서 산다는데 나하고

梁 사장하고 반반씩 부담하여 아파트 한 칸 사줍시다."

梁 사장: "그렇게 하겠습니다."

朴 대통령: "사업가들이 요즈음 공산주의자들이 쳐들어온다고 동요하지 않나요?"

梁 사장: "그렇지 않습니다."

朴 대통령: "우리는 폭탄이 떨어질 땐 잠시 피했다가 다시 공장에 들어가 생산하는 정신으로 일해야 합니다."〉

朴 대통령이 이들과 나눈 대화록을 읽어 보면 수치가 많이 들어간 실무적 이야기가 主이다. 대통령이, 관념적인 헛소리가 일절 생략된, 생활과 밀착된 대화를 서민들과 나눌 수 있었다는 것은, 지식인들이 본 것과 전혀 다른 모습의 유신시대가 존재했음을 의미한다.

1975년 10월 6일 월간경제동향보고회 직후의 대화이다.

〈朴 대통령: (대한전선 공장기술부) "金松 씨는 월소득이 얼마나 됩니까?"

金松: "11만 7,000원입니다."

朴 대통령: "세금 떼고 그렇게 됩니까?"

金松: "집에 들여가는 것은 8만 원 정도 됩니다."

朴 대통령: "11만 원이면 정부관리로 어느 급일까?"

金龍煥 재무장관: "국장급의 2갑3호봉을 기준으로 할 때 11만 700원입니다."

朴 대통령: (완도군 새마을 지도자 田宰眞 씨에게) "가족은 얼마나 되며 섬에서 생활하는 데 생활비가 얼마 듭니까?"

田宰眞: "식비, 부식비 빼고 여섯 식구가 3만 원 듭니다."

朴 대통령: "田 지도자의 연간소득은 얼마입니까?"

田宰眞: "200만 원 정도입니다."

朴 대통령: (완도군수에게) "완도군에 소득이 100만 원 넘는 부락이 몇 개며, 140만 원은 언제 넘어서겠소?"

군수: "100만 원 넘는 부락은 네 개이고, 자립마을은 1978년에, 기초마을은 1981년에 가면 140만 원이 넘겠습니다."〉

朴 대통령은 한 농민으로부터 이런 말을 들었을 때 가장 기뻤을 것이다.

"지금 농촌은 옛날과 많이 달라졌습니다. 옛날에는 100원 있으면 100원을 보태서 200원을 쓰려고 했는데, 요즘은 50원이 있으면 50원을 더 벌어서 100원을 만들려고 합니다."

## 색인

# 朴正熙 11 – 魔彈의 射手

**지은이** | 趙甲濟
**펴낸이** | 趙甲濟
**펴낸곳** | 조갑제닷컴

**초판 1쇄** | 2007년 4월16일
**개정판 2쇄** | 2018년 5월23일
**개정판 3쇄** | 2022년 1월22일

**주소** | 서울 종로구 새문안로3길 36
**전화** | 02-722-9411~3
**팩스** | 02-722-9414
**이메일** | webmaster@chogabje.com
**홈페이지** | chogabje.com

**등록번호** | 2005년 12월2일(제300-2005-202호)

**ISBN** 979-11-85701-24-0

값 12,000원